Sind Sie eine gute Führungskraft?

Hedwig Kellner, Jahrgang 1952, ist Unternehmens- und Personalberaterin. Sie hat bereits mehrere Bücher zu den Themen beruflicher Erfolg und Karriere veröffentlicht, so *Die Teamlüge* und *Das geheime Wissen der Personalchefs*.

Hedwig Kellner

Sind Sie eine gute Führungskraft?

Was Mitarbeiter und Unternehmen wirklich erwarten

Campus Verlag
Frankfurt/New York

Die Deutsche Bibliothek – CIP-Einheitsaufnahme

Kellner, Hedwig:
Sind Sie eine gute Führungskraft? : was Mitarbeiter und Unternehmen wirklich erwarten / Hedwig Kellner. – Frankfurt/Main ; New York : Campus Verlag, 1999
ISBN 3-593-36283-X

Das Werk einschließlich aller seiner Teile ist urheberrechtlich geschützt.
Jede Verwertung ist ohne Zustimmung des Verlags unzulässig.
Das gilt insbesondere für Vervielfältigungen, Übersetzungen, Mikroverfilmungen und die Einspeicherung und Verarbeitung in elektronischen Systemen.
Copyright © 1999 Campus Verlag GmbH, Frankfurt/Main
Umschlaggestaltung: Guido Klütsch, Köln
Umschlagmotiv: © The Image Bank
Grafiken: Khalil Balbisi, Halstenbek
Satz: TypoForum GmbH, Singhofen
Druck und Bindung: Druckhaus Beltz, Hemsbach
Gedruckt auf säurefreiem und chlorfrei gebleichtem Papier.
Printed in Germany

Inhalt

Einführung 9

1: Das Führungsprofil als Ideal

1. Sind unsere Führungskräfte »Nieten in Nadelstreifen«? .. 11
2. Leistung zählt – und nicht der Status 15
3. Neue Märkte brauchen neue Manager 18
4. Das ideale Führungsprofil nach dem 3-Schichten-Modell 24
5. Das ideale Führungsprofil nach dem Konzept der drei Kompetenz-Bereiche 27
6. Das Grundgerüst des Führungserfolgs 29
7. Autorität und Macht – Tabu-Themen 34

2: Führungsanspruch und Führungsmotivation

1. Aufstieg, Einfluss und Prestige – Karriere als Ideal? 38
2. Machen Sie den Motivationstest 39
3. Das Motivationsquadrat 46
4. Führungsmotivation oder Spezialistenstreben 56
5. Ihr Motivations-Profil 58

3: Sacharbeit als Führungsfalle

1. Wer selber arbeitet, verliert den Überblick 61
2. Testen Sie Ihren Arbeitsstil 64
3. Das Arbeitsstil-Modell 72
4. Ihr Arbeitsstil-Profil 83
5. Sinn und Unsinn einer Typologie 86

4: Der persönlichkeitsbedingte Führungsstil

1. Der Einstieg in die Führungsposition 91
2. Führungsstile und Konfliktpotentiale 94
3. Die drei Komponenten des Verhaltens 108
4. Der Führungsstil und die drei Verhaltenskomponenten 117
5. Die sieben Faktoren der Persönlichkeit 121

5: Competency – Managermode oder brauchbares Modell?

1. Competency – das neue Schlagwort der Führungs-
   qualifikation 128
2. Das traditionelle Anforderungsprofil –
   Drei-Schichten-Modell 131
3. Das traditionelle Anforderungsprofil –
   Vier-Komponenten-Modell 134
4. Das Competency-Modell und seine Philosophie 141
5. Das Competency-Profil einer Führungskraft 146
6. Die Competencies der Experten 162

6: 360-Grad-Feedback – Nutzen und Nachteile

1. Zwischen Tabu und Majestätsbeleidigung 178
2. Die Rache von unten? 181
3. Ablauf eines 360-Grad-Feedbacks 182
4. Der Fragebogen für das Kollegen-Feedback 187
5. Der Fragebogen für das Mitarbeiter-Feedback 190
6. Nutzen Sie die Chancen, meiden Sie die Tücken 194

7: Das Sagen haben und sich Gehör verschaffen

1. Führungsakzeptanz – Führen und »Gefolgschaft« 197
2. Charisma als »Leader«-Competency? 202
3. Chefsprache – das Sagen haben 206
4. Die modernen Häuptlingsfedern und unsere uralten Instinkte 209
5. »Winnerface« und Siegergesten 214
6. Jedem Platzhirsch sein Revier 215
7. Karriere mit Biss 219
8. Spielregeln des Erfolgs 226

Sachwortverzeichnis 253

Einführung

Liebe Leserin, lieber Leser,
dieses Buch soll Ihnen Tips und Hinweise für Ihre Karriere als Führungskraft geben. Vielleicht streben Sie erst eine entsprechende Position an, vielleicht haben Sie auch bereits ein paar der typischen Widerstände und Hindernisse auf dem Weg nach oben in der Hierarchie bewältigt.

Dieses Buch ist aus der Praxis der Personalberatung entstanden. Zu den Aufgaben von Personalberatern gehört es, im Auftrag von Unternehmen geeignete Kandidaten für Management- und Führungspositionen zu finden. Wie soll man wissen, ob jemand sich letztlich in der zu besetzenden Position bewähren wird? Eine Garantie kann es nicht geben. Gleichwohl haben sich im Laufe der Zeit Verfahren von einfachen Psychotests über strukturierte Interviews bis zu aufwendigen Assessments herauskristallisiert, mit deren Hilfe sich mit hoher Treffsicherheit Qualifikationen oder auch Schwächen diagnostizieren lassen.

Nicht nur die Auswahl, sondern auch die Förderung von bereits im Unternehmen tätigen Managern und Führungskräften gehört zu den Aufgaben der Personalberater. Auch in diesem Fall sind Analyse und Diagnose die Grundlagen einer sinnvollen Weiterentwicklung.

Die aktuelle wirtschaftliche Lage und zunehmend polemische Publikationen haben der Bevölkerung im Laufe der letzten Jahre den Eindruck vermittelt, dass »die da oben« in den Unternehmen bei weitem nicht so fähig sind, wie sie sein sollten. Man spricht von »Nieten in Nadelstreifen« oder von »feinen Flaschen«. Auch in den Unternehmen wächst die Sorge, mit ungeeigneten Managern in Zukunft im internationalen Wettbewerb nicht mehr mithalten zu können. Auch daraus ergeben sich Ansätze für Personalberater. Man sucht nach Modellen – zumeist von amerikanischen Denkfabriken übernommen –, um ein zuverlässiges Profil der Eigenschaften und Qualifikationen zu erhalten, die Manager und Führungskräfte zum Erfolg führen.

Wenn auch Sie eine Führungslaufbahn anstreben oder sich in diese Richtung weiterentwickeln wollen, dann sind folgende drei Fragen für Sie wichtig:

- Wie muß eine Führungspersönlichkeit heute und in Zukunft sein?
- Welche Stärken und Schwächen bringe ich für eine Führungslaufbahn mit?
- Wie kann ich andere davon überzeugen, dass ich die richtige Frau oder der richtige Mann für die angestrebte Position bin?

Dieses Buch soll Ihnen helfen, diese drei Fragen für sich zu beantworten. Es fügt langjährige Erfahrungen aus der Personalberatung mit neuen Trends zusammen, die sich am Horizont des »Management-Himmels« abzeichnen. Dieses Buch wird Ihnen auch eine Hilfe sein, wenn Sie sich fit machen wollen für Auswahlverfahren, Assessment-Center und die ersten hundert Tage in einer neuen Führungsposition.

Die Eigenschaften, Stärken und Schwächen, von denen die Rede sein wird, treffen sowohl auf weibliche als auch auf männliche Führungskräfte zu. Auch wenn die weibliche Form nicht explizit erwähnt ist, sind immer auch weibliche Führungskräfte gemeint.

Viel Spaß beim Lesen und viel Erfolg auf dem Weg nach oben!

Kapitel I

Das Führungsprofil als Ideal

1. Sind unsere Führungskräfte »Nieten in Nadelstreifen«?

Warum wurde ein Buch mit dem Titel »Nieten in Nadelstreifen« auf dem deutschen Markt zum Bestseller? Manager und Führungskräfte – wobei es fast immer müßig ist, diesbezüglich feinsinnige Unterscheidungen zu treffen – werden darin so geschildert, wie viele sich diese Leute schon seit langem vorgestellt haben:

- entscheidungsscheu
- unfähig
- zu gut bezahlt für zu wenig Leistung.

In der Zeitschrift »Wirtschaftswoche« vom 6.3.1997 werden deutsche Manager als »pessimistisch und antriebslos« gegeißelt. Sie seien unfähig, die Herausforderungen und Chancen der Globalisierung zu erkennen und sähen darin stattdessen eine Bedrohung, vor der sie sich verschlössen. Anstatt ihre Aufgabe zu erfüllen, die Unternehmen erfolgreich in die Zukunft zu führen, säßen sie aus Angst vor der nächsten Entlassungswelle, die auch sie selbst treffen könnte, wie in Angststarre auf ihren Positionen. Da Führungskräfte und Manager ihrer eigenen Meinung nach ab dem 45. Lebensjahr kaum noch eine neue Chance auf dem Arbeitsmarkt bekämen, verbrächten sie nach den kurzen Jahren des aktiven Aufstiegs den Rest ihres Arbeitslebens in einer Haltung von Ducken und Hoffen.

Während die Arbeitslosenzahlen steigen und auch Menschen, die bisher der Mittelschicht angehörten, sich zunehmend wirtschaftlich bedroht sehen, verkünden gleichzeitig die Politiker den wirtschaftlichen Aufschwung, weil die Aktien steigen, die Unternehmen wachsen, die deutsche Wirtschaft immer stärker wird.

Kein Wunder, dass ein Buch zum Bestseller werden kann, welches »die da oben« in den Unternehmen aufs Korn nimmt.

In den Unternehmen beobachten die Mitarbeiter fasziniert oder auch erbost, dass sich ihre Führungskräfte blutjunge Berater ins Haus holen und nach deren Konzepten ganze Bereiche umbauen, abbauen oder ausgliedern. Manche langjährige Fachkraft fragt sich misstrauisch, wie hilflos ihre Vorgesetzten wohl sein müssen, wenn sie sich von den »Milchgesichtern« – frisch von der Uni und ohne jede Praxis – der namhaften Unternehmensberatungen unter die Arme greifen lassen müssen. Vielleicht fragen sie sich auch, wie feige ihre Vorgesetzten sind, wenn sie die »Babyface-Beratung« vorschieben, um dahinter die eigene Verantwortung für unpopuläre Entscheidungen zu verstecken.

In den Personalabteilungen der Unternehmen herrscht rege Betriebsamkeit bei der Suche nach den besten (Nachwuchs)-Führungskräften und bei der Suche nach den erfolgreichsten Trainings und Coachings für die eigene Managementriege. Assessment-Center, Benchmarkings, Coachings und Guru-Seminare werden gebucht. An allen anderen Stellen im Unternehmen mag gespart werden, die Budgets zur Erreichung von Top-Qualität im Führungskreis scheinen unbegrenzt zu sein. Ist es Verschwendung oder Verzweiflung, wenn man die Manager in obskure Psychotrainings mit Schlafentzug und Urschrei-Übungen, zum Überlebenscamp in die Wildnis oder auch zur Meditation bei geschäftstüchtigen Patres schickt?

Leider haben auch die teuren Assessment-Center und die vielen seriösen bis sonderbaren Trainings nicht verhindern können, dass man in den Unternehmen immer noch zu viele Führungskräfte mit zu geringer Führungskompetenz und zu magerem Erfolg vorfindet. Lean Management sollte in dieser Hinsicht reinigend wirken. Man schafft einfach einen Großteil der Hierarchieebenen voller unfähiger mittlerer Manager ab, bündelt die Entscheidungsstellen und gibt den Fachleuten an der Front mehr Verantwortung. Dadurch haben sich jedoch leider auch die Aufstiegsmöglichkeiten für Karrierewillige drastisch reduziert. In flachen Strukturen ist der Kampf auf dem Weg nach oben noch härter geworden und oft ist es dadurch noch unwahrscheinlicher, dass fähige Persönlichkeiten in Positionen mit Führungsverantwortung gelangen. Stattdessen treffen sich auf den Spitzenposten diejenigen, die besonders gut kämpfen oder – wie böse Zungen behaupten – besonders gut »Beziehungspflege« betreiben können.

Die Manager und Führungskräfte selber sehen sich natürlich nicht als »Nieten in Nadelstreifen«. Sie beklagen sich, dass sie nicht so führen und managen können, wie sie gerne möchten, weil vor allem in Deutschland eine Unzahl von Gesetzen, die Macht der Gewerkschaften und die Widrigkeiten des hiesigen Marktes sie hindern, das zu tun, was Erfolg bringen würde. Neidvoll verweisen sie auf das, was in den USA, in Holland oder England möglich ist. Dort könne man motivierte Mitarbeiterteams aufbauen, die bereit seien, im Interesse des Aufschwungs mitzuziehen, während man in Deutschland jeden »Sozialfall« als überbezahlten Planstellenblockierer mitschleppen müsse. Die Meinung der Manager und Führungskräfte über sich selbst und ihre Lage scheint zu sein, dass sie sehr wohl erfolgreich sein könnten, hätten sie die Chance, sich die Mitarbeiter ins Team zu holen, mit denen man Leistung bringen könnte.

Die Personal- und Unternehmensberater klagen, dass sich die deutschen Führungskräfte und Manager oft gar nicht als solche sehen. Viel zu viele von ihnen führen auch nach dem Aufstieg auf der Karriereleiter stur ihr Leben als Fachspezialisten und Experten weiter. Es kommt noch immer zu häufig vor, dass die Beförderung zur Führungsposition als Belohnung auf überdurchschnittlich gute Sach- und Facharbeit erfolgt. Man weiß zwar, dass der beste Programmierer nicht unbedingt ein guter Leiter der Abteilung für Datenverarbeitung ist und der beste Verkäufer nicht unbedingt ein guter Vertriebsleiter sein muss, aber offensichtlich kann man in zu vielen Unternehmen nicht von den traditionellen Karrierewegen lassen.

Das Phänomen der deutschen Manager und Führungskräfte als wirtschaftliche Erfolgsbremser beschäftigt auch die Statistiker. Sie wollen wissen, was die Generation derer, die nach dem Nachkriegswirtschaftswunder heute für Stillstand und Rückschritt sorgt, eigentlich tut, wie sie lebt, sich verhält, was sie denkt und will.

Ein paar Zahlen sind wirklich interessant:

- Ein Drittel der deutschen Führungskräfte verharrt vom ersten bis zum letzten Arbeitstag beim selben Unternehmen. Gründe mögen sein:
  - Man hat die Betriebsrente sicher.
  - Man kennt die Leute und pflegt auch private Beziehungen mit Kollegen.
  - Man hat einen kurzen Arbeitsweg vom Eigenheim zum Büro.
- Mehr als ein Drittel der deutschen Führungskräfte hat noch nie aus beruflichen Gründen den Wohnort gewechselt.
- Vier Fünftel der deutschen Führungskräfte haben keinerlei Auslandserfahrung. Von den zwanzig Prozent, die schon einmal längere Zeit die Heimat hinter sich gelassen haben, blieben sechzig Prozent in Westeuropa und dreißig Prozent in den USA oder Kanada.

Könnte es sein, dass sich die bäuerliche Tugend der Verbundenheit mit der eigenen Scholle auch in den Managerseelen eingenistet hat? Was ist mit Mobilität, Offenheit und Flexibilität? Könnte es sein, dass sich deutsche Führungskräfte bereits für mobil halten, wenn sie mit ihren Aktenköfferchen zwischen den deutschen Flughäfen hin- und herfliegen? Halten sie sich für vorbildlich flexibel, wenn sie auch einmal am Samstag zur Konferenz oder zum Seminar eilen? Zeigen sie ihre Offenheit dadurch, dass sie immer gerne die neuesten Trends aus den Denkzentralen der Unternehmensberater annehmen?

Aber fleißig ist man in den oberen Etagen der Unternehmen. Auch das haben die Statistiker erforscht. Die Mehrheit (über achtzig Prozent) der deutschen Manager arbeitet vierzig bis sechzig Stunden in der Woche oder hält sich zumindest so lange am Arbeitsplatz auf. Fast jeder nimmt Fachbücher und Fachzeitschriften mit nach Hause und in den Urlaub.

Sparsam sind die Manager auch. Kostensenkung, Downsizing und Verschlankung sind ihre Lieblingsthemen. Dafür überlasten sie sich

intellektuell auch nicht mit vagen Themen wie »Visionen«, »strategischen Innovationen« oder gar »Kundenzufriedenheit«.
Oder sind das alles nur boshafte Unterstellungen?

2. Leistung zählt – und nicht der Status

Man kann heute noch auf ältere Führungskräfte treffen, die stolz von sich sagen, dass sie zwanzig, vierzig oder hundert Leute »unter sich« haben. Die möglichst hohe Anzahl an Mitarbeitern gilt als Statussymbol. In Behörden und traditionell geführten Unternehmen basieren die Vergütungssysteme durchaus noch darauf, dass hohe Rangstufen, hohes Alter und eine hohe Zahl an Mitarbeitern für ein hohes Prestige mit entsprechendem Gehalt sorgen. Kein Wunder, dass in einem solchen Umfeld die Führungskräfte nicht darauf aus sind, sich von unfähigen Mitarbeitern zu trennen. Jeder Berufstätige kennt aus eigener Erfahrung Kollegen, von denen man weiß: Wenn der oder die ab morgen nicht mehr käme, würde uns nichts fehlen. Aber die Devise lautet: Wenn die Arbeit liegen bleibt, muss eben neu eingestellt werden. Und so vergrößert sich die prestigeträchtige Schar der Untergebenen.

Die möglichst große Mitarbeiterzahl als Beweis für Status und als Begründung für eine höhere Vergütung im Vergleich zu Führungskräften mit weniger Mitarbeitern gilt heute in modern geführten Unternehmen nicht mehr. Im Gegenteil, jeder Bereich soll seine Ziele mit möglichst wenig Mitarbeitern erreichen. Wenn Führungskräfte ihre Bereiche als Profitcenter zu führen haben und es im eigenen Geldbeutel spüren, wenn sie zu viele leistungsschwache Mitarbeiter mitschleppen, dann wird das eher zum Nachweis der Führungsschwäche.

Bis jetzt kann man sich kaum vorstellen, wie in Behörden nach Leistung vergütet werden soll. Man schimpft zwar allenthalben über die »faulen Beamten«, aber wie soll jemals durchgesetzt werden, dass zum Beispiel Beförderungen auf Leistung und nicht auf Alter und Kopfzahl der Untergebenen beruhen? Aber auch in den Behörden wird sich der Trend nicht für immer aufhalten lassen. Denn wie lange kann es sich der Staat noch leisten, auf Kosten der Steuerzahler das Streben der Führungskräfte in den Behörden nach möglichst vielen Untergebenen zu fördern?

Behördenähnliche Unternehmen mit stark ausgeprägter Beamtenmentalität der Mitarbeiter und Führungskräfte, wie zum Beispiel die Deutsche Bahn AG, tun sich sehr schwer, Leistung als Erfolgskriterium zu übernehmen. Man denke nur an den Wirbel in der Presse und den Aufschrei bei den Betroffenen, als 1997 die Deutsche Bahn AG mitteilte, sie werde die Gehälter der Führungskräfte an die Pünktlichkeit der Züge knüpfen. Für die Bahner brach fast eine Welt zusammen. Für sie war es immer selbstverständlich, dass die Reisenden sich gefälligst mit den Diskrepanzen zwischen Fahrplänen und tatsächlichen Abfahrtzeiten abzufinden hatten wie mit dem von Petrus geschickten Wetter. Man kann sich darüber beklagen, hat jedoch keinen Anspruch auf Besserung. Erst der Druck, wirtschaftlich arbeiten zu müssen, und die Abwanderung der Kunden zu anderen Transportmöglichkeiten hat ein Umdenken in den höheren Etagen der Bahn eingeleitet.

Festgehalten als garantierter Besitzstand, erreichte Position, von der es keinen Rückschritt geben darf, diese Dinge wird es auf Dauer kaum noch geben. Das bedeutet für die Führungskräfte der Zukunft die Notwendigkeit, gezielt Hochleistungsmitarbeiter mit hoher Motivation um sich zu versammeln. Das bedeutet auch den Abschied von der Idee, die Führungskraft müsse sich in therapeutischer Nettigkeit darum kümmern, die Mitarbeiter zu motivieren. Im Gegenteil, wer keine Eigenmotivation mitbringt, wird zum Belastungsfaktor. Da sind dann auch unbequeme Konsequenzen gefragt. Die Zeiten, da sich ein junger Karrierist hocharbeiten und dann für den Rest des Berufslebens im ledernen Chefsessel mit attraktiver Dame im Vorzimmer und väterlicher Fürsorge für die Mitarbeiterschar einrichten konnte, sind weitgehend vorbei.

Wer als Führungskraft die Ziele des eigenen Bereichs erreicht, gilt als Leister, wer sie verfehlt, ist vielleicht schon bei der nächsten Runde nicht mehr dabei und kann sich woanders nach Berufschancen umse-

hen. Da muss man sich natürlich auch seine Mitarbeiter kritisch anschauen:
- Mit wem kann ich meine Ziele erreichen?
- Wen brauche ich nicht?
- Wer ist auf dem Weg zu meinen Zielen hinderlich?
- Wie bekomme und halte ich Spitzenleister?
- Wie kann ich mich von den Minderleistern schnell trennen?

Auch die Führungskräfte der Führungskräfte müssen sich genau diese Fragen stellen. Für Mitarbeiter wie für Führungskräfte werden heute ganz klar definiert:

1. **Positionsziele** Was muss die betreffende Person in ihrer Position messbar und unter welchen Bedingungen erreichen?

2. **Kernaufgaben** Welche Aufgaben sind im Hinblick auf die Ziele in welcher Qualität zu erfüllen?

3. **Anforderungen** Wie muss die Person beschaffen sein, was muss sie mitbringen, die diese Position erfolgreich besetzen und möglichst halten soll?

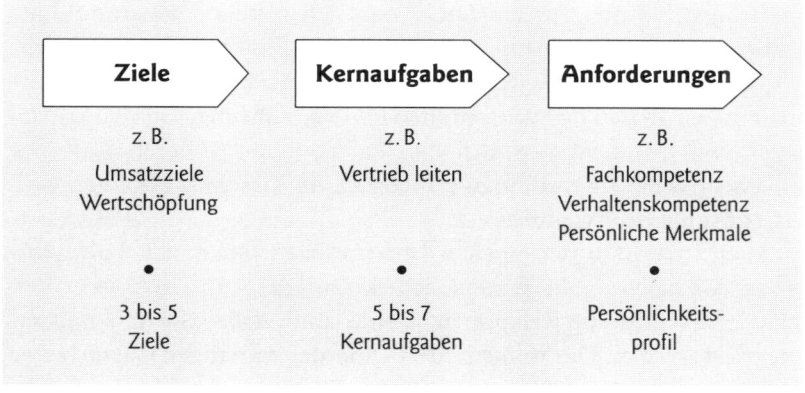

Abbildung 1: Ziele und Aufgaben bestimmen die Anforderungen

Die Auswahlverfahren sind hart und werden zunehmend von Fachleuten aus Personal- und Unternehmensberatungen entwickelt und geleitet. Es reicht jedoch heute für den beruflichen Erfolg nicht mehr aus, sich fit zu machen für Einstellungsverfahren, für Assessment-Center, Psychotests und was sonst noch als Hürde zwischen einem Bewerber und dem angestrebten Job steht. Wer sich heute dauerhaft als Führungskraft etablieren will, muss sich nicht nur erst einmal eine entsprechende Position ergattern und dann daran festklammern. Heute müssen kontinuierlich die hart formulierten Leistungsziele mit den Mitarbeitern erbracht werden, sonst fliegt man ganz schnell wieder heraus aus dem Karussell des Erfolgs.

3. Neue Märkte brauchen neue Manager

Die Anforderungen an Bewerber um Führungspositionen haben sich in den letzten zehn bis zwanzig Jahren stark verändert. Weltweite Handels- und Kommunikationsbeziehungen machen bisher »exotische« Nationen zu unmittelbaren Geschäftspartnern. Auch sind die Zeiten vorbei, da man ungestraft »deutsches Wesen«, deutschen Verhandlungs- und Geschäftsstil einfach auf den Umgang mit anderen übertragen konnte. Als ein Land, das sich zunehmend krampfhaft bemüht, seinen angeblich so attraktiven »Standort Deutschland« schönzureden, werden wir im Ausland heute viel kritischer gesehen als noch in den Zeiten des Wirtschaftswunders. Führungskräfte und Manager von heute müssen sich den Partnern der anderen Kulturen anpassen, wenn sie mit ihnen erfolgreich ins Geschäft kommen wollen, sonst bleiben sie außen vor.

Auch innerhalb der eigenen Unternehmen sehen sich Führungskräfte vor die Aufgabe gestellt, interkulturelle Teams zu leiten. Verschiedene Kulturen, Religionen, Denk- und Arbeitsweisen müssen integriert werden. Die Söhne und Töchter der damaligen Gastarbeiter sind heute hoch qualifizierte Fachleute für Spitzenpositionen. Nicht alle legen Wert darauf, so »angepasst« zu sein, als hätten sie keine Bindungen auch zu den Kulturen der Herkunftsländer ihrer Eltern. Und täglich strömen weitere immer besser ausgebildete Leute zu uns. Gleichzeitig wird von Deutschen zunehmend erwartet, dass sie sich auch endlich einmal internationalen Wind um die Nase wehen lassen. Ein beruflicher Werdegang mit den Stationen Bremen, Böblingen und Erfurt ist nicht so beeindruckend wie einer mit Izmir, Stockholm und Madrid.

Das Tempo der Veränderungen am Markt wird immer rasanter. Das gilt nicht nur für Aufstieg und Fall einzelner Unternehmen, sondern auch für politische und technische Neuerungen. Der Zusammenschluss Europas läuft parallel zur weltweiten Globalisierung ab. Neue Kommunikationsmöglichkeiten lassen Entfernungen schrumpfen.

Das Tempo der Veränderungen ist auch innerhalb der Unternehmen atemberaubend. Weltweite Konzerne zentralisieren ihre Funktionen. Wenn zum Beispiel ein Mineralölkonzern bisher noch seine eigene DV in der deutschen Zentrale hatte, so wird inzwischen dieser Bereich vom Mutterkonzern in den USA oder höchstens noch für ganz Europa von Brüssel oder London aus erledigt. Wo früher große Abteilungen mit hochbezahlten DV-Spezialisten existierten, gibt es heute noch ein Trüppchen von PC-Kennern für das Verlegen von Kabeln oder Anschließen von Druckern in den Büros der Anwender. Eine weitere Änderung ist das zunehmende Outsourcing. Hat man noch vor wenigen Jahren nur das Putzen oder Programmieren den externen Anbietern überlassen, so denkt man heute an das Auslagern von Bereichen wie Personalabteilung, Controlling, Einkauf etc. Das gehört nicht zum »Kerngeschäft« und muss deshalb auch nicht von eigenen Angestellten erledigt werden.

Elefantenhochzeiten verändern ebenfalls den Markt. Banken, Kaffeeröster, Autohersteller und andere Industriekonzerne schließen sich zusammen oder schlucken sich gegenseitig. Was das für die Mitarbeiter und die Führungskräfte bedeutet, kann man sich vorstellen. Wenn zum Beispiel ein Kaffeeröster den anderen aufkauft, dann wird aus bisher zwei Personalabteilungen eine, dann wird aus bisher zwei Marktstrategien eine... Man braucht dann viele der Mitarbeiter und Führungskräfte nicht mehr. Anderen unterstellt man – zu Recht oder

Unrecht –, dass sie den Wechsel nicht schaffen. Wer sich bisher in einem nahmhaften Unternehmen auf krisensicherem Posten wähnte, fällt plötzlich der Fusion oder dem »Merging« zum Opfer. Wer sich dann auf dem Arbeitsmarkt umschaut, muss feststellen, dass mit vierzig kaum noch eine adäquate Stelle zu bekommen ist, dass langjährige Erfahrungen nicht zählen, dass man im Wettbewerb mit den jungen Leuten, die frisch von Unis und Hochschulen kommen, nicht mithalten kann.

Führungskräfte, denen selbst die Angst um den eigenen Arbeitsplatz im Nacken sitzt, müssen in der Lage sein, ihre Mitarbeiter für Änderungen (»Changements«) und Neuerungen zu begeistern, wissend, dass viele von ihnen ohnehin bald nicht mehr dabei sein werden.

Traditionelle Hierarchien, in denen man sich im Laufe der Jahre eine Position erobern und einrichten konnte, haben kaum noch Bestand. »Center«, »Projekte«, »Task Forces« und »Netzwerke« werden temporär zusammengestellt und nach Erledigung ihrer Aufgaben wieder aufgelöst. Die Befreiung von starren Organisationsformen bietet robusten Persönlichkeiten rasante Aufstiegsmöglichkeiten. Aber was ist mit denen, die auch die »Nestwärme« stabiler Beziehungen im Kollegenkreis brauchen? Was ist mit denen, die langsam müde werden von den sich ständig ändernden Anforderungen von einem Projekt zum nächsten? Was ist mit denen, die einmal versagen in ihrer Task Force? Bekommen sie in der nächsten wieder eine Chance? So rasant der individuelle Aufstieg sein kann, so halsbrecherisch kann auch der jähe Absturz sein. Nicht jeder bringt die notwendige Robustheit und Wendigkeit mit. Nicht jeder hält sie bis zum Rentenalter durch. Welches Unternehmen voller temporärer Hochleistungsteams will überhaupt noch Mitarbeiter und Führungskräfte, die sich dem Rentenalter nähern?

Zunehmend haben Manager und Führungskräfte genug damit zu tun, ihr eigenes berufliches Überleben zu sichern. Wie sollen sie visionäre Strategien entwickeln und umsetzen, wenn sie ahnen, dass sie bei der angestrebten Zukunft ihres Arbeitgebers nicht mehr dabei sein werden? Wie sollen Führungskräfte ihre Mitarbeiter für das Unternehmen begeistern und zu Leistungszielen führen, wenn sie sich inner" lich besorgt fragen, wo sie selbst im nächsten oder übernächsten Jahr stehen?

Weitere Änderungen der Anforderungen kommen von den Kunden. Ihnen stehen heute Angebote an Waren und Leistungen aus der ganzen Welt zur Verfügung. Die Zeiten sind vorbei, da man grundsätzlich davon ausging, dass »Made in Germany« bessere Qualität garantiert als das, was aus Pakistan, Korea oder Ungarn zu uns kommt. Als reiselustiger Weltbürger fragt sich heute auch mancher Deutsche, warum man an Urlaubsorten abends so schön bummeln kann, während in der Heimat die Städte ihre Bürgersteige spätestens um acht Uhr hochklappen. Warum kann man in Holland am Sonntag Milch kaufen, in Deutschland jedoch nicht? Warum ist der Service in den USA so wunderbar, während man in deutschen Kaufhäusern am Samstag entweder gar kein Personal zur Beratung findet oder als potentieller Ladendieb von Verkäufern beobachtet wird, die sich selbst in erster Linie als »Warenbewacher« verstehen? Da macht man sich doch lieber im Urlaub das »Shopping« zum »Kauferlebnis« und bestellt zu Hause zunehmend am PC via Internet. Der Ruf nach der Kundenorientierung in der deutschen Unternehmenslandschaft hört sich zum Teil verdächtig nach Wehgeschrei an, weil den Anbietern die Felle wegschwimmen. Wenn zum Beispiel eine Krankenversicherung Kundenfreundlichkeit einführen will, dann kann sich die Führungskraft, die dafür begeistern soll, erst einmal mit Mitarbeitern auseinandersetzen, die in endlosen Diskussionen mit dem Personal- oder Betriebsrat klären lassen, ob man sie überhaupt dazu verpflichten kann, sich an den Bedürfnissen der Kunden zu orientieren.

Wenn man durch günstigere Öffnungszeiten den Einkaufsstress verringern will, dann wird über Ausbeutung der Verkäufer lamentiert, als solle die Arbeitszeit auf sechzig Stunden erhöht werden. Welche Führungskraft schafft es, in einem Kaufhaus die Mitarbeiter davon zu überzeugen, dass Öffnungszeiten sich an Kunden und nicht am Personal orientieren müssen? Welcher Leiter einer Sparkassen- oder Bankfiliale bringt diese »Message« in die Köpfe und Herzen seiner Mitarbeiter? Bis dahin haben die Anbieter von Telefonbanking längst die attraktivsten Kunden weggeschnappt.

Führungskräfte von heute managen nicht mehr nur Personal, man erwartet von ihnen auch die Beeinflussung von Mentalitäten und Einstellungen. Das ist weit mehr als Delegation und Kontrolle, Lob und Kritik.

Die Werte innerhalb unserer Gesellschaft – und damit auch die Erwartungen der zu führenden Mitarbeiter – ändern sich ebenfalls rasant. Galten vor wenigen Jahren noch Werte wie Pflichtbewusstsein, Zuverlässigkeit, Loyalität, Selbstbeherrschung, Ordnungssinn, Ehrlichkeit, Höflichkeit oder Disziplin, so werden diese Begriffe heute eher als lächerliche Andenken an versunkene Zeiten unter Adenauer gesehen. Auch diejenigen, die sich über die heutige Ellenbogenmentalität, den mangelnden Zusammenhalt unter Kollegen und die zunehmende Kriminalität im Berufsleben beklagen, machen selber dennoch mit im Kampf aller gegen alle um die Sicherung des eigenen Arbeitsplatzes und um individuelle Karrierechancen in Konkurrenz mit den Kollegen. Man redet über Teamgeist und weiß doch, dass es in dieser Situation keine Solidarität gibt. Jeder einzelne Mitarbeiter verlangt von der Führungskraft die persönliche berufliche Förderung und sieht gleichzeitig, wie diese selbst um ihre Position kämpft. Das führt bei den Mitarbeitern dazu, dass sie sich immer auch strategisch überlegen müssen, an welche aufstrebende Führungskraft sie sich »hängen« sollten und von welchem »sinkenden Stern« im Management man sich lieber rechtzeitig löst. Solidarität der Mitarbeiter mit ihren Führungskräften gibt es nur, solange diese erfolgreich sind. Dahinter steckt nicht böser Wille, sondern persönliche Notwendigkeit. Jeder muss an den eigenen Job denken. Mitarbeiter wissen, dass es für sie beruflich gefährlich wird, wenn sie »auf das falsche Pferd setzen«.

Wenn man dann noch an die sich ständig ändernden Managementmoden denkt, die immer wieder neue Heilsversprechen bringen und oft so schnell wieder verschwinden, wie sie aufkamen, dann wird klar, warum manche Manager einfach keine Lust mehr haben, sich heute für Lean Management zu begeistern und morgen strategisch gegen die Gefahren betrieblicher Magersucht zu arbeiten, heute mit den Mitarbeitern nach Kaizen-Theorie gemeinsam Verbesserungen zu entwickeln und morgen mit dem Team stur die Regeln des QS-Handbuchs

Das Führungsprofil als Ideal 23

zu pauken, damit die Zertifizierer nach EN ISO 9000 nichts zu bemängeln finden.

Die verschiedenen Strömungen und Entwicklungen, die rasanten Änderungen und Kurswechsel beeinflussen und durchdringen sich gegenseitig. Es gibt kaum noch etwas, was man auf Dauer als gesichert annehmen kann. Auch die Führungskräfte können kaum noch voraussagen, was sich im nächsten oder übernächsten Jahr vermutlich in ihrem Unternehmen tun wird. Werden wir gekauft? Wen kaufen wir? Was wird vermutlich bald ausgelagert? Nach welchen modernen Managementstrategien muss das nächste Change-Projekt durchgeführt werden? Welche Teile des Unternehmens werden wohl bald als »nicht zum Kerngeschäft gehörend« definiert? Was wird mit mir persönlich in drei oder fünf Jahren sein? Werde ich noch in diesem Unternehmen arbeiten? In welcher Position? Werde ich am Markt gegen die jüngere Konkurrenz noch Chancen haben?

Außerdem müssen auch Manager ganz pragmatische Überlegungen anstellen:

- Wie lange brauche ich noch, bis das Haus abbezahlt ist?
- Wie viele Jahre wird es dauern, bis die Kinder beruflich auf eigenen Füßen stehen?
- Was ist, wenn über all den beruflichen Belastungen die Ehe in die Brüche geht?

Die Sorge um den eigenen Arbeitsplatz mit dem Rattenschwanz an ganz persönlichen Ängsten betrifft heute längst nicht mehr nur die weniger qualifizierten Menschen. Wer heute noch aufstrebender Manager war, könnte morgen schon das Eigenheim notgedrungen verkaufen und sich einen Termin beim Arbeitsamt besorgen müssen.

Und trotzdem verlangt man von den gescholtenen »Nieten in Nadelstreifen«, dass sie ihre Mitarbeiter visionär führen, dass sie strategisch denken und mutige Entscheidungen fällen. Wie soll das gehen?

Die traditionelle Führungskraft, die sich fachlich beweisen und schrittweise hocharbeiten konnte, bis sie schließlich im Chefsessel saß und die Fäden der Macht in den Händen hielt, hatte im Vergleich zu den heutigen Kollegen ein wahrhaft ruhiges Leben.

4. Das ideale Führungsprofil nach dem 3-Schichten-Modell

In Anbetracht der heutigen Anforderungen an Führungskräfte und Manager und der Kosten, die durch eine Fehlbesetzung entstehen, wird die zielsichere Auswahl geeigneter Persönlichkeiten immer wichtiger. Personalchefs und Personalberater gehen den Fragen nach:

- Welche »Persönlichkeitstypen« sind für Führungspositionen geeignet?
- Welche Persönlichkeitsmerkmale zeichnen einen »Leader« aus?
- Wie muss ein Mensch sein und sich verhalten, der von den Geführten als »Leader« anerkannt werden soll?
- Über welche Fähigkeiten und Einstellungen muss eine Person verfügen, die sich heute und in Zukunft als Führungskraft behaupten will?

Um Antworten auf diese Fragen nahe zu kommen, werden ideale Profile entwickelt und theoretische Modelle als Gerüste für die praktische Umsetzung konzipiert.

Abbildung 2: Das 3-Schichten-Modell

Das sogenannte 3-Schichten-Modell als grundlegendes Anforderungsprofil für Führungskräfte geht davon aus, dass die Basis einer Führungseignung bereits in der Persönlichkeit angelegt sein muss. Ob dies angeborene Anlagen oder Resultate der Erziehung sind, mag unterschiedlich interpretiert werden. Ganz sicher handelt es sich dabei um schwer änderbare und kaum durch den Willen steuerbare Eigenschaften.

Auf der grundlegenden Basis der Persönlichkeitsmerkmale folgt als zweite Schicht die der Fähigkeiten und Einstellungen. Diese lassen sich zwar auch nicht über den Verstand ausschließlich steuern, sind jedoch in Grenzen durchaus änderbar.

Die dritte Schicht ist die des Wissens und der Kenntnisse. Hier kann eine aufstiegswillige Person sehr viel für sich tun und sich ständig gezielt weiterentwickeln.

Beispiele für kaum änderbare Persönlichkeitsmerkmale sind:

- Tatkraft, Risikobereitschaft, optimistische Grundhaltung, Flexibilität, Leistungsbereitschaft, Freude am Wettbewerb, Kontaktfreude...
- Ängstlichkeit, Antriebsschwäche, Konfliktscheu, Zwanghaftigkeit, Perfektionismus, Misstrauen, cholerisches Temperament...

Beispiele für die zum Teil bewusst beeinflussbaren Fähigkeiten und Einstellungen sind:

- Logisches Denken, Kundenorientierung, menschliche Wertschätzung, Verhandlungsgeschick, Rhetorik...
- Geiz, Verschwendungssucht, chaotisches Denken, Vorurteile gegen fremde Kulturen, Abneigung gegen Änderungen, Ausdrucksschwäche, unbeholfenes Sozialverhalten...

Beispiele für die vergleichsweise leicht zu entwickelnden und erweiterbaren Kenntnisse und Wissensinhalte sind:

- Fachwissen, Methodenwissen, Erfahrungen, Branchenkenntnisse, Techniken der Problemlösung, Bildung, Kenntnisse zur Etikette...

- Mangelnde Allgemeinbildung, keine Ahnung vom internationalen Markt, fehlende Fachausbildung ...

Wenn zum Beispiel die Position eines Vertriebsleiters zu besetzen ist, dann kann man sich zuvor als Grundlage für die Bewerberauswahl auf der Basis des 3-Schichten-Modells ein Idealprofil mit den gewünschten Merkmalen, Fähigkeiten und Kenntnissen zusammenstellen.

```
                    TQM
                    NLP
              Führungserfahrung
            Branchen-Know-how etc.

         Rhetorik    Konfliktfähigkeit
      Teamorientierung   Durchsetzungskraft
           Überzeugungskraft    etc.

      Charisma  Handlungsorientierung  Siegeswillen
   Schnelligkeit im Denken   Beharrlichkeit   Ehrgeiz   etc.
```

Abbildung 3: Idealprofil eines Vertriebsleiters

Daraus ergeben sich jedoch auch wieder Fragen:
- Was soll man sich genau unter Begriffen wie »Konfliktfähigkeit« oder »Beharrlichkeit« vorstellen?
- Welches Ausmaß an zum Beispiel »Tatkraft« soll die Person in welchen konkreten Situationen zeigen?
- Wie findet man heraus, ob der Bewerber über die gewünschten Merkmale, Fähigkeiten und Kenntnisse verfügt?

Die obere der drei Schichten lässt sich relativ leicht prüfen. Wissen kann man abfragen oder in Aufgaben und Übungen eines Assessment-Centers nachweisen lassen. Man kann auch Zeugnisse und Arbeitsproben betrachten. Schwieriger ist die Diagnose der beiden unteren Schichten. Hier versucht man mit Psychotests, Übungen im Assessment-Center oder auch über Referenzen etwas zu erfahren.

Selbst wenn es möglich wäre, in einem Auswahlverfahren die Bewerber mit ihren Persönlichkeitsmerkmalen, Fähigkeiten, inneren Einstellungen, Kenntnissen, Erfahrungen und Wissensgebieten voll auszuloten, dann weiß man immer noch nicht, ob sie das, was sie haben, später in der Praxis auch in der richtigen Dosierung sinnvoll nutzen werden.

Kein Wunder, dass sich heute sehr viele zielstrebige Karrieristen zwar mit großem Erfolg für Personalauswahlverfahren fit machen, dass sich jedoch viele auch wieder nach einem oder zwei Jahren erneut nach einem Job als Führungskraft umsehen müssen, weil sie in der Praxis nicht erfüllen konnten, was sie nach den Ergebnissen von Vorstellungsgesprächen und Assessment-Center erwarten ließen. Was beim ersten und zweiten Mal des Jobwechsels noch als »Flexibilität« verkauft werden kann, riecht beim dritten und vierten Mal ganz entschieden nach »Luschenkarussell«.

5. Das ideale Führungsprofil nach dem Konzept der drei Kompetenz-Bereiche

Ein anderes Konzept zur Identifizierung idealer Persönlichkeiten für Führungs- und Managementaufgaben orientiert sich an drei wesentlichen Kompetenzbereichen:

1. Personale Kompetenz Hierbei geht es um Kompetenzen, die von der eigenen Persönlichkeit bestimmt werden:

- Persönlichkeitsmerkmale
- Temperament

- Charaktereigenschaften
- Werte, Anschauungen und Einstellungen
- Orientierungen und Bestrebungen

2. Soziale Kompetenz Hierbei geht es um Kompetenzen im Umgang mit anderen Menschen:

- Menschenkenntnis
- Fähigkeit, andere zu verstehen und zu durchschauen
- Fähigkeit, Beziehungen zu knüpfen und dauerhaft zu pflegen
- Fähigkeit und Bereitschaft, andere zu beeinflussen
- Fähigkeit, sich gegen andere durchzusetzen

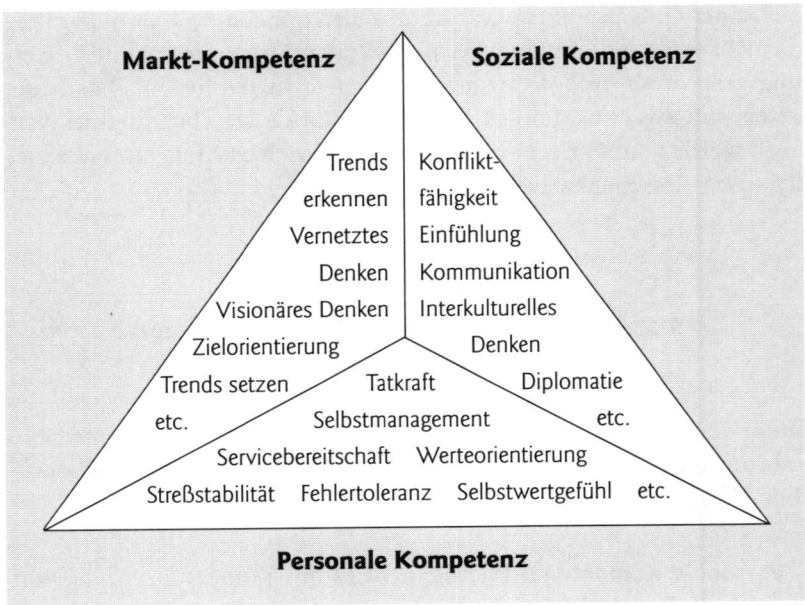

Abbildung 4: Das Konzept der drei Kompetenzbereiche

Das Führungsprofil als Ideal 29

3. Markt-Kompetenz Hierbei geht es um Kompetenzen im Hinblick auf den Markt, der für die angestrebte Position relevant ist:

- Branchen-Know-how
- Gegenwarts- und Zukunftsorientierung
- Blick für Chancen und Risiken
- Fähigkeit des erfolgreichen Auftritts am Markt
- Zielorientierung für die erfolgreiche Marktbearbeitung

Auch nach diesem Konzept würden Personalchefs oder Personalberater die einzelnen Merkmale eines Idealprofils für die zu besetzende Position zusammenstellen und auf dieser Basis ein Verfahren entwickeln, welches herausfinden kann, ob und wieweit der Bewerber die Anforderungen erfüllt.

Wie bei dem 3-Schichten-Modell besteht auch hier das Problem, dass sich oft nur schwer definieren lässt, was genau unter den einzelnen Merkmalen zu verstehen ist, wie man ihr Vorhandensein beim einzelnen Bewerber feststellt und ob damit auch gesichert ist, dass der Bewerber später in der Praxis seine Qualifikationen auch so nutzt, wie man es von ihm erwartet.

6. Das Grundgerüst des Führungserfolgs

Wenn Sie als Führungskraft erfolgreich sein wollen, dann müssen Sie grundsätzlich in drei Gebieten aktiv am Erfolg arbeiten:

1. Sie müssen Ihre Mitarbeiter so führen, dass diese mit Ihnen die Ziele Ihres Bereichs oder Ihrer Abteilung erreichen. Gleichzeitig erwarten Ihre Mitarbeiter von Ihnen, dass Sie sie fördern und ihre Karrierewege begleiten oder ebnen. Wenn Sie das nicht tun, verlieren Sie Ihre besten Mitarbeiter und bleiben auf denen sitzen, die selbst nur noch ein mäßiges Interesse an der beruflichen Entwicklung oder geringe Leistungskraft haben.

2. Sie müssen Ihren Bereich oder Ihre Abteilung managen und administrativ im Griff behalten. Die Abläufe müssen reibungslos funktionieren. Produkte und Leistungen aus Ihrem Bereich müssen eine einwandfreie Qualität vorweisen. Ihren Mitarbeitern muss stets alles zur Verfügung stehen, was ein hohes Leistungsniveau möglich macht.
3. Sie müssen immer Ihre eigene Position festigen und ausbauen. Die Konkurrenz im eigenen Kollegenkreis und bei den Nachwuchskräften schläft nicht. Sie müssen sich in der Führungsriege ein stabiles Beziehungsgeflecht aufbauen und eine gewisse »Hausmacht« entwickeln.

Dieser letzte Aspekt ist nicht nur für Sie selbst wichtig, auch Ihre Mitarbeiter betrachten sehr kritisch, wie Sie im Vergleich zu anderen Füh-

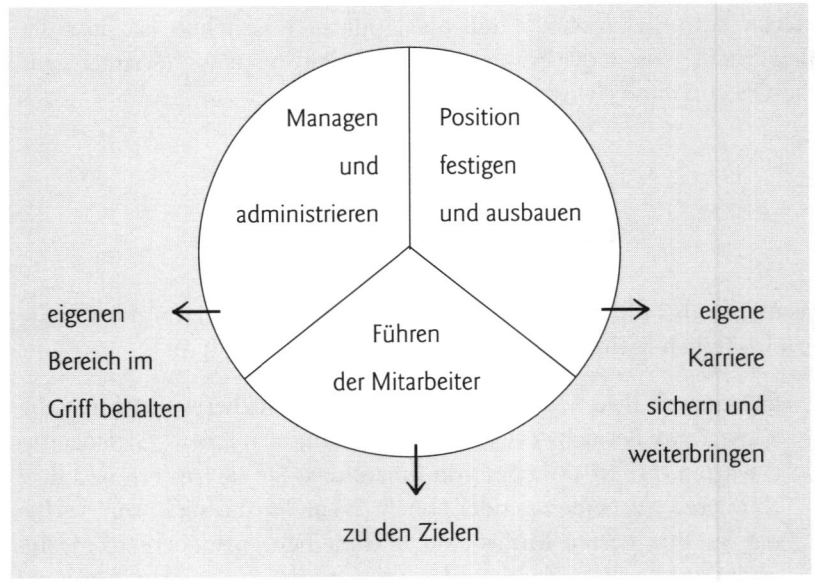

Abbildung 5: Drei Aufgabengebiete der Führungskraft

Das Führungsprofil als Ideal

rungskräften dastehen. Es ist vor allem für erfolgsorientierte Mitarbeiter deprimierend, wenn sie erleben, dass sie einem Vorgesetzten untergeordnet sind, der sich selbst nicht erfolgreich behaupten kann.

In Ihrer Führungsfunktion ist natürlich vor allem das Führen der Mitarbeiter wichtig. Man unterscheidet vier Teilfunktionen der Führung, die alle miteinander verwoben sind.

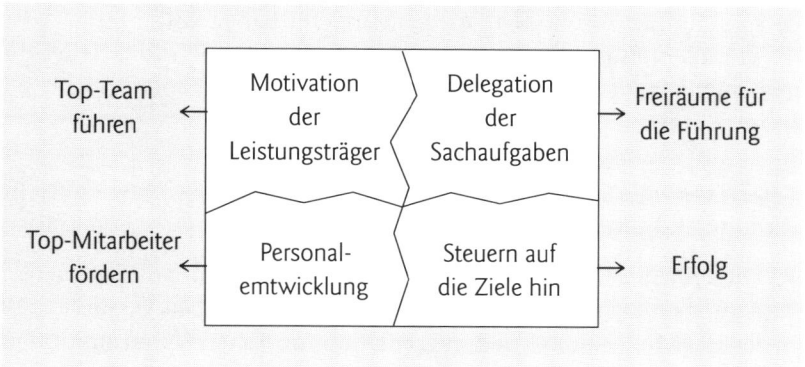

Abbildung 6: Die vier Teilfunktionen der Führung

1. Motivation Unter einer erfolgreichen Motivation wird verstanden, dass es der Führungskraft gelingt, gute Leute zu Spitzenleistungen zu führen. Es wird nicht erwartet, dass die Führungskraft ihre Energie damit vergeudet, Leistungsverweigerer und Schwache auf den Weg zu bringen. Vor diesem Missverständnis sollten Sie sich hüten!

Sie müssen die Instrumente zur Mitarbeitermotivation kennen und einsetzen können. Es muss Ihnen gelingen, gute Leute ans Unternehmen zu binden. Das bedeutet nicht unbedingt, dass Sie gute Leute an sich persönlich binden. Im Gegenteil, im Interesse einer hohen Mitarbeitermotivation kann Jobrotation sinnvoll sein. Auch kann Ihr Bereich sich als Karrieresprungbrett für andere einen guten Namen machen. Zur Motivation gehört, dass es Ihnen gelingt, Mitarbeiter auch für schwierige Ziele und unpopuläre Entscheidungen zu gewinnen.

In Ihrer Führung müssen Sie den Mitarbeitern die richtigen Freiräume lassen, ihnen die Chance zur persönlichen Entwicklung geben und ihre Selbstachtung und Selbstverwirklichung fördern. Ob es nun offen ausgesprochen wird oder nicht, eine wichtige Erwartung an Sie als Führungskraft ist, dass Sie das Unternehmen von unbrauchbaren Mitarbeitern möglichst entlasten sollten. Es ist für Ihre Karriere auf jeden Fall hinderlich, wenn sich einmal herumspricht, dass Sie die nette Führungskraft sind, bei der diejenigen Mitarbeiter sich besonders gut aufgehoben fühlen, die kein anderer haben will.

Vor allem Frauen in Führungspositionen neigen in dieser Hinsicht manchmal dazu, »soziale Kompetenz« mit »sozialem Engagement« zu verwechseln!

2. Delegation Delegation ist gar nicht so einfach, wie man vielleicht vermuten könnte. Die typischen Fehler hierbei sind:

- Die Führungskraft mag nicht loslassen und behält anspruchsvolle Aufgaben bei sich. Während sie selbst in Sacharbeit versinkt, fühlen die Mitarbeiter sich durch Hilfsjobs und Zuarbeiterfunktionen frustriert.
- Die Führungskraft ist so perfektionistisch eingestellt, dass sie pingelig genau kontrolliert, was und wie die Mitarbeiter gearbeitet haben, dass diese immer frustrierter und nachlässiger werden in der Gewissheit: »Der Chef nimmt sowieso alles noch einmal unter die Lupe und findet notfalls die Fehler.«
- Die Führungskraft kann nicht richtig einschätzen, welche Aufgaben welches Maß an Aufwand und Belastungen verursachen. Geschickte Faulpelze können sich dabei ein bequemes Leben machen, während die Gewissenhaften unter der Arbeit zusammenbrechen.
- Die Führungskraft traut sich nicht, zu kontrollieren, ob delegierte Aufgaben ordnungsgemäß erledigt werden. Der Effekt ist wie bei einer Schulklasse, die aus Erfahrung weiß, dass der Lehrer niemals die Hausaufgaben nachschaut.

Zu erfolgreichem Delegieren gehört, den richtigen Leuten die richtigen Aufgaben und Verantwortungen zuzuteilen, dafür zu sorgen, dass Ihre

Mitarbeiter alles haben, was sie zur Erledigung brauchen und dass sie ihre Freiräume kennen. Dazu gehört auch, dass Sie sich letztlich Ihrer Gesamtverantwortung bewusst bleiben. Außerdem gehört dazu, dass Sie Ihren Mitarbeitern durch die ihnen zugeordneten Aufgaben die Chance zur beruflichen Weiterentwicklung geben. Ihre Delegation muss immer auch Herausforderung sein.

3. Steuerung Unter Steuerung wird verstanden, dass die Führungskraft ihre Mitarbeiter zielorientiert führt. Die Führungskraft muss mit den Mitarbeitern die notwendigen Zielvereinbarungen treffen und dann dafür sorgen, dass die Ziele erreicht werden. Ergebnisse sind zu kontrollieren und zu bewerten. Ressourcen sind zur Verfügung zu stellen. Bei Problemen sind Lösungen zu entwickeln und Ursachen zu ermitteln und für die Zukunft zu beseitigen.

Vor allem in diesem Bereich kommt es auf Ihre Kommunikationsfähigkeit im Mitarbeitergespräch an. Sie werden immer damit rechnen müssen, dass Mitarbeiter Ihres Teams rhetorisch stärker sind als Sie und Ihnen Schwierigkeiten bei der Zielvereinbarung und bei der späteren Beurteilung machen. Wie Sie damit fertig werden, wird nicht nur von Ihren eigenen Vorgesetzten, sondern auch von Ihren Mitarbeitern kritisch bewertet. Vor allem bei Zielvereinbarungs- und Beurteilungsgesprächen entwickelt sich schnell ein rhetorischer Machtkampf. Den müssen Sie »gewinnen«, um nicht an Ansehen als Führungskraft zu verlieren. Gleichzeitig sollten Sie in solchen Machtkämpfen Ihre Leistungsträger nicht zu »Verlierern« werden lassen. Das könnte deren Selbstachtung verletzen und demotivierend wirken.

4. Personalentwicklung Die Verantwortung für Personalentwicklung zu tragen heißt nicht nur, die geeigneten Mitarbeiter auszuwählen und einzustellen, sondern diese auch konsequent in ihrer Entwicklung zu fördern. Dazu gehören zum Beispiel regelmäßige Beurteilungsgespräche, in denen Entwicklungsziele festgelegt und überprüft werden.

Vor allem junge Führungskräfte vernachlässigen diesen Teil ihrer Führungsaufgabe leicht einmal. Ein anderes Problem kann sich ergeben, wenn Führungskräfte ihre Lieblingsmitarbeiter bewusst oder unbewusst stärker fördern als diejenigen, die ihnen persönlich nicht so sehr am Herzen liegen.

Verlassen Sie sich darauf, dass Ihre Mitarbeiter vor allem in diesem Bereich einen höchst klaren und kritischen Blick für »Gerechtigkeit« haben. Nicht nur die Vernachlässigten nehmen Ihnen Ungerechtigkeiten übel. Auch Günstlinge verachten fast immer die Hand, die sie nährt.

Für Ihre Aufgabe als Führungskraft sollten Sie sich rechtzeitig mit den Instrumenten der Personalentwicklung von einfachen Seminaren bis zu Konzepten des Job-Enrichments vertraut machen.

Arbeiten Sie von Anfang an gemeinsam mit Ihren Mitarbeitern an deren Entwicklung. Werden Sie dabei jedoch nicht väterlich oder mütterlich! Es liegt letztlich immer in der Verantwortung Ihrer Mitarbeiter selber, dass sie beruflich vorankommen. Sie können und müssen fördern, die Initiative muss jedoch von den Betroffenen selber kommen!

7. Autorität und Macht – Tabu-Themen

Wir leben heute in einer Zeit, in der scheinbar alles offen und schonungslos ausgesprochen, diskutiert, be- und zerredet wird. Wenn man den Fernseher einschaltet, könnte man meinen, dass es heute gar keine Tabus mehr gibt. Tatsächlich werden die heutigen Tabus hinter verbalen Verschönerungen verborgen. »Putzfrauen« heißen »Raumpflegerinnen« und »Lehrlinge« nur noch »Auszubildende«. Offiziell gibt es keine »Vorgesetzten« mehr. Stattdessen wird säuberlich definiert, wer an wen »berichtet«. Unter »Mitarbeitern« versteht man durchaus nicht die Leute, mit denen man arbeitet, sondern diejenigen, die man früher als »Untergebene« bezeichnet hätte. Der »Chef« (gibt es den noch?) hat »Mitarbeiter«, die Kollegen haben keine. Zu den modernen Tabus gehören auch die Themen »Macht« und »Autorität«. Es gilt als Beschimpfung, wenn man heute einer Führungskraft nachsagt, sie sei »autoritär« oder »machtorientiert«. Diese Bezeichnungen werden gleichgesetzt mit Unterdrückung, Rücksichtslosigkeit und Machtmissbrauch.

Das Führungsprofil als Ideal

In ungezählten Führungsseminaren versuchen Teilnehmer von ihren Trainern zu erfahren, wie der Trick funktioniert, dass man »partnerschaftlich« und »kooperativ« mit den Mitarbeitern redet und dennoch den eigenen Willen durchsetzt, ohne dabei so böse Dinge zu treiben wie Manipulation.

Von einer »führungsschwachen« Persönlichkeit spricht man, wenn eine Führungskraft sich nicht durchsetzen kann, wenn es ihr nicht gelingt, die »Mitarbeiter« (die auf keinen Fall als »Gefolgschaft« der »Führungs«-Kraft bezeichnet werden dürfen) in die richtige Richtung und zu den vorgegebenen (angeblich »vereinbarten«) Zielen zu führen.

Die Schönrederei und die Vermeidung von »anstößigen« Begriffen ist Augenwischerei. Auch Sie können nur dann als Führungskraft erfolgreich sein, wenn Sie über die notwendige Macht verfügen, Entscheidungen zu treffen und und wenn Sie über die notwendige Autorität verfügen, diese dann auch durchzusetzen. Ohne Macht und Autorität gehören Sie als vorgebliche Führungskraft zu den lächerlichen Figuren, die in ihrem Bereich kniefällig um die Erledigung von Arbeiten und die Einhaltung von Regeln bitten müssen. Auch das gibt es! Jeder Leiter von Führungsseminaren kennt die Verzweifelten, die sich beklagen: »Meine Mitarbeiter tun einfach nicht, was sie sollen. Ich kann sie doch nicht zwingen!« Vom Trainer erhoffen sich die Verzweifelten dann das Patentrezept. Aber das gibt es nicht.

In vielen traditionell geführten Unternehmen funktionieren trotz aller Schönrederei sehr wohl noch die in Organigrammen und Stellenbeschreibungen festgelegten Kanäle der Macht. Wenn Mitarbeiter nicht tun, was man ihnen in »partnerschaftlichen« Gesprächen »kooperativ« nahe gebracht hat, dann rächt sich das später in Beurteilungen und bei Beförderungsentscheidungen. In modern geführten Unternehmen wird die Durchsetzung der eigenen Entscheidungen der Führungskraft schon schwieriger. Vor allem in den rasant wachsenden Neugründungen gibt es häufig gar nicht den »Bürokratismus« von Organigrammen, Stellenbeschreibungen und dokumentierten Beurteilungsgesprächen (die auch in traditionellen Unternehmen nur noch als »Mitarbeitergespräche« bezeichnet werden).

Zunehmend kommen jedoch über Zielvereinbarungssysteme und variable Vergütungsmodelle neue Methoden der Disziplinierung (darf auch nicht mehr so genannt werden) sowohl in moderne als auch in traditionelle Unternehmen und eines Tages sicher auch in die Behörden. Es scheint wohl doch nicht möglich zu sein, nur mit netter Partnerschaftlichkeit und diskutierfreudiger Kooperation zum Erfolg zu kommen.

Die Themen »Macht« und »Autorität« sind offiziell noch weitgehend tabuisiert. Als Alternative ruft man zum Teil nach »charismatischen« Führungskräften in der Hoffnung, dass solche Persönlichkeiten es schaffen, die Mitarbeiter dazu zu bewegen, sich mit Feuereifer für die richtige Sache zu begeistern, ohne sich dabei manipuliert zu fühlen.

Zunehmend besinnt man sich jedoch bei der Auswahl von Führungskräften auch wieder darauf, dass man sehr wohl gezielt nach Persönlichkeiten suchen muss, die

- über natürliche Autorität verfügen,
- bereit sind, ihre Autorität geltend zu machen,
- einen starken Machtwillen haben,
- in der Lage sein werden, ihre Macht auch gegen Widerstand einzusetzen,
- bereit sind, ihre Macht zu gebrauchen,
- bereit und in der Lage sind, die Verantwortung für ihre Machtentscheidungen zu übernehmen.

Auf der anderen Seite kann man den aufgeklärten und oft hoch qualifizierten Fachleuten in den Teams keine verkappten Offiziere vor die Nase setzen.

Außerdem ist zu bedenken, dass Führungskräfte oft doch nicht so mächtig sind, wie sie denen erscheinen, die »unter« ihnen arbeiten. Die meisten Führungskräfte erleben sich in ihrer Rolle wie »die Wurst im Brot«. Über ihnen sitzen eigene Chefs bis hin zum Vorstand (der sich oft selber gefesselt und geknebelt fühlt) und erwarten die Erreichung harter Ziele. Unter ihnen sitzen die Mitarbeiter und erwarten, dass man sie motiviert und endlos mit ihnen diskutiert, warum die von

»denen da oben« unrealistisch gesetzten Ziele »hier in der Praxis« gar nicht erreicht werden können.

Wenn Sie sich entschlossen haben, eine Führungslaufbahn anzustreben, dann sollten Sie sich lieber rechtzeitig von der Illusion verabschieden, dass es mit jeder weiteren Stufe auf der Karriereleiter immer einfacher und angenehmer wird. Sie werden über immer mehr Macht verfügen, Sie werden jedoch auch immer mehr in das Blickfeld derer geraten, die noch mächtiger sind und auf Sie Druck machen werden, Ihre Macht durchzusetzen, ohne dabei gleich »autoritär« aufzutreten.

Kapitel 2

Führungsanspruch und Führungsmotivation

1. Aufstieg, Einfluss und Prestige – Karriere als Ideal?

Beruflicher Erfolg wird in der Regel mit Aufstieg in der Hierarchie gleichgesetzt. Das gilt natürlich nicht für Künstler, freie Verkäufer und andere »Exoten«. Da gelten Maßstäbe wie zum Beispiel Prominenz oder Reichtum. Aber für die meisten Berufstätigen gilt immer noch der Aufstieg von Kästchen zu Kästchen im Organigramm als »Erfolgskarriere«. Irgendwann will man nicht mehr nur Chefs über sich haben, sondern auch zu denen gehören, die anderen sagen, was zu tun ist. Auch finanziell sind fast immer Positionen mit Führungsverantwortung doch noch lukrativer als die höchstqualifizierten Fach- oder Expertenjobs.

Demnach muss man einfach aufsteigen, wenn man »etwas werden« will. Auf der anderen Seite sind es oft gerade die Sach- und Fachaufgaben, die persönlich den meisten Spaß bringen, mit denen man sich am liebsten beschäftigt, die einen besonders interessieren, bei denen man abends das zufriedene Gefühl hat, etwas »geschafft« zu haben.

Kein Wunder, dass sich manche Führungskraft nur schwer oder gar nicht von den Sachaufgaben trennt. Anstatt sich mit der Motivation und der Förderung von Mitarbeitern zu befassen, zieht sich mancher Vorgesetzte lieber in sein Büro, an seinen PC oder in seine Werkstatt zurück und geht mit Lust den Tätigkeiten nach, die ihm bereits vor Augen schwebten, als er sich für eine bestimmte Berufsausbildung entschloss.

Nicht nur über Beförderungen kann man in eine Führungsposition gelangen. Vor allem bei den schnell wachsenden Unternehmen im Bereich der neuen Technologien findet sich mancher fast überrascht in einer »Chefrolle« wieder, an die er nie gedacht hat.

Zum Beispiel haben sich drei junge Programmierer in Hamburg so über die schwerfälligen Entscheidungswege und die Rückständigkeit ihres Arbeitgebers geärgert, dass sie eines Tages einfach gekündigt und ab sofort nur noch als Freie gearbeitet haben. Die Aufträge wurden für drei Leute bald zu viel. Man stellte weitere junge Leute ein. Nach kurzer Zeit brauchte man auch ein Sekretariat, dann einen erfahrenen Buchhalter... Schon zwei Jahre später waren die drei Programmierer Arbeitgeber von mehr als achtzig Mitarbeitern. Alle drei hätten am liebsten in Ruhe und bei Tag und Nacht am Bildschirm gesessen und neue Software entwickelt, aber das ging ja wohl nicht!

Nicht jeder hat wirklich aus tiefster Seele die innere Berufung für eine Führungsaufgabe. Mancher stolpert mehr oder weniger durch Zufall in die Verantwortung. Allerdings treffen auch zu oft Karriersten ganz einfach eine Fehlentscheidung, wenn sich ihnen eine Aufstiegsmöglichkeit bietet und sie sie annehmen. Sie hätten sich zu ihrer eigenen Zufriedenheit und zum Wohle ihrer Mitarbeiter besser für eine Expertenlaufbahn entschlossen und wären besser bei dem geblieben, was ihnen wirklich Spaß macht am Job.

Der folgende Psychotest kann natürlich nicht alle Tiefen Ihrer innersten Seele und Berufung ausloten. Trotzdem sollten Sie ihn ruhig einmal bearbeiten. Er kann Ihnen Anregungen geben, sich kritisch mit Ihrer Motivationsstruktur auseinanderzusetzen. Wäre eine Führungslaufbahn wirklich ideal für Sie?

2. Machen Sie den Motivationstest

Bei dem hier folgenden Test wird nicht Ihre Eignung zur Führungskraft geprüft. Der Test soll Ihnen vielmehr Hinweise auf Ihre persönliche Motivationsstruktur im Hinblick auf Ihre berufliche Karriere geben.

Vergeben Sie bitte zu jeder der nachfolgenden Aussagen Punkte, je nachdem ob Sie der Aussage zustimmen oder sie auf Sie zutrifft:

0 Punkte – stimme nicht zu/trifft nicht zu
1 Punkt – stimme wenig zu/trifft wenig zu
2 Punkte – stimme etwa zur Hälfte zu/trifft etwa zur Hälfte zu
3 Punkte – stimme überwiegend zu/trifft überwiegend zu
4 Punkte – stimme zu/trifft zu

1. Ich bin ein ehrgeiziger Mensch.
2. Ich mag Unerledigtes nicht liegen lassen. Lieber arbeite ich abends etwas länger und habe dann die Sachen vom Tisch.
3. Ich spiele oft mit Ideen, Zukunftsmodellen und Visionen, auch wenn nichts Unmittelbares dabei herauskommt.
4. Schon während der Schulzeit und der Ausbildung war es ein Ziel für mich, besser und erfolgreicher zu sein als andere.
5. Ich kann mich ziemlich beharrlich an Aufgaben festbeißen, die andere längst aufgegeben haben.
6. Ich bin lieber verlässlich und beständig als genial und dabei unbeständig.
7. Wenn es um die sachliche Richtigkeit und um die fachliche Qualität geht, gibt es bei mir keine Kompromisse.
8. Ich lege großen Wert darauf, dass meine Erfolge anerkannt werden und dass möglichst viele davon erfahren.
9. Es fällt mir leicht, andere anzuleiten und zu Zielen zu führen.
10. Mir fällt es eigentlich nie schwer, mich mit anderen zu einigen.

11. Kann sein, dass ich auf andere etwas rückständig wirke. Für mich hat sich jedoch oft herausgestellt, dass das Bewährte am Ende besser war als viele der Neuerungen. ....

12. Ich habe mir meinen Beruf ganz bewusst ausgewählt. Es wäre für mich schwer, in einem Bereich zu arbeiten, der mich fachlich nicht interessiert. ....

13. Ich neige zu visionärem Denken und muss manchmal leider Rücksicht darauf nehmen, dass andere nicht so weit vorausdenken können oder wollen. ....

14. Ich glaube, dass der Weg der kleinen Schritte bei Neuerungen und Änderungen fast immer der beste ist. ....

15. Wenn unter Kollegen Konflikte oder Beziehungsstörungen entstehen, werde ich oft um Ausgleich und Vermittlung gebeten. ....

16. Ich lese auch in meiner Freizeit sehr gerne aktuelle Publikationen zu meinem Fachgebiet. ....

17. Ich denke langfristig und bin wenig an den Details des Tagesgeschäftes interessiert. ....

18. Ich suche mir im beruflichen Umfeld meine Kontakte in erster Linie danach aus, ob sie mir nützen können. ....

19. In Gruppen auch außerhalb des Berufslebens strebe ich meistens schnell nach Führerschaft. ....

20. Viele Probleme erledigen sich von selbst, wenn man einfach abwartet und erst einmal gar nichts tut. ....

21. Bei Konflikten bin ich eher diplomatisch und verzichte darauf, stur meinen Willen durchzusetzen. ....

22. Ich ziehe in Meetings und Konferenzen oft die Gesprächsführung an mich und finde dann auch Gehör. ....

23. Ich mag es nicht, wenn ich wegen Unerwartetem meinen geplanten Tagesablauf umstoßen muss. ....

24. Ich neige durchaus zu Platzhirschverhalten und lasse es nicht zu, dass andere sich in meinen Bereich einmischen.
25. Ich bin vom Typ her eher ungeduldig und kann nicht lange auf Entscheidungen oder Ergebnisse warten.
26. Ich vermeide es, mir von anderen helfen zu lassen.
27. Für mich ist es wichtig, dass ich auf meine Leistungen stolz sein kann.
28. Ich bin ständig auf der Suche nach neuen Methoden, Techniken und Erkenntnissen, die für mein Fachgebiet wichtig sind.
29. Bevor ich Änderungen und Neuerungen vorschlage, überlege ich sehr gründlich, wie die anderen darauf wohl reagieren werden.
30. In der Regel treffe ich Entscheidungen allein und frage auch nicht andere um Rat.
31. Durch meine Neigung zu Konkurrenzdenken habe ich mir sicher auch einige Feinde geschaffen.
32. Ich vergleiche meine Leistungen, Ergebnisse und Erfolge eigentlich immer mit denen anderer.
33. Ich interessiere mich für Manipulationstechniken und wende sie auch an, wenn es meinen Zielen dient.
34. Man kann die Karriere wie ein Schachspiel sehen. Ich überlege mir meine Züge jedenfalls genau.
35. Ich strebe beruflich ganz bewusst Status und Prestige an.
36. Aufstiegsmöglichkeiten bedeuten mir mehr als ein gutes Betriebsklima.
37. Im Zweifel ist mir mein guter Ruf bei Vorgesetzten wichtiger als die harmonische Beziehung zu Kollegen.

38. In der Regel berate ich mich mit anderen, wenn ich eine wichtige Entscheidung zu treffen habe.
39. Ich nehme es im Vergleich zu anderen mit Regeln und Vorschriften genauer.
40. Mir gehen oft Dinge durch den Kopf, die ich noch nicht verwirklichen kann.
41. Ich stehe oft und gerne im Mittelpunkt.
42. Auch die beste Einzelarbeit ist nie so gut wie das, was in einer qualifizierten Gruppe entsteht.
43. Ich bluffe auch gelegentlich und tue so, als wüsste ich mehr, als tatsächlich der Fall ist.
44. Ich bin nicht der Typ, der lange herumgrübelt. Ich packe die Dinge lieber sofort an und erledige sie.
45. Es fällt mir oft schwer, die Geduld aufzubringen, anderen etwas erklären zu müssen. Oft mache ich es dann lieber schnell selbst.
46. Ich bin eitel genug, meine Leistungen und Erfolge immer auch unübersehbar herauszustellen.
47. Ich lege großen Wert auf Höflichkeit und Umgangsformen.
48. Ich vermeide es, an Projekten oder Vorhaben mitzuarbeiten, die mir kaum Vorteile bringen können.
49. Die Planung und Vorbereitung von Projekten macht mir mehr Spaß als die Umsetzung.
50. Ich pflege gezielt Kontakte mit einflussreichen und bekannten Persönlichkeiten, notfalls auch mit Leuten, die ich nicht besonders mag.
51. Es befriedigt mich, wenn ich das Ergebnis meiner Arbeit sehen kann.

52. Auch wenn es nur ein Spiel ist, kann ich nur schwer verlieren. Ich will dann auch gleich die Revanche.

53. Ich plane meine berufliche Entwicklung über einen längeren Zeitraum hinweg. Dafür habe ich klare Strategien.

54. Ich lasse keine Gelegenheit aus, vor großen Gruppen zu sprechen.

55. Ich habe ein gutes Durchhaltevermögen und kann im Vergleich zu anderen viel mehr Dinge erledigen.

56. Ich lege Wert darauf, in meinem Fachgebiet Top-Experte zu sein.

57. Tagträumen ist für mich wichtig. Ich komme dabei oft zu verblüffend guten Problemlösungen.

58. Wenn ich auf ein fachliches Problem oder eine ungeklärte Frage stoße, dann lasse ich nicht locker, bis ich eine Lösung oder Antwort habe.

59. In der Regel ist es besser, auf Erfahrungen aufzubauen und bestehende Verfahren zu verbessern, als immer wieder neue zu entwickeln.

60. Ich interessiere mich für wissenschaftliche Fragestellungen und für neue Entwicklungen in meinem Fachgebiet.

61. Die meisten Entscheidungen sind dann gut, wenn sie im Konsens getroffen wurden.

62. Es ist mir unangenehm, wenn die Situation unklar ist. Das Ungewisse liegt mir nicht.

63. Ich habe einen Riecher für zukünftige Ereignisse und Trends. Ich mache mir auch immer viele Gedanken dazu.

64. Die fachliche Herausforderung ist für mich wichtiger als der Aufstieg in der Hierarchie.

65. Ich spreche auch an meinem Arbeitsplatz oft mit anderen über private Dinge.
66. Auf persönliche Angriffe reagiere ich empfindlich. Ich setze mich dann sofort zur Wehr.
67. Ich versuche oft, meinen Willen durchzusetzen, auch gegenüber Vorgesetzten.
68. Für mich ist der Beruf auch ein Wettkampf. Nur die Besten siegen.
69. Für mich ist es nicht notwendig, dass man mir nach einer Phase guter Arbeit eine Beförderung anbietet.
70. Ich habe eine Vorliebe für langfristige Strategien und Planungsaufgaben.
71. Ich habe Probleme damit, Vorgesetzte zu akzeptieren, die mir fachlich unterlegen sind.
72. Ich neige dazu, andere Menschen zu beeinflussen und strebe es auch an, Kontrolle über sie zu bekommen.
73. Ein hohes Leistungsniveau ist mir sehr wichtig.
74. Ich kann es nur schwer ertragen, mit einem Vorhaben zu scheitern. Ich will möglichst immer Sieger sein.
75. Letztlich sind im Beruf gute Arbeitsergebnisse wichtiger als zwischenmenschliche Beziehungen.
76. Ich neige zu Selbstinszenierungen und genieße es, im Rampenlicht zu stehen.
77. Ich bin ein pflichtbewusster Mensch. Faulheit, Leerlauf und Pfusch gibt es bei mir nicht.
78. Spannungen und Konflikte mit anderen belasten mich. Ich bin deshalb auch oft derjenige, der den ersten Schritt zur Versöhnung tut.

79. Eine geordnete Lebensweise und planmäßiges Vorgehen liegen mir. ....

80. Ich stelle häufig Kontakte zwischen anderen Personen her. ....

3. Das Motivationsquadrat

In einem Quadrat sollen acht für die berufliche Laufbahn wichtige Motivationsschwerpunkte dargestellt werden. Die Verteilung der Punkte Ihres Testergebnisses soll Ihnen einen Hinweis geben, in welche Richtungen Sie vermutlich stark oder weniger stark motiviert sind. Das sagt zunächst gar nichts über eine Führungseignung aus. Es kann jedoch für Ihren Erfolg und für Ihre Zufriedenheit wichtig sein, wenn Sie sich bei der Entscheidung für eine bestimmte Laufbahn, aber auch für eine bestimmte Branche bewusster damit auseinandersetzen, was Sie wirklich antreibt, was Sie begeistert, was Ihnen am Herzen liegt – oder auch nicht. Das Motivationsquadrat setzt sich aus acht Feldern zusammen:

1. Wettbewerbsorientierung
2. Machtorientierung
3. Strategische Ausrichtung
4. Neigung zur Selbstdarstellung
5. Leistungsorientierung
6. Fachorientierung
7. Streben nach harmonischen Beziehungen
8. Vorliebe für Beständigkeit

1. Wettbewerbsorientierung Wettbewerbsorientierung zeugt von einem starken Konkurrenzdenken. Man sieht sich stets im Vergleich mit anderen und will sich an ihnen messen. Das Berufsleben wird durchaus kämpferisch verstanden. Es gibt »Sieger« und »Verlierer«, und man möchte natürlich bei den Siegern sein. Wettbewerbsorientierte Menschen zeichnen sich häufig durch Ungeduld aus. Sie mögen nicht warten oder lange an Aufgaben herumtüfteln. Da gehen sie lieber schnell mit der nächsten Herausforderung an den Start und kämpfen um den nächsten Sieg.

Wettbewerbsorientierte Menschen haben nicht selten Feinde. Das gilt vor allem, wenn sie im Interesse der eigenen Ziele auch mit Tricks und unfairen Methoden kämpfen. Man merkt es ihnen auch an, dass sie keine guten Verlierer sind und häufig auch keine guten Sieger. Sie prahlen mit ihren Erfolgen und demütigen mitunter sogar ihre unterlegenen Gegner.

Man kann nicht immer davon ausgehen, dass wettbewerbsorientierte Menschen sich auch wirklich mit Feuereifer in den Kampf begeben. Es gibt auch Pessimisten und Enttäuschte unter ihnen, die sich vor lauter Angst vor einer Niederlage erst gar nicht dem Wettbewerb stellen. Dass man seinen Berufsweg auch ohne ständigen Vergleich mit anderen gehen kann, kommt ihnen gar nicht in den Sinn. Wenn sie zum Beispiel schon in der Schule oder auch im Kreise der Geschwister immer wieder zu den Verlierern gehörten, dann kann es sein, dass sie sich im Berufsleben gar nicht mehr in den »Kampf« trauen. Sie meiden Wettbewerbssituationen, haben dann auch keine Siegeschancen und verfolgen trotzdem neidvoll und verbittert, wie andere vorankommen.

Die meisten wettbewerbsorientierten Menschen sind jedoch robuste Kämpfernaturen, die sich immer wieder lustvoll mit anderen messen. Wenn sie dabei fair bleiben und regelmäßig erfolgreich sind, finden sie als Führungskräfte in ihren Mitarbeitern in der Regel begeisterte Anhänger. Es motiviert, für einen »Winner« zu arbeiten.

2. Machtorientierung Machtorientierte Menschen streben eigentlich immer eine Führungsposition an. Wenn es ihnen nicht gelingt, in der Hierarchie aufzusteigen, dann verlegen sie ihr Streben in eine andere Richtung. Das kann im Betriebsrat sein, aber auch im privaten Vereins- oder Parteileben. Machtorientierte wollen Einfluss haben und andere Menschen steuern. Ihnen ist auch der eigene Machtbereich wichtig. Sie hassen es, wenn man ihnen Kompetenzen streitig macht oder ihnen »reinredet«. Ganz unangenehm ist ihnen das Gefühl von Unterlegenheit oder Abhängigkeit. Sie nehmen nicht gerne etwas von anderen an und lassen sich auch nicht helfen. Auch der netteste Versuch, ihnen Gutes zu tun, wird von ihnen leicht als Dominanzstreben aufgefasst. Das macht es Kollegen oft schwer, mit Machtmenschen auszukommen. Sie sind selbst oft sehr wohl hilfsbereit, geben jedoch keinem die Chance, auch einmal ihnen gegenüber die Überlegenheit des Helfers zu genießen. Auch stellt sich bei Machtmenschen oft im Nachhinein heraus, dass sie als Wohltäter ewige Dankbarkeit erwarten. Ihre vermeintlich selbstlose Hilfe ist dann doch wieder nur ein Mittel gewesen, sich andere gefügig zu machen.

Positiv für eine Führungslaufbahn wirkt es sich aus, wenn Machtorientierung und natürliche Autorität zusammentreffen. Dann folgen die Mitarbeiter problemlos, weil sie die »Leaderqualifikation« spüren.

Machtorientierung ohne natürliche Autorität kann heute nur noch in traditionell geführten Unternehmen zu einer erfolgreichen Führungslaufbahn verhelfen. Dort wird die natürliche Autorität durch eine institutionelle ersetzt. Man kann Gehorsam verlangen, weil man Chef ist und basta.

Machtorientierte Menschen, denen der angestrebte Aufstieg in eine Machtposition nicht gelingt, können sich zu störenden Rebellen, Querulanten und Rädelsführern entwickeln. Dann haben sie die »Macht«, mit ihren Anhängern die wirklich Mächtigen zu nerven.

Bei Machtmenschen können zwei typische Fehlentwicklungen auftreten. Die eine liegt im unstillbaren Machthunger. Nie ist man mit dem Erreichten zufrieden. Es muss immer noch weiter hinauf gehen. Solche Persönlichkeiten zerreiben sich und ihre Mitarbeiter in ewigen Machtkämpfen mit echten oder eingebildeten Rivalen. Die andere Fehlentwicklung kann zu einer Bunkermentalität führen. Der machthungrige Vorgesetzte wird von der Angst gequält, an Einfluss auf seine Mitarbeiter zu verlieren. Er schottet sie deshalb so weit es geht vor den Einflüssen anderer ab. Seine Mitarbeiter sollen möglichst nicht mit den Kollegen anderer Abteilungen kommunizieren. Sie sollen keine »Geheimnisse« ausplaudern und sich nicht mit »Fremden« verbünden. Dieses angstvolle Abschotten der »eigenen« Leute vor fremden Einflüssen wird dann gerne als besonders enge Teamorientierung und besonders »familiäres« Zusammenhalten getarnt. So kommt es zu dem typischen »Abteilungsdenken«. Das geht fast nie von den Mitarbeitern aus, sondern fast immer von angstvollen und machthungrigen Vorgesetzten.

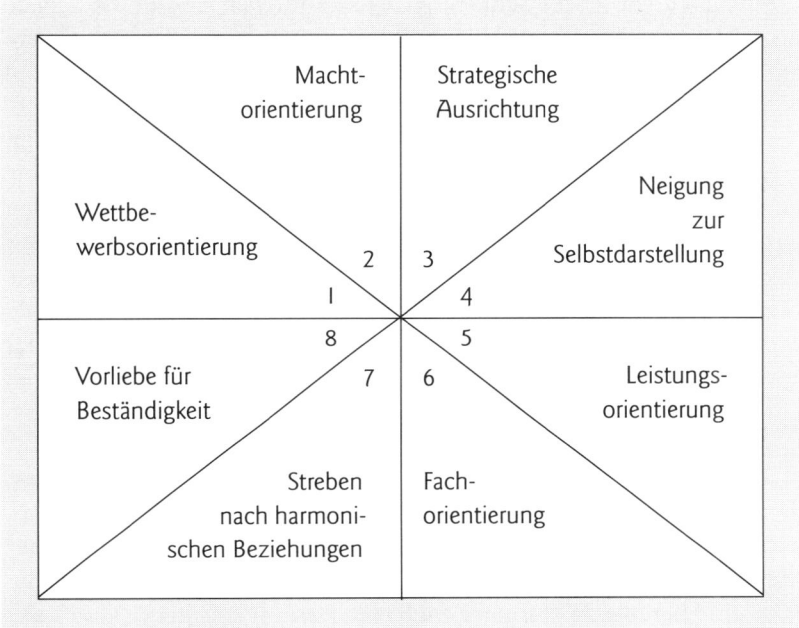

Abbildung 7: Das Motivationsquadrat

3. Strategische Ausrichtung Personen mit strategischer Ausrichtung versacken nie in den Niederungen täglichen Kleinkrams und unwichtiger Details. Sie können auch bei Widerständen und Problemen langfristige Ziele gut im Auge behalten und haben einen klaren Blick für Prioritäten. Sie entwickeln Visionen und setzen Trends, für die andere gar nicht den vorausschauenden Blick haben. Von ihnen gehen die Zukunftsplanungen aus. Sie bringen Ideen ins Unternehmen, die langfristig den Markterfolg sichern.

Strategische Menschen halten nicht an Traditionen fest, wenn ihnen neue Erkenntnisse gekommen sind. Sie haben auch den langen Atem, bei aktuellen Hemmnissen dennoch die zukünftigen Ziele zu verfolgen.

Eine Gefahr kann darin bestehen, dass strategisch orientierte Menschen sich nicht in das Sehnen nach Beständigkeit und in die Ängste ihrer Mitmenschen einfühlen können. Sie verstehen nicht, was andere am Vertrauten festhalten lässt, wenn es doch so gute Chancen im Neuen gibt.

Eine andere Gefahr kann sich für die persönliche Karriere dann ergeben, wenn man als langfristig denkender Stratege übersieht, wie kurzfristig heute in vielen Unternehmen gedacht und entschieden wird. In vielen Unternehmen ist vor allem durch das Modell des Profit Centers die strategische Orientierung auch der Vorstände verlorengegangen. Es kommt kaum noch darauf an, ob etwas langfristig Erfolg verspricht, wenn man stattdessen wie gebannt auf die Zahlen des jeweils nächsten Quartalsberichtes starrt. Da kann dann ein Karrierist mit schnellen Erfolgen einen Strategen unversehens ins Aus bringen.

4. Neigung zur Selbstdarstellung Wer zur Selbstdarstellung neigt, dem ist der eigene Ruf äußerst wichtig. Man möchte von vielen gekannt, bewundert und auch beneidet werden. Der Gedanke, in der Menge unterzugehen, ist einer Persönlichkeit mit dieser Neigung unerträglich. Hierzu gehört immer auch eine Portion Eitelkeit. Diese kann sich auf die eigene Leistung, auf die Herkunft oder auf andere Dinge beziehen, die einen positiv von anderen unterscheiden. Bei dieser Eitelkeit besteht natürlich immer auch die Gefahr der Selbstüberschätzung. Man ist vom Glanz der eigenen Person geblendet.

Wer sich selbst gerne positiv in den Mittelpunkt stellt, meidet in der Regel den Umgang mit Verlierern und sucht stattdessen jede Chance zum »Schulterreiben mit der Prominenz«. Man sorgt dafür, dass man in die höchsten Kreise kommt und möglichst oft in Gesellschaft der Mächtigen gesehen wird. Das kann für die Karriere eine durchaus erfolgreiche Taktik sein. Wenn zum Beispiel eine Top-Position zu vergeben ist, dann sind die Selbstdarsteller den Geschäftsführern, Personalchefs oder Vorständen natürlich viel bekannter und damit chancenreicher als die Bescheidenen, die immer nur brav ihre Pflicht tun, vielleicht gute Leistung erbringen, jedoch keine »Ausstrahlung« haben.

Selten gibt es jedoch auch die Selbstdarsteller, die sich besonders gerne in Kreisen von Schwachen, Bedeutungslosen und Versagern tummeln. Dann spricht man wohl auch davon, dass »unter Blinden der Einäugige König ist«. Das passiert, wenn die Neigung zur Selbstdarstellung mit mangelndem Selbstbewusstsein gekoppelt ist. Dann sucht sich die nach Selbstdarstellung strebende Person ein möglichst graues Umfeld, um dort als glanzvoller Star auftreten zu können.

Erfolgreiche Selbstdarsteller unter den Führungskräften sind bei ihren Mitarbeitern oft recht beliebt. Der Glanz des eigenen Vorgesetzten fällt auf das eigene Team ab. Die wenigsten möchten lieber einer »grauen Maus« untergeordnet sein.

Auf der anderen Seite liegt in der Neigung zur Selbstdarstellung immer auch die Gefahr, dass man mit dem Bluffen und Angeben übertreibt. Irgendwann steht man dann womöglich als »Blender« da.

Eine weitere Gefahr für die Karriere kann sich ergeben, wenn Selbstdarsteller in Konkurrenz zueinander um die Gunst der »Oberen« und der »Masse« buhlen. Die »Masse« wendet sich angewidert von den »Profilneurotikern« ab. Die »Oberen« nutzen möglicherweise eine solche Situation aus, indem sie am Ende doch einen Dritten befördern, der seriöser auftritt.

5. Leistungsorientierung Leistungsorientierte Menschen arbeiten hart und wollen ansehnliche Ergebnisse produzieren. Sie sind tatkräftig, packen die Dinge an und bringen sie zum Ende. Sie sind von einem hohen Arbeitsethos geprägt und können oft kaum still sitzen vor eifrigem Pflichtbewusstsein und gründlich überfülltem Terminplaner. Die Gefahr ist dabei natürlich, dass sie sich selbst die Muße zum Nachdenken nicht gönnen.

Vor allem in Führungspositionen tun sich leistungsorientierte Menschen oft schwer. Die vielen Besprechungen und Meetings und Aktennotizen nerven sie sehr. Sie denken immer wieder bedauernd, was sie alles wegarbeiten könnten, müssten sie nicht die Zeit nutzlos in Meetings herumsitzen. Was sie dabei unterschätzen, ist, dass Meetings oft gar nicht der Kommunikation zu einem Thema dienen, sondern eher als Arenen der Macht und Selbstdarstellung, als Treffpunkte für Beziehungspflege und Tratschaustausch. Wer im ständigen Leistungswahn das unterschätzt und sich um die Meetings herumdrückt, um stattdessen »richtig« zu arbeiten, der verpasst so manche gute Chance, den eigenen Aufstieg zu sichern und den Erfolg der eigenen Abteilung zu vermarkten.

Eine andere Gefahr bei leistungsorientierten Vorgesetzten besteht darin, dass sie bei ihren Mitarbeitern zu verhassten »Einpeitschern« werden. Sie versuchen noch das Letzte aus ihren »Human Resources« herauszuholen. Wenn Mitarbeiter sich gegen die Überforderung wehren, dann hören sie womöglich: »Wir haben früher auch vierzehn Stunden am Tag gearbeitet.« Oder: »Ich bin schließlich auch am Samstag im Büro.«

Leistungsorientierte Chefs ahnen oft gar nicht, dass viele Mitarbeiter überhaupt keine Lust haben, sich am Wettlauf um den ersten Herzinfarkt zu beteiligen.

6. Fachorientierung Wenn die Motivation in Richtung Fachorientierung geht, dann ist sie an das betreffende Sach- oder Wissensgebiet geknüpft, in dem die Person beruflich oder privat tätig ist. Wer Glück hat, kann sich im Berufsleben dem Sachgebiet widmen, dem das eigene Interesse gilt. In dem Falle ist es oft viel befriedigender, hoch qualifizierter Experte zu sein und sich ständig auf dem neuesten Stand der Wissenschaft zu halten, als einer Führungslaufbahn nachzugehen und dann letztlich die Aufgaben, die man am liebsten selbst bearbeiten würde, an Mitarbeiter delegieren zu müssen. Sehr stark fachorientierte Vorgesetzte können sich oft nur schwer von der Sache trennen. Am wenigsten ertragen sie es, wenn die Mitarbeiter am Ende bessere Experten sind als sie selbst. Das kann dazu führen, dass die Führungskraft mit den Mitarbeitern darum wetteifert, wer am meisten weiß und am meisten kann.

Wer nicht das Glück hat, einen Beruf ergreifen zu können, der sich mit dem eigenen Fachinteresse deckt, der wird während der Freizeit sein Gebiet als Spezialist pflegen. Dabei kann es sich um künstlerische, wissenschaftliche oder andere Themen handeln. Nun kommt es auf den Grad der »Besessenheit« an. Mancher ist damit zufrieden, jede freie Minute seinem Hobby nachgehen zu können und dort Spitzenleistungen oder höchsten Wissensstand zu erzielen. Dann wird zwar der Beruf nicht dadurch beeinträchtigt, doch die betreffende Person bringt oft weder das notwendige Engagement noch die zusätzliche Zeit auf, um sich über das normale Maß hinaus im Beruf einzusetzen. In Unternehmen, in denen der Aufstieg wenig Engagement über den Achtstundentag hinaus verlangt, ist es nicht unüblich, dass Führungskräfte nebenher noch begeisterte Archäologen oder Sänger im Opernchor sind. Man kann Sparkassenleiter sein und gleichzeitig zu den Spitzenleuten der Fachwelt für Raupenzucht oder Jazzmusik gehören. In den Unternehmen, in denen es kaum feste Arbeitszeiten gibt, in denen man nur etwas werden kann, wenn man sieben Tage in der Woche an nichts anderes denkt als den Job, lässt sich das nicht verwirklichen. Man kann Bereichsleiter einer Unternehmensberatung sein und sich intensiv für Meereskunde interessieren, aber man stellt eines Tages fest, dass man sich seit Jahren leider diesem Thema nicht mehr hat widmen können.

Manchen erfolgreichen Führungskräften solcher Unternehmen gelingt es, sich damit abzufinden, dass das Leben im Grunde am eigenen Interesse vorbeigeht. Manche Führungskraft verbittert jedoch, wenn sie nach Jahren erkennt, dass sie eigentlich lieber etwas anderes getan hätte.

Hohe Motivation in Richtung eines bestimmten Fachgebietes geht fast immer mit dem Wunsch einher, sich ständig auf dem neuesten Stand zu halten, sich immer mehr zu spezialisieren, sich immer intensiver mit dem Thema zu befassen.

Wer stark in diese Motivationsrichtung neigt, sollte sich vor der Übernahme einer Führungsaufgabe überlegen: Will ich wirklich im Interesse von beruflichem Aufstieg, von mehr Macht, mehr Geld und mehr Prestige auf das verzichten, wozu ich im Grunde am meisten Lust habe?

Eine Gefahr bei sehr fachorientierten Führungskräften kann auch sein, dass es ihnen schwer fällt, alle Mitarbeiter gleichwertig zu sehen. Sie neigen häufig dazu, sich unter den Mitarbeitern einen Elitekreis unter denjenigen aufzubauen, die ebenfalls vom Fachgebiet »besessen« sind. Die Mitarbeiter, für die der Job halt nur ein Job ist, stehen dann am Rande und fühlen sich vom Chef und seinen »Lieblingen« ausgeschlossen.

7. Streben nach harmonischen Beziehungen Harmonie mit anderen Menschen anzustreben kann für eine Führungskraft sowohl positiv als auch negativ sein. Gepaart mit natürlicher Autorität und einem gesunden Maß an Machtstreben, stellt sie eine fast ideale Voraussetzung für die Führungsposition dar. Das Führungsverhalten ist motivierend, und teaminterne Probleme wie zum Beispiel Mobbing oder Rangkämpfe finden keinen Nährboden. Wer als Vorgesetzter Wert auf harmonische Beziehungen legt, achtet darauf, wie sich die Mitarbeiter fühlen, wie die Zusammenarbeit gut und möglichst stressfrei funktionieren kann. Auch im Kreis der Führungskollegen kommt es selten zu ernsten Konflikten oder zu schädlichen Kommunikationsverweigerungen. Wer harmonische Beziehungen will, will den Kontakt mit anderen und will, dass diese Kontakte kooperativ und nicht rivalisierend geprägt sind.

Wenn das Streben nach harmonischen Beziehungen jedoch nicht mit einem gewissen Machtstreben gepaart ist, wirkt es sich für eine Führungslaufbahn fast immer schädlich aus. Man spricht dann auch schnell von »hamoniesüchtigen« Chefs, die aus Angst vor dem Schmollen der Mitarbeiter keine Leistung verlangen mögen und damit letztlich auf den Leistungsverweigerern sitzen bleiben. Solche Chefs können sich auch nicht im Kreise der Führungskollegen durchsetzen. Ständig greifen andere in ihre Kompetenzen ein, nehmen ihnen Ressourcen weg oder setzen sie unter Druck. Das sind die typischen »netten« Chefs. Man kann sie menschlich so gut leiden, weil sie immer nett sind und so verständnisvoll auf die Sorgen anderer Rücksicht nehmen, weil sie niemals anderen in die Quere kommen, weil sie sich alles Unangenehme aufbürden lassen, selber jedoch keine harten Forderungen durchpauken können… Ja, diese »Herzchen der Hierarchie« werden gemocht, jedoch fast immer mit einem Hauch von Mitleid und Verachtung. Man weiß, dass ihnen letztlich der nötige »Biss« fehlt.

Ein anderes Problem kann durch das Streben nach harmonischen Beziehungen dann entstehen, wenn die betreffende Person Dienst und Privatleben nicht klar trennt. Harmoniesüchtige Chefs neigen manchmal dazu, auch enge private Beziehungen mit Mitarbeitern oder Kunden einzugehen. Das soll dann angeblich dem guten Teamzusammenhalt oder den guten Geschäftsbeziehungen dienen. Tatsächlich werden solche Vertraulichkeiten oft schamlos ausgenutzt. Mitarbeiter, die ihren eigenen Vorgesetzten als liebebedürftigen Duzfreund kennengelernt haben, können ihn natürlich leicht unter Druck setzen, ihnen doch diesen oder jenen Gefallen zu tun. Das Gleiche gilt für Kunden.

Streben nach harmonischen Beziehungen geht fast immer auch mit der Sorge um die eigene Beliebtheit einher. Das ist der Pferdefuß bei dieser zunächst positiven Motivationsrichtung.

Unliebsame Entscheidungen zu treffen ist dann natürlich besonders schwierig.

Wer hier eine starke Neigung in sich spürt, sollte sich lieber von Führungspositionen in krisengeschüttelten Unternehmen und von Hochleistungsbetrieben fern halten. Dort sind immer unharmonische Beziehungen zu ertragen und Dinge zu entscheiden, die einen höchst unbeliebt machen können.

8. Vorliebe für Beständigkeit Das klingt zunächst bieder und für unsere heutige Zeit »total out«. Wir sollen doch, so hören wir immer, dynamisch, flexibel, innovativ und risikobereit sein.

Tatsächlich ist die Vorliebe für Beständigkeit oft gar nicht so verkehrt. Das bedeutet nicht unbedingt ein Kleben an Veraltetem. Es kann sich dahinter auch sehr wohl die gesunde Erkenntnis verbergen, dass man manches auch erst einmal in Ruhe beobachten und abwägen sollte, bevor man sich zwar trendorientiert, aber übereilt mit Feuereifer in die neuesten Management-Moden stürzt, die im Rhythmus von drei bis vier Jahren von den Unternehmensberatungen als endgültige Heilslehren verkündet werden.

Vor allem die Beständigen sind es oft, die den Mitarbeitern das stabile Umfeld geben, in denen sie zu Top-Leistungen kommen können. In ihrem Umfeld bleiben gute Leute, in die man schließlich auch einiges an Fort- und Weiterbildung gesteckt hat, dauerhaft und flüchten nicht nach kurzer Zeit zum nächsten Job. Vor allem die Beständigen sind es, die bei den Kunden dafür sorgen, dass das Unternehmen nicht als »windig« gilt, sondern seinen guten Ruf als zuverlässiger Geschäftspartner behält.

Auf der anderen Seite kann Beständigkeit auch recht schädlich werden. Das passiert, wenn Angst ihre Ursache ist. Angst vor Unklarem und vor Neuerungen kann lähmen und zu Stillstand führen. Dann kommt es bei Führungskräften zur gefährlichen Neigung, Entscheidungen zu verschleppen, notwendige Modernisierungen zu boykottieren und die Augen vor absehbaren Entwicklungen einfach zu verschließen.

Wer eine starke Neigung zum Festhalten am Beständigen in sich spürt, der sollte sich wohl überlegen, in welchem Unternehmen und in welcher Branche er ein entsprechend stabiles Umfeld findet. Wer bei sich feststellt, kaum in dieser Richtung motiviert zu sein, der sollte sich ebenfalls bewusst für oder gegen Unternehmen oder Branchen entscheiden. Es ist frustrierend, ständig verzweifelt gegen Neuerungen anzukämpfen. Es ist nicht minder frustrierend, ständig mit innovativen Vorstellungen gegen Wände zu laufen.

4. Führungsmotivation oder Spezialistenstreben

Wenn Sie sich für eine Karriere mit Aufstieg in die Führungs- und Managementebene entscheiden wollen, dann sollten bei Ihnen vor allem die Motivationsrichtungen 1 bis 4 nicht zu schwach ausgeprägt sein. Sie brauchen eine hohe Wettbewerbsorientierung schon allein deshalb, weil Sie im Kampf um die knappen Aufstiegsjobs mit anderen konkurrieren müssen. Sie müssen sich im Vergleich zu anderen Aspiranten mit besseren Leistungen, deutlicheren Erfolgen und viel versprechenderen Potentialen durchsetzen.

Sie brauchen Machtorientierung, weil mit jedem Schritt nach oben die Macht zunimmt. Das muss man bewusst wollen und auch bewusst als Verantwortung annehmen.

Sie brauchen die strategische Ausrichtung aus zwei Gründen. Der erste liegt in Ihrer eigenen Karriere. Ihren beruflichen Weg kontinuierlich nach oben werden Sie notgedrungen strategisch planen und verfolgen müssen. Nur in sehr wechselhaften und kleinen Unternehmen kann man mal mit einer zündenden Idee und plötzlichem Markterfolg über Nacht aufsteigen. Aber da ist man beim ersten Misserfolg auch ganz schnell wieder unten. Für die meisten Aufstiegsjobs gilt jedoch, dass man sich gut überlegen sollte, wie man vorgeht, mit welchem Projekt man sich einen guten Namen macht, mit welchen Personen man sich klugerweise verbünden sollte... Der zweite Grund für die Notwendigkeit einer strategischen Ausrichtung liegt natürlich darin, dass in der Führungsetage die Unternehmensstrategien entwickelt werden. Dafür muss man sich interessieren, wenn man in die dafür relevanten Positionen drängt.

Sie brauchen auch eine Neigung zur Selbstdarstellung. Graue Mäuse, die so bescheiden sind, dass man sie nicht wahrnimmt, werden nicht befördert, weil niemand sich an sie erinnert, wenn es interessante Jobs zu vergeben gibt. Vor allem Frauen tun sich dabei sehr schwer. Ihnen steckt oft noch viel zu tief der Merksatz in den Knochen: »Eigenlob stinkt.« Ihre Unfähigkeit, sich selbst gut darstellen zu können, reden sie gerne damit schön, dass sie behaupten, nicht »blenden«, sondern durch Leistung überzeugen zu wollen. Das mag die moralisch bessere Haltung sein. Für den beruflichen Aufstieg ist sie jedoch ein Klotz am Bein.

Wenn Sie diese Einstellung haben, dann merken Sie sich bitte folgenden Satz: »Es reicht nicht, dass ich gut bin. Ich muss auch dafür sorgen, dass es die richtigen Leute merken und dass es ihnen zum richtigen Zeitpunkt bewusst ist, wie gut ich bin.«

Außerdem sollten Sie harmonische Beziehungen anstreben. Das brauchen Sie zunächst für den eigenen Aufstieg. Heute kann man kaum erfolgreich sein, wenn man nicht mit den richtigen Leuten gute Beziehungen knüpfen und pflegen kann. Sie brauchen dieses Streben dann auch als Führungskraft. Nur so behalten Sie Ihre Mitarbeiter motiviert und loyal im Team.

Wenn Sie außerdem sehr stark leistungsorientiert sind, dann sollten Sie einmal darüber nachdenken, ob Sie nicht vielleicht auch Pioniergeist in sich verspüren. Damit sind Sie nicht mehr unbedingt auf bestehende Unternehmen angewiesen. Gründen Sie doch selber eines!

Bei sehr starken Motivierungen in Richtung Beständigkeit und in Richtung Fachorientierung sollten Sie sich kritisch fragen, ob Sie nicht doch lieber eine Experten- oder Spezialistenlaufbahn vorziehen sollten. Kann gut sein, dass Ihnen das viel mehr Spaß macht und letztlich auch mehr Geld einbringt.

Dann allerdings sollten Sie vielleicht nicht zuviel mit anderen Experten Ihrer Fachrichtung konkurrieren. Suchen Sie sich eventuell lieber innerhalb Ihres Fachgebietes ein Spezialgebiet, in dem Sie absoluten Profistatus anstreben. Wenn Sie sich durch eine Spezialisierung von anderen unterscheiden, ist vermutlich Ihre Erfolgschance größer als im ständigen Wettbewerb mit anderen, die auch gut sind.

Dann kann für Sie die »EKS-Strategie« nach Wolfgang Mewes der Schlüssel zum Erfolg sein. Informationen dazu erhalten Sie bei der Frankfurter Allgemeinen Zeitung GmbH in Frankfurt/Main.

5. Ihr Motivations-Profil

Stellen Sie nun fest, in welcher der acht hier vorgestellten Motivationsrichtungen Sie die meisten Punkte erreicht haben. So erfahren Sie, in welche Richtung Sie nach Ihrer Selbsteinschätzung neigen.

Tragen Sie nun Ihre jeweilige Punktzahl unter den Nummern der Testaussagen ein und addieren Sie diese zu einem Ergebnis für jede der Motivationsrichtungen.

Zu 1. *Wettbewerbsorientierung*
gehören die Aussagen mit den folgenden Nummern:

Nummer	1	4	25	31	32	36	48	52	68	74
Punkte										

Summe der vergebenen Punkte: . . . .

Zu 2. *Machtorientierung*
gehören die Aussagen mit den folgenden Nummern:

Nummer	9	18	19	22	24	26	30	33	67	72
Punkte										

Summe der vergebenen Punkte: . . . .

Zu 3. *Strategische Ausrichtung*
gehören die Aussagen mit den folgenden Nummern:

Nummer	3	13	17	34	40	49	53	57	63	70
Punkte										

Summe der vergebenen Punkte: . . . .

Zu 4. *Neigung zur Selbstdarstellung*
gehören die Aussagen mit den folgenden Nummern:

Nummer	8	35	37	41	43	46	50	54	66	76
Punkte										

Summe der vergebenen Punkte: . . . .

Zu 5. *Leistungsorientierung*
gehören die Aussagen mit den folgenden Nummern:

Nummer	2	27	44	45	51	55	69	73	75	77
Punkte										

Summe der vergebenen Punkte: . . . .

Zu 6. *Fachorientierung*
gehören die Aussagen mit den folgenden Nummern:

Nummer	5	7	12	16	28	56	58	60	64	71
Punkte										

Summe der vergebenen Punkte: ....

Zu 7. *Streben nach harmonischen Beziehungen*
gehören die Aussagen mit den folgenden Nummern:

Nummer	10	15	21	29	38	42	61	65	78	80
Punkte										

Summe der vergebenen Punkte: ....

Zu 8. *Vorliebe für Beständigkeit*
gehören die Aussagen mit den folgenden Nummern:

Nummer	6	11	14	20	23	39	47	59	62	79
Punkte										

Summe der vergebenen Punkte: ....

Ideal wäre es, wenn eine Person, die Sie gut kennt, den Test auch einmal für Sie ausfüllt. Sie könnten dann vor allem dort, wo sich Unterschiede zeigen, kritisch diskutieren, wie Ihre Motivation tatsächlich ausgeprägt ist, oder ob Sie sich in der betreffenden Hinsicht vielleicht doch mehr an einem Wunschbild als an der Realität orientiert haben.

Kapitel 3

Sacharbeit als Führungsfalle

1. Wer selber arbeitet, verliert den Überblick

Der obige Merksatz ist ein kroatisches Sprichwort. Wenn man in Führungsseminaren diesen Satz zitiert, kann man immer wieder Entsetzen bei den Teilnehmern erleben. Der Spruch ist falsch! Gerade als Führungskraft muss man doch den Mitarbeitern im Hinblick auf Arbeit ein Vorbild sein! Vor allem als Führungskraft darf man sich nicht auf die »faule Haut legen«!

Wer so argumentiert, hat den Spruch falsch verstanden. Es geht nicht um die Förderung der Faulheit, sondern um die Erkenntnis, dass eine Führungskraft dann ihre eigentlichen Aufgaben nicht mehr wahrnehmen kann, wenn sie sich in Sacharbeit vertieft, wenn sie nicht delegiert.

Leider hört man manchmal immer noch, dass über eine Person mit höhnischem Unterton gesagt wird: »Die/Der kann gut delegieren.« Das ist nicht als Kompliment gemeint, sondern bedeutet, dass die betreffende Person aus Faulheit oder anderen Gründen ihre Arbeit auf andere Leute verteilt und sich selbst ein bequemes Leben macht. Scheuen Führungskräfte davor zurück, dass man ihnen auch nachsagt, sie könnten »gut delegieren«?

Vielleicht sind wir in unserem Kulturkreis viel zu sehr von einem protestantischen Arbeitsethos erfüllt und glauben, pausenlos etwas Nützliches tun zu müssen, was deutlich als »Arbeit« und »Leistung« zu erkennen ist. Viele von uns kennen den Frust nach Feierabend, wenn man den Eindruck hat: Ich war den ganzen Tag in Hektik und habe irgendwie nichts geschafft. Das passiert, wenn man zum Beispiel x-mal hinter Leuten hertelefonieren, mit ihnen reden, sich absprechen, Termine vereinbaren musste etc. Wie im Fluge vergeht die Zeit, doch abends liegt kein sichtbares Ergebnis vor. Schon regt sich dann das schlechte Gewissen, man habe den Tag vielleicht nicht richtig genutzt. Wir klammern uns oft noch viel zu sehr daran, an einem »Arbeitstag« unbedingt »arbeiten« und danach sichtbare Resultate vorweisen zu müssen.

Wenn Sie sich zu einer Führungslaufbahn entschlossen haben, dann müssen Sie sich notgedrungen von einem Großteil der Sach- und Facharbeit verabschieden. Ganz grob gesagt können Sie damit rechnen, dass Sie ab etwa sieben Ihnen unterstellten Mitarbeitern gar keine Zeit mehr für Sacharbeit haben. Sie sind dafür verantwortlich, dass in Ihrem Bereich gute Sacharbeit entsteht, aber Sie machen sie nicht selbst! Schon gar nicht sollen Sie Ihre Rolle als »Vorbild« so verstehen, dass Sie auch noch mit den Mitarbeitern um die Wette arbeiten und möglichst mehr tun als diese!

Sacharbeit wird ganz schnell zur Führungsfalle. Man vertieft sich hinein, weil es einem ein ruhiges Gewissen gibt, wenn man auf die Ergebnisse verweisen kann. Nur leider passiert es schnell, dass man vor lauter Fleiß die Führungsaufgaben versäumt. Die Konsequenz kann sein, dass die »unbeaufsichtigten« Mitarbeiter eine »ruhige Kugel schieben«. Eine andere mögliche Konsequenz ist, dass sich im Team eine starke Persönlichkeit mit großer natürlicher Autorität langsam und vom emsigen Vorgesetzten unbemerkt zum inoffiziellen »Leader« entwickelt und schließlich dem eigenen Chef am Stuhl sägt. Eine weitere mögliche Konsequenz ist, dass im Unternehmen der Bereich an Einfluss und Bedeutung verliert, weil die Person, die eigentlich dafür zuständig wäre, den Bereich im Führungskreis oder in der Öffentlichkeit zu repräsentieren, vor lauter Arbeitseifer keine Zeit dafür hat.

Hier seien noch einmal die typischen Gründe aufgelistet, die leicht die »Führungsfalle Sacharbeit« zuschnappen lassen könnten:

- Es entspricht dem uns anerzogenen Arbeitsethos, stets fleißig zu sein und etwas zu tun, das sichtbare Ergebnisse bringt.

Sacharbeit als Führungsfalle

- Es kann Angst vor Fehlern dahinter stecken. »Wenn ich es selbst gemacht habe, dann weiß ich, dass es richtig gemacht wurde.«
- Es kann Misstrauen gegen die eigenen Mitarbeiter sein. »Die drücken sich bestimmt um die Arbeit herum. Bevor ich Zeit mit dem Beaufsichtigen und Kontrollieren verschwende, mache ich es lieber selbst.«
- Neurotische Angst vor »zu schlauen« oder »zu selbständigen« Mitarbeitern kann verhindern, dass die Arbeit aus der Hand gegeben wird. »Wenn die Mitarbeiter am Ende alles alleine können, verliere ich hier meine Überlegenheit.«
- Es gibt Lieblingsbeschäftigungen, die einfach Spaß machen. Der Leiter der Informationsverarbeitung ist auch nach dem beruflichen Aufstieg ein leidenschaftlicher Programmierer geblieben. Der Leiter des Außendienstes trifft sich am liebsten täglich selbst mit den unwichtigsten Kunden, weil ihm das Verkaufen so viel Spaß macht. Der Leiter im Bereich Fort- und Weiterbildung mag am liebsten jeden Tag als Trainer vor den Teilnehmern seiner Kurse stehen.
- Es gibt Führungskräfte, die Angst vor der möglichen Verachtung ihrer Spezialisten haben, wenn diese merken, dass der Vorgesetzte irgendwann weniger über die Sachzusammenhänge weiß als sie selbst. »Ich muss dranbleiben, damit ich den Anschluss an Neuerungen und Entwicklungen im Fachgebiet nicht verliere und vor den Mitarbeitern nicht dumm dastehe.«
- Es kann pure Gewohnheit hinter der Facharbeit stecken. Man hat bestimmte Dinge schon immer getan und macht das nach dem Aufstieg in eine Führungsposition ganz einfach weiter. Die Führungsaufgaben macht man zusätzlich oder nebenher (oder gar nicht).
- Falsches Mitleid mit den eigenen Mitarbeitern kann eine Ursache sein. Man weiß, dass viel zu tun ist und packt selber mit an. Irgendwann hat man sich so viel aufgeladen, dass man unmöglich auch noch die Führungsaufgaben wahrnehmen kann.
- Listige und bequeme Mitarbeiter haben auch schnell die Technik der Rückdelegation begriffen. »Ich weiß nicht, wie Sie sich vorstellen, wie es gemacht werden soll.« »Geben Sie her, ich mache es schon.« Und schon hat der Mitarbeiter seine Ruhe und der Chef seine »nützliche« Arbeit.

Die Gefahr, sich immer wieder mit Sach- und Facharbeiten selbst zu überfordern und dabei als Führungskraft den Überblick zu verlieren, besteht sogar dann für Sie, wenn Sie mit hoher Motivation Ihre Führungslaufbahn angestrebt haben. Das Loslassen von Gewohnheiten, anerzogenen Normen und Ängsten kann sehr schwer werden.

Bei Auswahlverfahren unter Bewerbern für Führungspositionen wird deshalb häufig durch Tests versucht, solche Neigungen aufzuspüren. Man weiß heute, dass manche Menschen von ihrer Einstellung zur Arbeit her eher dazu neigen, an Sacharbeiten festzuhalten, als andere. Ein Perfektionist ist hier sicher »anfälliger« als ein Mensch, der lieber im Groben die Dinge betrachtet und sich aus Kleinkram heraushält.

Der folgende Test soll Ihren Arbeitsstil unter die Lupe nehmen. Fragen Sie sich kritisch, ob bei Ihnen vielleicht eine mögliche Tendenz zum Festhalten an Arbeiten und Aufgaben, die Sie eigentlich delegieren müssten, bestehen könnte.

2. Testen Sie Ihren Arbeitsstil

Wie beim vorigen Test zum Motivationsstil vergeben Sie auch hier zu jeder der nachfolgenden Aussagen die Punkte, je nachdem, ob Sie der Aussage zustimmen oder sie auf Sie zutrifft:

0 Punkte – stimme nicht zu/trifft nicht zu
1 Punkt – stimme wenig zu/trifft wenig zu
2 Punkte – stimme etwa zur Hälfte zu/trifft etwa zur Hälfte zu
3 Punkte – stimme überwiegend zu/trifft überwiegend zu
4 Punkte – stimme zu/trifft zu

1. Ich sichere mich bei Entscheidungen sehr wohl auch nach oben hin ab. . . . .

2. Ich denke öfter darüber nach, wie ich andere für meine Ziele einsetzen kann. Ich schrecke auch vor Manipulationen nicht zurück, wenn ich damit meinen Zielen näher komme. ......

3. Ich kann schlecht Chefs über mir ertragen. Mit Vorgesetzten habe ich schnell Reibereien. ....

4. Ich glaube, dass ich in meinem Team allein deshalb kaum Konflikte habe, weil jeder die Regeln kennt und sich daran halten kann. ....

5. Es kommt – auch im privaten Bereich – häufiger vor, dass ich Dinge anfange und dann liegen lasse, bis ich sie irgendwann vergessen habe. ....

6. Ich krame nie in alten Unterlagen herum. Mich interessiert die Zukunft, nicht die Vergangenheit. ....

7. Ich schließe im beruflichen Umfeld keine Freundschaften. Dienstlich und privat halte ich getrennt. ....

8. Ich halte es für richtig, dass ich als Führungskraft auch über die familiären Verhältnisse meiner Mitarbeiter informiert bin. Viele beruflichen Probleme haben ihre Ursachen in privaten Belastungen. ....

9. Ich habe die Geduld, schwächeren Mitarbeitern komplizierte Dinge auch mehrmals zu erklären, bis sie sie verstanden haben. ....

10. Ich empfinde den Anblick unordentlicher Schreibtische als störend. ....

11. Ich bin in meinem Sachgebiet Experte. Darauf lege ich auch großen Wert. ....

12. Ich bin bei allen Entscheidungen absolut unbestechlich und an den Tatsachen orientiert. Ich lasse niemals fünfe gerade sein. ....

13. Es ist durchaus möglich, dass manche mich für einen »Platzhirsch« halten. Ich lasse es tatsächlich nicht zu, dass man mir in meinen Bereich hineinregiert oder mir Kompetenzen streitig macht.
14. Ich habe nicht immer den genauen Überblick, welcher meiner Mitarbeiter gerade was macht. Aber ich gehe davon aus, dass man Erwachsene auch nicht ständig kontrollieren muss.
15. Ich glaube, dass einige meiner Kollegen und Mitarbeiter mich für einen Erbsenzähler halten.
16. Ich könnte mir gut vorstellen, mich irgendwann einmal selbständig zu machen.
17. Ich plane eher langfristig und lasse mich auch bei Widerständen nicht von meinen Zielen abbringen.
18. Ich glaube, dass Kollegen mich manchmal für sehr dominant halten.
19. Kann sein, dass andere manchmal mich und meine Ideen für überdreht und sogar ein wenig »verrückt« halten.
20. Mir würde es Spaß machen, im Ausland für das Unternehmen eine Niederlassung aufzubauen. Ich bin ein Pionier.
21. Ich tüftele gerne an neuen Ideen herum und probiere vieles selber aus.
22. Ich glaube, dass Mitarbeiter letztlich nur dann Respekt vor ihrer Führungskraft haben, wenn sie wissen, dass diese selbst auch Experte ist.
23. Ich sehe es als meine Aufgabe an, jeden meiner Mitarbeiter beruflich zu fördern.
24. Wenn ich Aufgaben delegiere, dann vergewissere ich mich immer ganz genau, dass alles so gemacht wird, wie ich es haben will.

25. Vielleicht halten mich einige meiner Kollegen für formalistisch. Aber ich habe nun einmal gerne klare Verhältnisse.
26. Meine Mitarbeiter haben im Vergleich zu denen anderer Bereiche mehr Freiräume. Das will ich auch bewusst so haben. Gute Ideen können nicht entstehen, wo alles geregelt ist.
27. Ich will beruflich aufsteigen. Ich könnte mir gar nicht vorstellen, jemals in einer Position zu sein, in der ich sagen würde: »Jetzt reicht es.«
28. Ich kann es nicht gut ertragen, wenn andere sich mit »vielleicht« oder »wahrscheinlich« oder »vermutlich« um klare Aussagen herumdrücken.
29. Nachlässig arbeitende Mitarbeiter regen mich auf.
30. Ich habe es öfter erlebt, dass demotivierte Mitarbeiter anderer Bereiche nach einer Versetzung in mein Team dann doch wieder ganz brauchbar wurden. Ich meine, dass man sich als Führungskraft auch bewusst der »Problemfälle« annehmen muss.
31. Mir fällt es schwer, mich von der Sacharbeit zu lösen. In der Hinsicht muss ich mich oft selber disziplinieren.
32. Es kommt öfter vor, dass ich mit meinen Gedanken und Ideen den Kollegen weit voraus bin und dann auch nicht immer auf Verständnis stoße.
33. Wenn ich die Anforderungen an meine Position vollständig beherrsche und alles im Griff habe, wird mir langweilig. Ich suche mir dann ein neues Betätigungsfeld.
34. Ich kann mich gut in die Sorgen und Probleme von Mitarbeitern hineinversetzen.

35. Ich glaube, dass viele meiner Kollegen weniger Probleme hätten, wenn sie ihre Bereiche klarer strukturieren würden.

36. Ich mache oft zu viele Dinge auf einmal. Es kann passieren, dass ich mich dabei verzettele.

37. Im Zweifel mache ich mich lieber unbeliebt, als dass ich nachgebe, wo ich nicht zustimmen kann.

38. Ich lege mich öfter mit Kollegen und Vorgesetzten an.

39. Es macht mich rasend, wenn Änderungen und Neuerungen in Besprechungen endlos ausdiskutiert werden, weil kleinkrämerische Ängste die Kollegen vor der Umsetzung zurückschrecken lassen.

40. Aus den persönlichen Problemen von Kollegen und Mitarbeitern halte ich mich strikt heraus.

41. Ich tue gerne einiges für das Betriebsklima. Ich glaube, dass es für die gute Zusammenarbeit hilfreich ist, wenn man sich auch gelegentlich in der Freizeit mit den Mitarbeitern trifft.

42. Kann sein, dass etliche meiner Kollegen mich für bürokratisch halten.

43. Ich beschäftige mich viel mit zukünftigen Entwicklungen und möchte meinen Part dabei spielen.

44. Ich verfüge über natürliche Autorität.

45. Ich fühle mich als Führungskraft bewusst für meine Mitarbeiter verantwortlich. Ich kümmere mich um jeden Einzelnen.

46. Bei mir wird praktisch nie »auf den letzten Drücker« gearbeitet. Aufschieberitis lasse ich nicht zu.

47. Meine beruflichen Erfolge basieren auf Leistungen, die im Vergleich zu denen meiner Kollegen überdurchschnittlich waren und sind. ....

48. Ich bin ein »Zupacker«. Je schwieriger die Aufgabe, desto mehr Spaß habe ich daran. ....

49. Ich bin oft sprunghaft im Denken und im Sprechen. Andere können mir dann nicht immer folgen. ....

50. Mir fällt es nicht schwer, bei aktuellen Konflikten nachzugeben, wenn ich dafür langfristig meine Ziele erreiche. ....

51. Kritikgespräche mit Mitarbeitern fallen mir schwer. Es ist mir unangenehm, Gefühle zu verletzen. ....

52. Ich habe stets Ordnung in meinen Unterlagen und Vorgängen. Bei mir lässt sich alles wiederfinden oder rekonstruieren. ....

53. Ich habe lieber wenig Mitarbeiter, auf die ich mich verlassen kann, als viele, die es mit ihren Pflichten nicht so genau nehmen. ....

54. Ich habe mir meinen beruflichen Aufstieg erarbeitet. Aufstieg durch Schmeichelei oder Verbindungen gibt es bei mir nicht. ....

55. Meine Mitarbeiter sind auf mich eingeschworen. Dabei bin ich absolut kein »weicher« Chef. Eher das Gegenteil! ....

56. Routinearbeiten sind mir ein Greuel. Ich habe auch Verständnis für Mitarbeiter, die dabei etwas nachlässig sind. .. ....

57. Ich habe ständig einen klaren Überblick über aktuelle Trends und Marktentwicklungen. Da halte ich mein Wissen stets auf dem neuesten Stand. ....

58. Für meinen Bereich habe ich alles gut geregelt. Auch in meiner Abwesenheit wissen meine Mitarbeiter, woran sie sind und was sie zu tun haben. ....

59. Projektleitung liegt mir viel mehr als die Leitung einer Abteilung oder eines Bereichs.

60. Ich neige durchaus gelegentlich zum »Spintisieren« und lasse meine Gedanken zu unrealistischen Projekten schweifen.

61. Mir ist es wichtig, meinen Mitarbeitern ein Vorgesetzter zu sein, dem sie auch bei Problemen und in Konflikten vertrauen können.

62. Mich faszinieren Menschen, die es geschafft haben, erfolgreiche Unternehmen aufzubauen. Ich informiere mich auch über deren Erfolgsstrategien.

63. Ich merke es sofort, wenn einer meiner Mitarbeiter sich nicht wohl fühlt oder Sorgen hat.

64. Ich lehne Bürokratismus entschieden ab. Da ist mir ein gewisses »künstlerisches Chaos« bedeutend lieber.

65. Auch wenn ich gute Arbeit geleistet habe, bin ich nicht ganz zufrieden. Ich will immer noch etwas Besseres leisten oder noch etwas mehr erreichen.

66. Ich versuche oft, die Entscheidungen anderer in meinem Sinne zu beeinflussen.

67. Ich würde nicht so gerne Vorgesetzter eines bestehenden Bereichs werden, den ich vom Vorgänger übernehme. Lieber baue ich mir selbst etwas auf.

68. Ich habe öfter das Problem, dass mir die Termine weglaufen. Das kommt dann vor, wenn ich besonders sorgfältig an die Dinge herangehe.

69. Ich bin ein Kämpfertyp und baue gerne aus dem Nichts etwas auf, was andere nicht für möglich gehalten hätten.

70. Hektik gibt es bei mir nicht. Dafür bin ich zu sorgfältig. Lieber nehme ich Verspätungen in Kauf und weiß dann, dass alles korrekt erledigt ist.

71. Sobald ich etwas Neues – z.B. eine neue Geschäftsstelle – aufgebaut habe, langweilt es mich. Mir macht es wenig Spaß, die Dinge dann nur noch am Laufen zu halten.

72. Manchmal muss ich meine Gedanken durchaus disziplinieren. Ich würde sonst vielleicht doch zu viele Luftschlösser bauen.

73. Ich meine, dass man viele Aufgaben nicht perfekt machen muss. Ich vielen Fällen reicht die 80%-Lösung völlig aus.

74. Ich will Macht haben. Mein beruflicher Werdegang ist sehr stark durch mein Machtstreben bestimmt.

75. Meine Entscheidungsfindungen dauern meistens länger als die der Kollegen.

76. Wenn ich mich einmal in ein Problem vertieft habe, vergesse ich Zeit und Raum.

77. Ich mache meine Pläne allein und treffe auch meine Entscheidungen ohne Einmischung von anderen.

78. Ich kann – im Vergleich zu anderen – mit mehr Geduld auch kleinsten Ungereimtheiten auf den Grund gehen.

79. Ich weiß, dass ich viele der Arbeiten, die ich noch selbst erledige, längst delegieren müsste.

80. Ich löse viele Probleme impulsiv und spontan; oft »aus dem Bauch heraus«.

3. Das Arbeitsstil-Modell

Manche fähigen Führungskräfte bringen sich durch einen ungünstigen Arbeitsstil auf die Dauer selbst zum Scheitern. Sie halten an Aufgaben fest, die sie delegieren müssten oder tun Dinge, die gar nicht oder nicht so intensiv getan werden müssten.

Bei der Personalauswahl für Führungs- und Managementfunktionen versuchen Personalberater häufig über Tests herauszufinden, ob ein Proband eventuell Neigungen in eine bestimmte Richtung der Selbstüberforderung hat. Der Test kann nur Tendenzen oder Neigungen feststellen. Er kann nichts darüber aussagen, wie sich der Proband später in seiner Führungspraxis tatsächlich verhalten wird. Manchem sind die eigenen Schwächen im Hinblick auf zu viel Sach- und Facharbeit bewusst. Dann ist es meistens nicht schwer, sich »am Riemen zu reißen« und immer wieder bewusst die Finger von den Dingen zu lassen, die andere tun sollten oder die gar nicht getan werden müssen. Manchem ist die eigene Schwäche jedoch nicht bewusst. Dann kann es hilfreich sein, zum Beispiel auch über einen solchen Test darauf aufmerksam gemacht zu werden und sich in Zukunft in dieser Hinsicht selbst besser zu beobachten und besser zu managen.

Beachten Sie bitte, dass bei den ausgeprägten Neigungen des persönlichen Arbeitsstils in die eine oder andere Richtung nicht nur Ihre möglichen Schwächen liegen können, sondern immer auch Ihre größten Stärken.

Man denke nur an folgendes Beispiel: Wenn der Arbeitsstil-Test ergibt, dass eine potentielle Führungskraft sehr stark zu strategischem Denken neigt, dann liegen dort einerseits die Stärken. Eine solche Führungskraft verliert sich nicht in unwesentlichen Details und behält auch in momentanen Krisen den Blick für langfristige Ziele. Die andere Seite dieser Medaille ist jedoch, dass eine Neigung zum »Abheben« bestehen könnte. Eine solche Führungskraft könnte vor lauter Visionen die »Bodenhaftung« verlieren und den notwendigen Entscheidungs- und Handlungsbedarf im Tagesgeschäft vernachlässigen. Auch in der Personalführung kann sich ein Stratege oft nicht in die Ängste und Bedenken der Mitarbeiter bei Änderungsprozessen hineinversetzen. Widerstände gegen Neuerungen oder auch Konflikte im Team bleiben einem Strategen oft unverständlich. Er unterschätzt solche Probleme ganz einfach und stellt sich entsprechend nicht darauf ein.

Wenn sich durch den Arbeitsstil-Test jedoch ergibt, dass der Proband wenig zu strategischem Denken neigt und eher detailorientiert ist, dann ist zwar nicht damit zu rechnen, dass er als Visionär den »Teufel im Detail« unterschätzt, es könnte ihm jedoch der für eine Führungskraft notwendige Weitblick fehlen oder auch der Sinn für Prioritäten und Wirtschaftlichkeit.

Der hier vorgestellte Arbeitsstil-Test sagt deshalb nicht unbedingt etwas darüber aus, ob jemand grundsätzlich als Führungskraft oder Manager geeignet ist. Er versucht vielmehr mögliche (!) Stärken und Schwächen zu diagnostizieren. Dieser Test kann Ihnen deshalb eine Hilfe sein, eigene Potentiale oder auch mögliche Erfolgsfallen klarer zu erkennen. Schauen Sie sich das Modell an. Prüfen Sie Ihr Testergebnis und überdenken Sie dann, ob

- es überhaupt auf Sie zutrifft (das muss nicht bei jedem Test der Fall sein),
- Sie in Ihrem bisherigen Arbeitsverhalten eher die Stärken oder eher die Schwächen ausgelebt haben,
- Sie sich im Hinblick auf Ihren Erfolg als Führungskraft in manchen Dingen umstellen sollten.

Das Arbeitsstil-Modell für Führungskräfte unterscheidet in einer Typologie acht Verhaltensdimensionen, die Konsequenzen für das tägliche Arbeitsverhalten haben. Sie werden feststellen, dass Sie natürlich nicht einem der hier beschriebenen »Typen« entsprechen, sondern ein »Mischtyp« sind. In der Regel sind die zwei oder drei »Typen« für Ihr tägliches Arbeitsverhalten wichtig, in denen Sie die höchste Punktzahl erreichen. Wenn Sie in allen Kategorien eine etwa gleiche Punktzahl erreichen, kann das vorteilhaft sein, weil Sie dann über ein sehr breites Verhaltensspektrum verfügen, so dass Sie stets das einbringen können, was gerade erforderlich ist. Auf der anderen Seite besteht bei hoher Gleichverteilung auch die Gefahr, dass man als »Allrounder« in keiner Hinsicht wirklich zu Spitzenleistungen kommt.

Schauen Sie sich nun das Arbeitsstil-Modell mit seiner Typologie an und werten Sie danach Ihr Testergebnis aus. Wo Sie eine hohe Punktzahl erreichen, liegen vermutlich Ihre Stärken und ausbaufähigen Potentiale als erfolgreiche Führungskraft. Da liegen vermutlich jedoch auch Ihre größten Schwächen, die ein Scheitern als Führungskraft möglich machen können. Demnach kann dieser Test auch kein »gutes« oder »schlechtes« Ergebnis zutage fördern. Entscheidend ist, was Sie als Führungskraft aus Ihren Neigungen in die eine oder andere Richtung machen.

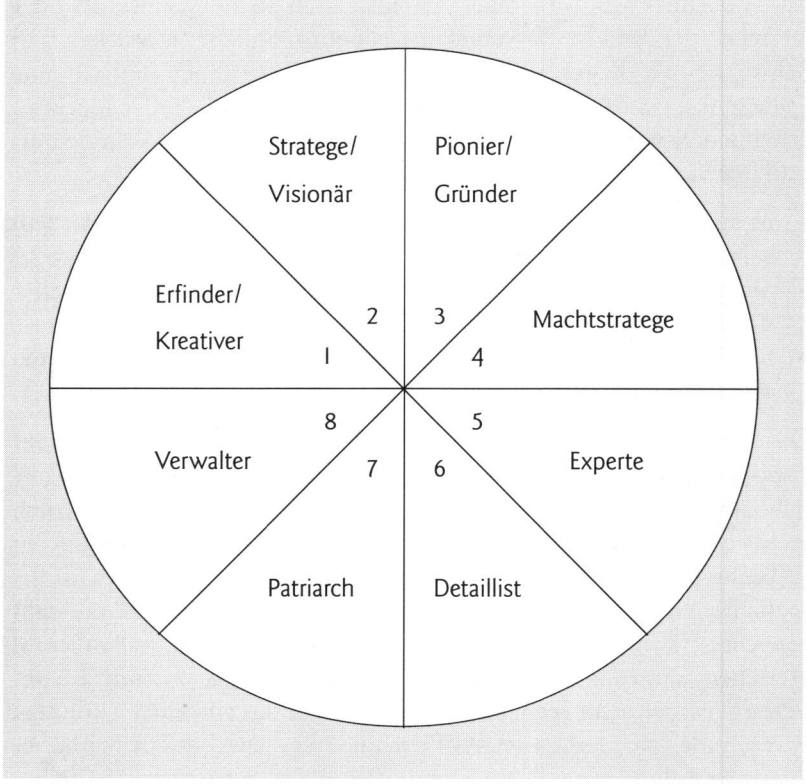

Abbildung 8: Das Arbeitsstil-Modell

Sacharbeit als Führungsfalle 75

1. **Verwalter** Der Verwalter gehört zu den Führungskräften, die gerne Ordnung und Methode in ihren Unterlagen haben und sich an klaren Richtlinien orientieren. Sie wissen, was wie und von wem zu tun ist. Bei Unklarheiten im eigenen Bereich werden die Dinge schnell und dauerhaft geregelt. Der Vorteil des Verwalters ist, dass auch die Mitarbeiter einen guten Überblick darüber haben, wer was bis wann und womit zu tun hat. Man kennt die Regeln und kann sich danach richten. Der Verwalter hat selten Konflikte in seinem Team. Ein ruhiges und sachliches Arbeitsklima und die »geordneten Verhältnisse« halten den Stress auch bei Termindruck in Grenzen. Fluktuation, Mobbing, Absentismus kommen bei einem Verwalter nur äußerst selten vor.

Negativ wird es, wenn der Verwalter sich zu einem ängstlichen Absicherer entwickelt. Das kann bei einer Neigung zu Perfektionismus passieren. Dann lebt sich der Verwalter womöglich darin aus, ständig neue Vorschriften, Anordnungen und Arbeitsanweisungen zu entwickeln und in täglichen Rundschreiben zu verbreiten. Hinzu kommen immer neue Formulare und immer feinsinniger ausgeklügelte Regelungen auch für die banalsten Vorgänge. Die Mitarbeiter erleben einen solchen Stil als lähmenden Bürokratismus und als schleichende Verbeamtung. Nach und nach werden Kreativität, Experimentierfreude und selbständiges Mitdenken erstickt. Die agilen Mitarbeiter werden sich möglichst schnell einen anderen Vorgesetzten suchen, der ihnen mehr Freiräume und Entwicklungsmöglichkeiten gibt. Die trägen Mitarbeiter und solche, die nur noch schwer einen neuen Job bekommen können, werden einen Großteil der bezahlten Arbeitszeit damit verbringen, sich gegen mögliche spätere Schuldzuweisungen bei Fehlern abzusichern.

2. **Erfinder/Kreativer** Der Erfinder ist voller Ideen und fördert auch bei seinen Mitarbeitern das Denken und Probieren. Nichts ist festgelegt, alles kann noch verbessert und optimiert werden. Diese Führungskraft gibt den Mitarbeitern Freiräume. Sie dürfen auch Fehler machen, sofern sie daraus lernen und die Probleme zügig bereinigen. Der Kernsatz des Kreativen könnte lauten: »Der Kluge macht nur neue Fehler. Der Dummkopf wiederholt seine Fehler. Der Faulpelz macht

nichts und damit auch keine Fehler.« Beim Erfinder als Vorgesetzten verfügen die Mitarbeiter auch über einen großen Entscheidungsfreiraum. Das fördert Mitdenken, Engagement und Motivation. Im Team herrscht eine vorwiegend positive Stimmung mit Freude am ständigen Fortschritt.

Negativ wird es, wenn der Erfinder oder Kreative zum Chaoten wird. Ständig fängt er etwas an und verliert schon bald wieder das Interesse an dem Begonnenen. Der Chaot produziert bei den Mitarbeitern Hektik und Unruhe. Überall liegen halb fertige Dinge herum, in tausend Töpfen kochen tausend Süppchen. Was heute eine tolle Idee ist, gilt morgen schon als Schnee von gestern. Vor allem solche Mitarbeiter, die selber nicht so schnell umschalten können, verlieren den Mut. Ratlos versuchen sie immer wieder vergeblich, sich in dem ständigen Wechsel zu orientieren. Kreative Chefs halten nichts von Bürokratie und lehnen bereits einfachste Dokumentationen und Vereinbarungen als viel zu einengend ab. Auch das lässt Mitarbeiter verwirrt rätseln, was im konkreten Fall gilt und erlaubt ist und was nicht. Es kommt immer wieder vor, dass sie heute für etwas gelobt werden, was gestern noch falsch war und umgekehrt. Der chaotische Chef vergisst auch seine Delegationen. Das nutzen listige Mitarbeiter aus. Bevor sie sich an die Arbeit machen, einen Auftrag zu erfüllen, warten sie lieber ab, ob sich der Chef morgen überhaupt noch daran erinnert, wer was erledigen sollte.

3. Stratege/Visionär Der Stratege oder Visionär ist konsequent zukunftsorientiert. Er wittert Trends, Marktentwicklungen und langfristige Chancen. Er verliert sich niemals in kleinkrämerischen Details und verschanzt sich auch nicht hinter Sacharbeit. Da der Stratege langfristige Ziele vor Augen behält, kann er sich auch im Vergleich zu anderen schneller entscheiden. Außerdem setzt er in der Regel seine Prioritäten richtig. Momentane Niederlagen oder Widerstände entmutigen ihn nicht. Bei Kleinigkeiten ist der Stratege großzügig. Er lässt gerne auch einmal seinen Mitarbeitern den Vortritt, wenn es um die Selbstdarstellung geht. Er ist Geschäftspartnern gegenüber kompromissbereit, solange dadurch die strategischen Gesamtziele nicht gefährdet werden.

Negativ wird es, wenn der Stratege oder Visionär zum »Spinner« wird und Luftschlösser baut. Seine Nachlässigkeit in bürokratischen und buchhalterischen Dingen kann ihn und das Unternehmen leicht auch einmal in kostspielige Abenteuer stürzen. Der Visionär unterschätzt den Teufel im Detail. Aufwand, Widerstände und Kosten bedenkt er nicht ausreichend. Es leuchtet ihm oft nicht ein, dass andere ängstlich auf Veränderungen reagieren oder gar nicht den Weitblick haben, sich zukünftige Entwicklungen vorzustellen. Der Stratege ist oft eher ein guter Manager als eine gute Führungskraft. Nicht selten fehlen ihm das Einfühlungsvermögen und die notwendige Geduld für die Mitarbeiter.

Eine andere mögliche Schwäche des Strategen kann seine schnelle Begeisterung für die ständig wechselnden »Management-Moden« sein, die das Erreichen strategischer Ziele versprechen. Was immer die Trendsetter der Unternehmensberatungsbranche als neueste Weisheit anpreisen, wird der Stratege aufgreifen. Gestern stürzte er sich mit aller Energie in Kaizen, heute wird Lean Management eingeführt und morgen alles auf Competency umgestellt. »Change Management« ist die Lust des Strategen. Wenn er sich von seiner Begeisterung mitreißen lässt, wird er eventuell zu leicht das Opfer verkäuferisch geschulter Berater. Dabei bemerkt er nicht, dass seine übertriebene Änderungsbereitschaft das Unternehmen viel zu sehr in ständige Unruhe versetzt. Jede neue Welle der Manager-Gurus aus den USA rollt über die Mitarbeiter. Niemals wird in Ruhe betrachtet, ob sich die Kosten für die Änderungen auch wirtschaftlich gelohnt haben.

4. Pionier/Gründer Der Pionier oder Gründer ist die geeignete Führungskraft, wenn etwas Neues aufzubauen ist. Neue Geschäftsstellen, Niederlassungen, Produktbereiche etc. sollte das Unternehmen von einem Pionier oder Gründer aufbauen lassen. Dieser braucht auch etwas, was er ganz bewusst als »sein Lebenswerk« betrachten kann. Der Gründer will aus dem Nichts etwas aufbauen. Dem Pionier macht es dabei Spaß, auch gegen harte Widerstände zu kämpfen oder sich in undurchsichtigen Strukturen bewähren zu müssen. Er geht dabei mit Leib und Seele ans Werk. Persönliche Interessen werden zurückgestellt. Tag und Nacht wird am »Lebenswerk« gearbeitet. Dabei gelingt es ihm auch, seine Mitarbeiter zu begeistern. Wie eine eingeschworene Gemeinschaft packen alle unter der Leitung des Gründers oder Pioniers mit an.

Negativ wird es, wenn der Pionier oder Gründer nicht begreift, dass Mitarbeiter auch Familien oder eigene Interessen haben. Für ihn selbst gibt es neben dem Beruf nichts. Er kann dann auch nicht verstehen, dass ein junger Familienvater in seinem Team abends noch Frau und Kinder sehen möchte. Er kann nicht verstehen, dass ein Sportler nach Feierabend noch zum Training oder ein Hobbykünstler an die Staffelei will. Interessen außerhalb des Berufs wirken auf den Gründer oder Pionier wie mangelndes Engagement. Wenn er selbst sechzehn Stunden am Tag und während des ganzen Wochenendes am Arbeitsplatz ist, wieso dann nicht auch die Mitarbeiter? An diesen Gründern liegt es in der Regel, dass die neuen Unternehmen der Technik-, Touristik-, Mode- oder Medienbranche fast nur sehr junge Mitarbeiter ohne Familienbindungen haben. Chef und Kollegen werden zur Ersatzfamilie.

Eine andere Schwäche zeigt sich beim Gründer oder Pionier, wenn das von ihm aufgebaute »Lebenswerk« steht und »nur« noch geführt werden soll. Dazu ist der Gründer oft nicht mehr in der Lage. Es kann sein, dass er einen Horror vor Routine hat und deshalb unbewusst immer wieder aufs Neue chaotische Zustände wie zu Anfangszeiten produziert. Es kann aber auch sein, dass er nach dem Aufbau plötzlich träge wird und sich in seine Erinnerungen von »damals, als wir noch bei Nacht und Nebel...« zurückzieht. Dann verpasst er Chancen zu notwendigen Erneuerungen. Er betrachtet jeden Versuch der Änderung oder Modernisierung als persönlichen Angriff auf sein Werk. Daran liegt es häufig, dass einstmals erfolgreiche Unternehmen langsam, aber sicher in Schwierigkeiten kommen, weil der achtzigjährige Gründer nicht an die nächste Generation abgeben will.

5. Machtstratege Der Machtstratege ist meistens bereits auf den ersten Blick als Führungspersönlichkeit zu erkennen. Er hat das »gewisse Etwas«, was man als natürliche Autorität oder auch als Charisma bezeichnet. Auf sehr sachorientierte Kollegen kann der Machtstratege unangenehm dominant oder gar als »Blender« wirken. Die meisten Mitarbeiter und auch Kollegen erkennen ihn jedoch instinktiv als »Leader« an. Sein souveränes Auftreten, seine Siegergesten und offen gezeigten Statussymbole lassen ihn immer auch für Fremde sofort aus der Masse heraustreten. Er ist das »Alpha-Tier«. Der Machtstratege selber hat eine sehr feine Witterung für Machtstrukturen und inoffizielle Hierarchien. Er kann diese gezielt für sich nutzen und auch in seinem Interesse beeinflussen. Der Machtstratege lebt in der Regel einen zwar jovialen, niemals jedoch partnerschaftlichen Führungsstil. Er ist der Boss und will das auch von den Mitarbeitern respektiert sehen. Vielfach zum Ärger seiner Kollegen kann sich der Machtstratege ein sehr autoritäres Führungsverhalten erlauben und wird trotzdem (deswegen?) von seinen Mitarbeitern bewundert und sogar geliebt.

Negativ wird es, wenn der Machtstratege seine Führungsverantwortung vernachlässigt und sich nur noch in Machtkämpfen um Posten und Einflussbereiche auf dem Weg nach oben ergeht. Das Erobern und Kräftemessen macht ihm Spaß. Teamgeist und Kollegialität der anderen Manager werden als Schwäche ausgelegt. Wo er kann, reißt er weitere Machtbereiche an sich und schlägt Konkurrenten aus dem Felde. Es kann dazu kommen, dass der Machtstratege nicht für das Unternehmen, sondern gegen seine Kollegen im Management kämpft. Er will in den Vorstand, egal mit welchen Mitteln.

Eine andere Schwäche des Machtstrategen kann darin liegen, dass er keine zweite starke Persönlichkeit neben sich zulässt. Mitarbeiter mit Führungspotential oder Aufstiegsambitionen müssen ihn notgedrungen rechtzeitig verlassen. Er lässt sie nicht hochkommen.

6. Experte Der Experte ist in der Regel aufgrund seiner überdurchschnittlichen Leistungen in die gehobene Position befördert worden. Er kann viel, weiß mehr als alle anderen und kommt regelmäßig zu den besten Ergebnissen. Fleiß, Wissen, Zuverlässigkeit und Erfahrung zeichnen ihn aus. Irgendwann musste man ihn einfach befördern. Darin liegt das so oft beklagte Dilemma. Wenn der Experte in eine Führungsposition aufsteigt, dann gelingt es ihm oft nicht, sich von der

Sacharbeit zu lösen. Irgendwie beschleicht ihn immer wieder die Angst, Mitarbeiter könnten ihn im Hinblick auf Wissen und Erfahrung »überholen« oder ihn nicht mehr respektieren, wenn sie herausfinden, dass er etwas nicht weiß, was sie wissen. Der Experte versteht oft nicht, dass er als Führungskraft dazu da ist, seine Fachleute zu Top-Leistungen zu führen. Stattdessen neigt er dazu, mit seinen Mitarbeitern »um die Wette« zu arbeiten. Dabei fühlt er sich verpflichtet, immer der Sieger zu sein. Überspitzt ausgedrückt kann man sagen, dass der Experte tief in seiner Seele davon ausgeht, dass der Vorstand von Lufthansa aus Top-Piloten und der Vorstand von Mercedes aus Top-Kfz-Mechanikern besteht und der Kultusminister ein Studienrat mit Prädikatsexamen sein muss. Vom Verstand her weiß der Experte auch, dass dem nicht so ist. Trotzdem wird er zwanghaft immer wieder seine Führungsverantwortung und seine Managementaufgaben vernachlässigen, weil er sich hinter seiner Sacharbeit verschanzt.

Wenn sich in einem Psychotest herausstellt, dass ein Bewerber sehr starke Neigungen in diese Richtung hat, wird er als potentielle Führungskraft vom Personalberater besonders kritisch unter die Lupe genommen. Es gibt bereits viel zu viele »Edelsachbearbeiter«, die sich in Spitzenpositionen als Fehlbesetzung erwiesen haben, jedoch nach den Gesetzen der Besitzstandswahrung nicht mehr von dort verdrängt werden können.

7. Detaillist Der Detaillist hat den klaren Blick auch für die kleinsten Dinge. Er erkennt Mängel und Fehler sofort oder sucht mit beharrlicher Geduld nach ihnen. Er forscht nach, ob auch alles bis ins Letzte perfekt und fehlerfrei ist. Der Detaillist trifft niemals Entscheidungen, die er nicht von allen Seiten gründlich bedacht hat. Dabei ist er unbestechlich an rein logisch-sachlichen Kriterien orientiert. Er lässt niemals fünfe gerade sein oder geht das Risiko einer Fehlentscheidung ein. Solange er nicht ganz genau weiß, dass seine Entscheidung richtig ist, legt er sich auch nicht fest. Weder Termine noch Kosten, noch Konsequenzen für die persönliche Beliebtheit können ihn unter Druck setzen. Auf die Qualitätsarbeit eines Detaillisten kann man sich verlassen. Er wird auch unter großer Belastung nicht hektisch oder nachlässig. Stetig und gründlich tut er das, was getan werden muss.

Eine große Schwäche des Detaillisten liegt häufig in seiner Neigung, anderen Menschen Fehler und Nachlässigkeiten zu unterstellen. Der Detaillist als Chef will jeden Brief, jedes Protokoll, jeden Bericht, jedes Produkt seiner Abteilung persönlich kontrollieren. Er kann es einfach nicht zulassen, dass etwas aus seinem Bereich herausgeht, was nicht zuvor über seinen Tisch gelaufen ist. Damit macht er sich oft selbst zum Flaschenhals der Produktivität. Hinzu kommt, dass die Mitarbeiter frustriert reagieren, wenn ständig der Chef noch einmal ändert und optimiert, was sie erledigt haben. Lustlos gehen sie an die Arbeit mit dem Wissen: »Der Alte wird es sowieso ändern.« Da ihre Ergebnisse in den Augen des Vorgesetzten ohnehin nicht als fehlerfrei anerkannt werden, leisten sie sich Nachlässigkeiten. So kommt es zu Fehlern, die dem Chef wiederum bestätigen: »Ich muss hier alles penibel kontrollieren!«

Ähnlich wie beim Experten sieht man auch die Neigung zum Detaillisten bei Bewerbern für Führungspositionen sehr kritisch. Entscheidungsscheue »Erbsenzähler« oder perfektionistische »Nippelvergolder«, die nicht zwischen wichtig und unwichtig unterscheiden können, sind als Führungskräfte ebenso unbrauchbar wie rabenschwarze Pessimisten, die bei jedem Änderungsprozess Chaos befürchten und erst bewiesen haben wollen, dass das Neue besser ist, bevor sie es einfach einmal probieren. Change Management in einem Unternehmen mit mächtigen Detaillisten an der Spitze ist fast immer zum Scheitern verurteilt. Das bestätigt den Detaillisten natürlich, dass die geplanten Neuerungen sowieso nichts taugten. »Haben wir ja gleich gesagt!«

8. Patriarch Der Patriarch fühlt sich persönlich für die Menschen, die er zu führen hat, verantwortlich. Er nimmt seine Führungsaufgabe bewusst wahr. Jeder einzelne Mitarbeiter ist ihm wichtig. Er kennt jeden mit seinen Stärken und Schwächen und setzt jeden entsprechend ein. Er kümmert sich aktiv um die berufliche Förderung und Weiterbildung. Die Mitarbeiter können sich bei ihm in einem motivierenden und stressfreien Raum weitgehend so entfalten, dass sie zu Spitzenleistungen angespornt werden. Der Patriarch wird als »Leader« anerkannt. Er verfügt über natürliche Autorität und kann auf Druck verzichten. Geringe Fluktuation, wenig Absentismus, niemals Mobbing, harmonische Kollegialität und überdurchschnittliche Leistungsbereitschaft sind die Merkmale seines Teams.

Negativ wird es, wenn der Patriarch nur noch über das Betriebsklima nachdenkt und nur noch das Wohl der Mitarbeiter im Sinn hat. Dann entwickelt sich sein Bereich zu einer gemütlichen Kultur menschlicher Nähe, doch die Erfolge bleiben aus. Leistungswillige Mitarbeiter wandern ab. Dafür sammelt der Patriarch die Lahmen, Müden, Enttäuschten und Deprimierten um sich. Mit missionarischem oder auch therapeutischem Eifer macht er sich an seine Lieblingsbeschäftigung: das Motivieren. Er merkt oft nicht einmal, dass seine Kollegen bei ihm die unbrauchbar gewordenen Mitarbeiter »entsorgen«. Sein Bereich entwickelt sich im Unternehmen zum »Club der Versager«. Engagierte und optimistische Mitarbeiter machen einen Bogen um ihn und seine Schützlinge. Wer noch auf sich hält, will auf keinen Fall zu ihm gehören.

Ebenfalls negativ ist es, wenn der Patriarch aus Mangel an eigenem Familien- und Privatleben seine Mitarbeiter »adoptiert«. Dann entwickelt sich Gruppenterror. Alle müssen gemeinsam zur Kantine gehen und gleichzeitig ihre Kaffeepause machen. Man muss immer bereit sein, auch private Probleme mit dem Chef zu besprechen und sich in Ehe-, Erziehungs- und sonstigen Fragen der Lebensplanung von ihm beraten zu lassen. Der Patriarch sieht sich nicht mehr nur als beruflicher Vorgesetzter seiner Mitarbeiter, sondern als Rundumbetreuer. Regelmäßig muss man mit ihm und den Kollegen zum Wochenendausflug oder Grillabend antreten. Gerne darf man dazu Ehepartner und Kinder mitbringen. Unter »Teamfähigkeit« versteht der Patriarch, dass »seine Leute« am liebsten immer zusammen sind. Wehe dem Mitarbeiter, der Beruf und Privatleben trennen will!

Wie oben gesagt sind wir alle »Mischtypen« mit gewissen Anteilen in jeder der hier beschriebenen Verhaltenstendenzen. Somit sind wir alle auch zu verschiedenen Stärken und Schwächen fähig.

In den berühmten Psychotests zur Personalauswahl wird nach diesen oder ähnlichen Tendenzen und Potentialen geforscht. Durch korrekt ausgefüllte Tests kann man sehr wohl feststellen, ob eine Person eher sachorientiert oder eher visionär orientiert ist. Man weiß jedoch nicht, wo und wie die betreffende Person diese Neigungen auslebt. Es kann zum Beispiel sein, dass ein Bewerber für eine Führungsposition laut Psychotest sowohl ein Visionär als auch ein Detaillist ist. Dann weiß man immer noch nicht, welche dieser Neigungen wo am stärksten zum Tragen kommt. Vielleicht ist er beruflich ein Detaillist, weil er befürchtet, sich durch Fehler unbeliebt zu machen oder durch mangelnde Kontrolle über die Mitarbeiter den Überblick zu verlieren. Vielleicht ist er auch beruflicher Detaillist, weil er sich intensiv für sein Fachgebiet interessiert und alles ganz genau wissen will. Privat lebt er dann vielleicht zum Beispiel als Freizeitpolitiker das Visionäre aus. Umgekehrt kann es sein, dass er beruflich als Visionär die Weichen im Unternehmen in Richtung Zukunft stellt, um dann nach Feierabend höchst pingelig und detailliert an seinen Erfindungen herumzubasteln und zu experimentieren.

Darin liegt auch oft die Schwäche von »Typologien« und Psychotests. Man kann zwar einiges über Neigungen, Fähigkeiten, Stärken und Schwächen zutage fördern, weiß jedoch nie, wie sich das Diagnostizierte letztlich in der täglichen Praxis auswirken wird.

Gehen Sie nun an die Auflösung Ihres Tests und reflektieren Sie kritisch, ob und wie Sie das Ergebnis mit Ihrer Person und Ihrem Verhalten in Einklang bringen können. Vielleicht finden Sie hier Hinweise auf mögliche Ursachen für Erfolge und auch Enttäuschungen in Ihrer bisherigen Laufbahn.

4. Ihr Arbeitsstil-Profil

Ermitteln Sie nun Ihre Punktzahlen bei den einzelnen Richtungen des Arbeitsstil-Modells. Tragen Sie Ihre Werte jeweils unter den Nummern der Test-Aussagen ein:

Zu 1. *Verwalter*
gehören die Aussagen mit den folgenden Nummern:

Nummer	1	4	10	25	28	35	42	46	52	58
Punkte										

Summe der vergebenen Punkte: ....

Zu 2. *Erfinder/Kreativer*
gehören die Aussagen mit den folgenden Nummern:

Nummer	5	14	21	26	36	49	56	64	73	80
Punkte										

Summe der vergebenen Punkte: ....

Zu 3. *Stratege/Visionär*
gehören die Aussagen mit den folgenden Nummern:

Nummer	6	17	19	32	39	43	50	57	60	72
Punkte										

Summe der vergebenen Punkte: ....

Zu 4. *Pionier/Gründer*
gehören die Aussagen mit den folgenden Nummern:

Nummer	3	16	20	33	48	59	62	67	69	71
Punkte										

Summe der vergebenen Punkte: ....

Zu 5. Machtstratege
gehören die Aussagen mit den folgenden Nummern:

Nummer	2	13	18	27	38	44	55	66	74	77
Punkte										

Summe der vergebenen Punkte: ....

Zu 6. Experte
gehören die Aussagen mit den folgenden Nummern:

Nummer	7	11	22	31	40	47	54	65	76	79
Punkte										

Summe der vergebenen Punkte: ....

Zu 7. Detaillist
gehören die Aussagen mit den folgenden Nummern:

Nummer	12	15	24	29	37	53	68	70	75	78
Punkte										

Summe der vergebenen Punkte: ....

Zu 8. Patriarch
gehören die Aussagen mit den folgenden Nummern:

Nummer	8	9	23	30	34	41	45	51	61	63
Punkte										

Summe der vergebenen Punkte: ....

5. Sinn und Unsinn einer Typologie

Ob es sich um das obige Arbeitsstil-Modell, um das Motivationsquadrat oder andere Typologien handelt, man sollte sie immer nur als eine Denkanregung betrachten. Sie können uns helfen, das eigene Verhalten oder Auftreten, die eigenen Motive oder Zielorientierungen einmal kritisch unter die Lupe zu nehmen und aus ungewohntem Blickwinkel zu betrachten:

- Ist das, was ich will, kompatibel mit dem, wie ich vorgehe?
- Passt das, was ich mir vorgenommen habe, überhaupt zu mir?
- Wie sehen mich vermutlich die anderen?

Im Grunde sind wir uns selbst ebenso ein Rätsel, wie es unsere Mitmenschen sind. Wir möchten gerne andere durchschauen und verstehen, warum sie so sind, wie sie sind. Wir stehen aber auch manchmal vor uns selbst und fragen uns: Wieso kann ich es nicht schaffen, mich ganz einfach so zu verhalten und so zu empfinden, wie es mir mein Verstand vorgibt? Warum habe ich bestimmte Stärken und Schwächen? Warum habe ich mich oft nicht so unter Kontrolle, wie ich möchte? Mancher fragt sich verzweifelt, warum er sich einfach nicht besser durchsetzen kann. Ein anderer fragt sich, warum es ihm nur so selten gelingt, sich harmonisch in Gruppen einzufügen.

Gleichzeitig können wir im Leben immer wieder feststellen, dass bestimmte Dinge bei Menschen »typisch« sind. Man lernt Leute kennen, die man innerlich als »typische Lehrer« oder »typische Buchhalter« kategorisiert, weil man schon öfter erlebt hat, dass Lehrer oder Buchhalter sich in bestimmten Verhaltensweisen ähneln. Manchmal ist man allerdings erstaunt, wenn man auf Menschen trifft, die »untypisch« sind. Dann denkt man sich zum Beispiel: »Dass dieser Spaßvogel ein Ostfriese ist, hätte ich nie vermutet.« Oder: »Für eine Frau kann sie sich sehr gut durchsetzen.« Dann stellt man entweder die eigenen Vorurteile in Frage oder sucht nach Gründen, warum sich die betreffenden Personen so »falsch« verhalten.

Wir Menschen versuchen immer wieder, mit Hilfe von Typologien uns selbst und andere zu verstehen. Leider kommen dabei sehr oft nur

platte und von Generation zu Generation weitergereichte Vorurteile zustande wie zum Beispiel:
- Zwillinge sind flatterhaft.
- Revisoren sind verkniffen.
- Frauen sind gefühlsorientierte Chefinnen.
- Männer rivalisieren immer im Kampf um Prestige und Macht.
- Verkäufer sind oberflächlich.
- Italiener sind feurig.

Wenn wir dann auf einen feurigen Revisor oder einen verkniffenen Italiener treffen, sind wir erst einmal verblüfft.

Als Führungskraft sollten Sie aus zwei Gründen sehr vorsichtig und bewusst mit Typologien umgehen:

1. Achten Sie im Hinblick auf Ihren eigenen Führungserfolg darauf, wie Sie sich im Unternehmen und auch bei Bewerbungen gegenüber Personalchefs geben. Zeigen Sie irgendwelche Merkmale, die ein Personalchef oder Ihr Vorgesetzter mit einem bestimmten Typus in seiner Typologie verbinden könnte? Könnte er daraus schließen, dass Sie als Führungskraft nicht in Frage kommen? Das könnte eine Gefahr für Ihre Aufstiegschancen sein!
2. Haben Sie innerlich eine Typologie vor Augen, nach der Sie Ihre Mitarbeiter be- und vielleicht sogar verurteilen? Schließen Sie von bestimmten Merkmalen oder Verhaltensweisen auf bestimmte Stärken oder Schwächen? Tun Sie damit vielleicht einigen Ihrer Mitarbeiter Unrecht?

Typologien können jedoch auch sehr hilfreich sein. Wenn Sie zum Beispiel feststellen, dass Sie in Ihrem Arbeitsstil sehr zum Detaillisten oder Patriarchen neigen, dann kann es sinnvoll sein, sich in Zukunft ganz besonders in dieser Hinsicht selbst zu kontrollieren, damit die Neigung nicht zur Führungsfalle wird. Bedenken Sie bitte auch, dass man sich in jungen Jahren oft noch gut anpassen und ändern kann. Mit zunehmendem Alter wird es immer schwieriger, einmal eingefahrene Gewohnheiten zu ändern. Fragen Sie sich deshalb rechtzeitig, ob das, was Sie tun und wie Sie es tun, im Hinblick auf Ihre beruflichen Ziele sinnvoll ist.

Warum sind Typologien (die aus Tabu-Gründen jedoch nicht als solche bezeichnet werden) bei Personalberatern und Personalchefs so beliebt? Vermutlich liegt es daran, dass sie auch denjenigen in der höheren Führungsriege einleuchten, die sich nie mit Psychologie befasst haben. Wenn ein Unternehmen zum Beispiel einen neuen Vertriebschef sucht, dann stellt man sich vielleicht einen »Visionär« oder einen »Kämpfer« vor. Er soll vorausschauend den Markt überblicken und kämpferisch bearbeiten. Wenn man im Unternehmen einen neuen Leiter der Forschung und Entwicklung braucht, stellt man sich vielleicht einen »Wissenschaftler« vor. Diese »Typenbezeichnungen« machen es einfacher, das auszudrücken, was man sich im Geiste vorstellt. Verschiedene Vorstandsmitglieder können sich leichter darüber verständigen, was sie vom neuen Vertriebsleiter erwarten, wenn sie sich darauf geeinigt haben, dass er ein »Kämpfer« und/oder ein »Visionär« sein soll.

Der nächste Schritt ist, dass sich Personalchefs oder Personalberater Gedanken machen, wie ein »typischer« »Kämpfer« ist. Und dann muss die Überlegung folgen, wie man bei einem Bewerber erkennen kann, ob er ein »Kämpfer« ist. Wird ein »Patriarch« gesucht, haben Vorstände und Personalchefs ein ganz anderes inneres Bild vor Augen. Vom Gesichtsausdruck über die Wortwahl bis hin zur inneren Einstellung unterscheidet sich ein »typischer« »Patriarch« völlig von einem »typischen« »Kämpfer«. Manche »Typen« können in einer Person vereinigt sein. Eine Person kann gleichzeitig »Wissenschaftler« und »Detaillist« sein. Kann jedoch ein »Machtstratege« gleichzeitig »typischer« »Verwalter« sein? Das ist oft Ansichtssache. Ein amerikanisches Typenmodell für Führungskräfte unterscheidet zum Beispiel:

1. Teachers Führungskräfte, die gerne Wissen weitergeben und Mitarbeiter bewusst fördern.

2. Healers Führungskräfte, die in Konflikten vermitteln und dazu neigen, die Welt verbessern zu wollen.

3. **Warriors** Kämpferische Führungskräfte, die gerne in offene Konflikte mit anderen gehen oder aktiv für ihre Ziele oder gegen negative Zustände kämpfen.

4. **Visionaries** Führungskräfte, die visionär das Unternehmen zu Zukunftserfolgen führen.

5. **Historians** Führungskräfte, die das Unternehmen im Sinne des Gründers nach traditionellen Werten weiterführen.

6. **Builders** Führungskräfte, die gerne aktiv Neues aufbauen und sichtbare Zeichen ihres Tuns setzen.

7. **Artists** Führungskräfte, die mit ihren Mitarbeitern gemeinsam auf hohem Niveau beste Qualität produzieren.

Auch diese Typologie beschreibt natürlich jeden Typus sehr detailliert mit allen »typischen« Stärken und Schwächen. Man kann sich vorstellen, dass Vorstandsmitglieder eines Unternehmens vor der Suche eines passenden Kandidaten für eine bestimmte Position überlegen, wie viel der Bewerber vom »Artist« mitbringen muss und wie viel vom »Teacher«, ob überhaupt Merkmale des »Historians« gefragt sind und auf welche möglichen und »typischen« Schwächen man bei der Auswahl besonders kritisch achten sollte.

Typologien haben ihren Sinn, weil sie die Selbsterkenntnis und auch die Erkenntnis anderer Menschen vereinfachen können. Sie werden unsinnig bis gefährlich, wenn man es sich damit zu einfach macht.

Das Problem ist, dass Personalchefs gerne ganz genau wüssten, wie ein Bewerber ist, dass es jedoch keine Möglichkeit gibt, es ganz genau zu erfahren. Man möchte wissen, welche Persönlichkeit, welche Einstellungen und Motive, welche inneren Stärken oder Sensibilitäten hinter dem angelernten Wissen verborgen sind. Denn diese Faktoren bleiben trotz aller Trainings und sonstiger Weiterbildungsmaßnahmen bestehen. Durch die Typologien versucht man, beim Bewerber an die Komponenten heranzukommen, die sich kaum noch ändern lassen.

Man kann einer Führungskraft beibringen, wie man Kritikgespräche führt oder Geschäftsberichte verfasst. Man kann ihr jedoch niemals beibringen, wie man ein »Visionär« oder ein »Warrior« wird. Wenn man das haben will, muss man unter den Bewerbern diejenigen herausfinden, die das in ihren Anlagen bereits mitbringen. Typologien versuchen immer, zu dem weitgehend unveränderbaren »Kern« einer Persönlichkeit vorzustoßen. Weil das jedoch letztlich nicht gelingt, bleiben Typologien immer nur Hilfskonstruktionen, die man sinnvoll, sinnlos oder sogar zum Schaden einsetzen kann.

Kapitel 4

Der persönlichkeitsbedingte Führungsstil

1. Der Einstieg in die Führungsposition

Wenn Sie den Schritt in eine Führungsposition geschafft haben, dann muss sich ganz automatisch Ihr Augenmerk von den eigenen Qualifikationen und der Selbstdarstellung auf Ihre Mitarbeiter verlagern. Als Bewerber mussten Sie noch glaubhaft vermitteln, dass Sie als Führungskraft geeignet sind. Man hat Sie mit Psychotests, Interviews und Assessment Center unter die Lupe genommen und daraus abgeleitet, ob Sie mit Ihrer Persönlichkeit und Ihren Qualifikationen das mitbringen, was man sich von der neuen Führungskraft erhoffte. Sobald Sie die Position innehaben, müssen Sie beweisen, dass man sich in Ihnen nicht getäuscht hat.

Der Erfolg einer Führungskraft besteht in dem, was die Mitarbeiter leisten. Als Führungskraft sind Sie dafür verantwortlich, dass Ihr Team und Ihr Bereich die vorgegebenen Ziele erreicht. Das bedeutet für Sie, dass Sie es schaffen müssen,

- Ihre Mitarbeiter dahin zu führen, dass sie die erwartete Leistung bringen;
- Leistungsträger durch geringe Fluktuation bei sich zu behalten;
- Leistungsträger für Ihren Bereich zu gewinnen.

»Nebenbei« dürfen Sie natürlich auch nie vergessen, dass erfolgreiche Führungskräfte mit hohen Leistungsergebnissen immer auch die Gelüste von Karrierekonkurrenten wecken! Vor allem Frauen passiert es gelegentlich, dass sie einen perfekten Bereich mit großem Erfolg aufbauen, eine Schar motivierter Mitarbeiter um sich sammeln und bei jedem Quartalsbericht mit glanzvollen Zahlen beeindrucken. Die erfolgreiche Frau wähnt sich deshalb in sicherer Position und macht sich vielleicht sogar Illusionen, die Geschäftsleitung könne ihr dankbar sein für den Erfolg. Das ist Unsinn. Je erfolgreicher eine Frau in ihrer Führungsposition ist, desto stärker kommen in der sie umgebenden männlichen Führungsriege solche Gedanken auf: »Könnte diese Position für eine Frau zu anspruchsvoll sein? Müsste man bei der Wichtigkeit ihres Bereichs für den Unternehmenserfolg nicht doch lieber einer robusteren und härteren Person dort die Führung übertragen? Nichts gegen Frauen, aber...« Und schon ist man bei dem Vorurteil, dass Frauen im Grunde »anders« führen, emotionaler, was ja auch ganz wundervoll ist, jedoch im Hinblick auf die Bedeutung ihres Bereiches... Wenn die Frau jetzt nicht energisch auch gegen ihre eigenen Kollegen kämpft, wird ihr der von ihr selbst aufgebaute Erfolgsbereich bald weggenommen.

Das kann auch Männern in Führungspositionen passieren, die nicht darauf achten, dass es notwendig ist, immer wieder das eigene »Revier« abzustecken und zu verteidigen. Bereichsübergreifendes Denken hin oder her, erfolgreiche Teams und gut gehende Abteilungen wecken immer uralte Beutegelüste von anderen, die sich liebend gerne den Erfolgsbereich einverleiben würden. Vergessen Sie niemals, dass sich vor allem in den Führungs- und Managementriegen genau die Menschen sammeln, die besonders kämpferisch und eroberungswillig sind!

Vergessen Sie auch nie die Aufstiegswilligen in Ihrem eigenen Team! Es gibt mehr Karrieristen, als man denkt, deren Phantasie im Zusammenhang mit dem eigenen Aufstieg sich leider ausschließlich darauf beschränkt, wie man den eigenen Chef »absägen« kann. Dass man sich einen eigenen Bereich aufbauen oder eine Position woanders suchen kann, fällt solchen Leuten nicht einmal ein!

Gleichwohl müssen Sie als Führungskraft Ihr Hauptaugenmerk darauf richten, dass Ihre Mitarbeiter den erwarteten Erfolg für Sie bringen. Sie können grundsätzlich davon ausgehen, dass, von ein paar neurotischen Fällen abgesehen, Mitarbeiter niemals vorsätzlich faul oder unwillig sind. Sie wollen Leistung erbringen. Man muss nicht

Der persönlichkeitsbedingte Führungsstil **93**

pausenlos »motivieren«. Heute geht man auch mehr und mehr davon aus, dass man im Grunde gar nicht motivieren kann. Was man jedoch immer kann, ist demotivieren oder die Mitarbeiter so verärgern, dass sie vorsätzlich den Erfolg ihres Bereichs verhindern.

Im Grunde müssen Sie als Inhaber einer Führungsposition immer vier Aspekte im Auge behalten:

1. Wie manage und administriere ich meinen Bereich so, dass alles reibungslos läuft?
2. Wie sorge ich dafür, dass meine Mitarbeiter zu Top-Leistungen kommen können und wollen?
3. Wie verhindere ich, dass Konkurrenten mir meinen Erfolg, meine Kompetenzen und letztlich meinen Bereich streitig machen?
4. Wie stelle ich den Erfolg meiner Mitarbeiter (als meinen Führungserfolg) positiv nach außen dar?

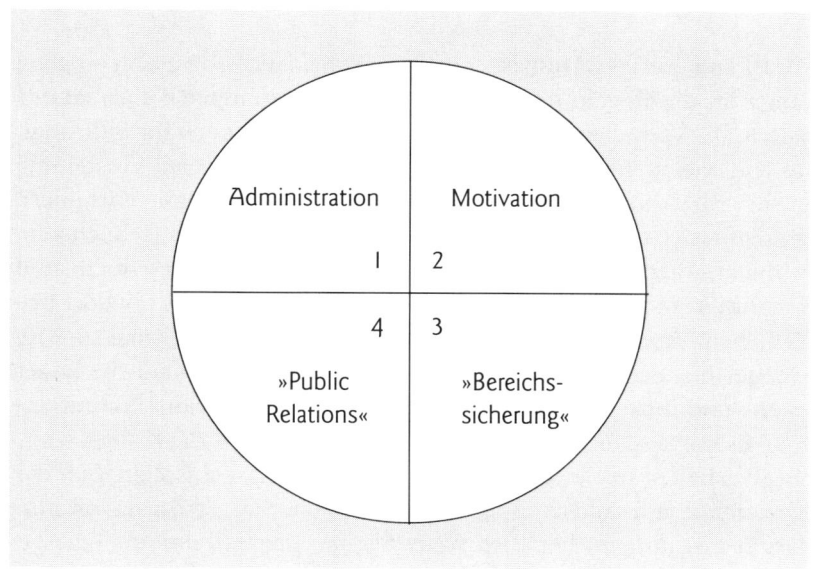

Abbildung 9: Die vier Aufgabenbereiche der Führungskraft

Um den Mitarbeitern ein motivierendes Umfeld zu gestalten, tut man heute sehr viel. Das geht von Qualitätsverbesserungen der Kantine über elegant ausgestattete Büros bis hin zu schriftlich formulierten Führungsgrundsätzen und Leitbildern.

An die müssen Sie sich offiziell in Ihrer Führungsarbeit halten. Können Sie das? Wissen Sie, was Sie im konkreten Fall tun müssen, wenn in Ihrem Leitbild zum Beispiel steht, den Mitarbeitern sei »größtmöglicher Freiraum« zu geben und Ihr Kommunikationsstil solle »kooperativ« sein? Können Sie auch im Stress und bei Konflikten noch das durchhalten, was an salbungsvollen Regeln in den Führungsgrundsätzen steht?

Halten sich Ihre Kollegen daran? Wie reagieren Mitarbeiter auf Verstöße ihrer Vorgesetzten gegen solche Regeln?

2. Führungsstile und Konfliktpotentiale

Für Ihren Führungserfolg ist es nicht entscheidend, ob Sie sich pingelig genau an die Regeln des im Unternehmen verlangten Führungsstils halten. Ihr Verhalten als Führungskraft und damit auch Ihr Führungsstil wird viel mehr von Ihrem Temperament, Ihrer inneren Einstellung zu den Mitarbeitern, Ihrer Frustrationstoleranz und von Vorbildern geprägt als von offiziell angeordneten Grundsätzen. Das ist auch kein Problem, solange es zwischen Ihnen und Ihren Mitarbeitern nicht zum Konflikt kommt. Kritisch wird es, wenn sich ein Konflikt bis zur persönlichen Abneigung entwickelt hat, dann könnte sich einmal ein Mitarbeiter mit dem offiziellen Papier zum Führungsstil »auf die Lauer legen« und Ihnen Ihre Verstöße nachweisen. Aber: Wann kommt das vor? Es muss schon sehr viel passiert sein, bis auch die Kollegen solches Verhalten mit tragen und fördern. In der Regel isoliert sich der Betreffende mit solchen Tricks selbst. Gehen Sie getrost davon aus, dass es fast immer richtig ist, wenn Sie im Einzelfall und im Tagesgeschäft nach Ihrem Ermessen führen, um ein harmonisches Klima und ein hohes Leistungsniveau zu erreichen. Sie merken es recht schnell, wenn das nicht mehr klappt. Aber auch dann sind Mitarbeiter fast immer sehr tolerant, Führungsfehler zu vergeben und zu vergessen. Niemand verlangt Perfektion und Unfehlbarkeit.

Sie sollten sich jedoch trotzdem immer wieder kritisch mit Ihrem eigenen Führungsverhalten auseinandersetzen, um Tendenzen in die falsche Richtung möglichst früh zu bemerken und gegensteuern zu können. Als Führungskraft haben Sie stets zwei Aspekte zu berücksichtigen:

1. Sie wollen ein hohes Leistungsniveau.
2. Sie wollen den Mitarbeitern ein positives Umfeld schaffen.

Diese beiden Aspekte müssen unbedingt in ausgewogenem Verhältnis zueinander stehen. Dies lässt sich durch das »Grid-Modell« (Grid = engl. für: Gitter) darstellen. Man stelle sich wie bei einem Schachbrett vor, dass es in einem »Gitter« verschiedene Positionen der Ausprägung von Leistungsorientierung und Mitarbeiterorientierung gibt. Dann

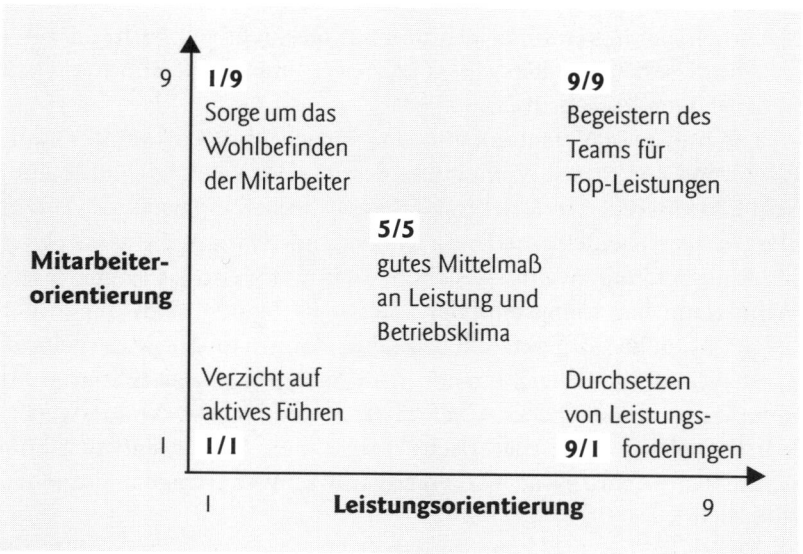

Abbildung 10: Das Führungs-Grid

kann man zuordnen, ob eine Führungskraft zum Beispiel ein »3/7«-Chef ist. Das bedeutet: Position 3 zeigt eher geringe Leistungsorientierung, dafür ist die Bereitschaft, den Mitarbeitern ein positives Umfeld zu schaffen, sehr hoch. In der folgenden Aufzählung werden die markantesten Positionen auf dem »Führungs-Grid« vorgestellt.

1. Der 1/1-Vorgesetzte Dieser Vorgesetzte ist im Grunde ein glatter Versager. Man kann auch von Arbeitsverweigerung als Führungskraft sprechen. Er reißt sich kein Bein aus, um die Mitarbeiter zu Leistung zu führen, und das Klima ist ihm auch egal. Sein Führungsmotto (falls er darüber überhaupt nachdenkt) könnte sein: »Die Leute wissen doch, was sie zu tun haben, und ich kann ja auch keinen zwingen.« Wenn er Glück hat, sind die Mitarbeiter von sich aus leistungsorientiert und schaffen sich selbst eine motivierende Atmosphäre. Dann fällt ein solcher Chef bei seinen Vorgesetzten als Versager noch nicht einmal auf.

Wie kann es dazu überhaupt kommen? Ein möglicher Grund ist die innere Kündigung dieser Führungskraft selber. Vielleicht wollte sie eigentlich viel höher aufsteigen und hat das nicht geschafft. Sie fühlt sich in dieser Führungsposition frustriert und macht nun nur noch »Dienst nach Vorschrift«.

Die Angst vor Verantwortung und Entscheidungen kann ebenfalls ein Grund für diesen Verhaltensstil sein. Der Chef will nicht zum Schuldigen werden und zieht sich deshalb rechtzeitig zurück, wenn es etwas zu entscheiden gibt. Dann treffen notgedrungen die Mitarbeiter die Entscheidung. Wenn sie sich als richtig erweist, ist es gut, wenn nicht, dann hat wenigstens der Chef seine Hände nicht mit in der Sache! Manche Vorgesetzte haben auch Angst vor den Mitarbeitern. Diese verstehen vielleicht mehr vom Sachgebiet und führen – oft ahnungslos – den eigenen Chef in die Seelenqual der Minderwertigkeitskomplexe. Auch rhetorische oder andere Überlegenheiten können manche neurotische Vorgesetzte nur schwer ertragen. Sie ziehen sich zurück.

Ein anderer Grund kann sein, dass der Vorgesetzte im Grunde gar nicht Führungskraft sein will. Er hat den Aufstieg in diese Position nur gemacht, weil das für die eigene Karriere notwendig war. In Wirklichkeit interessiert er sich nicht für Mitarbeiterführung. Ihn interessiert nur das Fach- oder Sachgebiet. Die Gefahr, zum 1/1-Vorgesetzten zu werden, besteht immer bei »Erfindern«, »Experten« und »Detaillisten«. Wenn Sie im Test in diesen Bereichen sehr hohe Punktzahlen erreicht haben, müssen Sie sich als Führungskraft besonders disziplinieren, damit Sie sich nicht in Ihre Lieblingsbeschäftigungen der Sach- und Facharbeit zurückziehen und das Mitarbeiterteam »vergessen«.

Ein anderer Grund für den 1/1-Stil kann in der Neigung zu »Autismus« liegen. Es gibt Vorgesetzte, die ziehen sich gleich nach Dienstbeginn in ihr Kämmerlein zurück und meiden jeden Kontakt. Wer etwas von ihnen will, muss untertänigst anklopfen und bekommt beim Eintritt gleich mit dem ersten Blick die Botschaft: »Sie stören!« Hinter diesem »Chef-Autismus« steckt meistens ein neurotischer Grund. Es kann Menschenscheu sein oder auch Menschenhass oder auch die Arroganz, dass andere es nicht wert sind, sich mit ihnen auszutauschen. Nicht selten hat »Chef-Autismus« auch einen ganz banalen Grund: Alkohol.

1/1-Vorgesetzte reden sich gerne heraus, wenn man ihnen ihre Nachlässigkeit vorwirft. Sie tun dann so, als drücke sich in ihrem Verhalten ein besonderer Respekt vor der Organisationsfähigkeit der Mitarbeiter aus. Sie behaupten, dass sie ihren Mitarbeitern menschlich und fachlich vertrauen, dass diese als Erwachsene ja wohl selbst wissen, was zu tun ist, dass man sie doch nicht bevormunden müsse… Egal, was 1/1-Vorgesetzte als Ausreden von sich geben, sie sind als Führungskräfte Versager und werden zunehmend sogar bis in den öffentlichen Dienst hinein als solche angesehen. Bei Aufsteigern aus dem eigenen Haus kann man die Tendenz zum Abschotten und Verkriechen vorher feststellen. Bei Bewerbern von außen versucht man zunehmend über Psychotests Neigungen in diese Richtung zu diagnostizieren. Man kann sie nämlich auch während der Probezeit nicht klar feststellen. Neue Leute können sich noch nicht beliebig zurückziehen. Sie stehen zwecks Einarbeitung zunächst notgedrungen in ständigem Kontakt mit anderen. Bis sich die 1/1-Verhaltensweise zeigt, kann die Probezeit vorbei sein.

Wie gesagt, kann ein 1/1-Vorgesetzter das Glück haben, dass sein Team sich tatsächlich sehr gut selbst organisiert. Das passiert nur, wenn die Mitarbeiter gut aufeinander eingespielt sind und in ihrem Kreis einen anerkannten inoffiziellen Führer mit natürlicher Autorität haben, der die Fäden auch bei Konflikten in der Hand hält. Wie lange es jedoch dauert, bis dieser inoffizielle Führer zu der Erkenntnis kommt, dass ihm selbst eigentlich das Chefbüro und Chefgehalt zustehen, ist eine andere Frage!

Der 1/1-Vorgesetzte leistet sich den sogenannten »Laisser-faire«-Stil. Die typischen Konflikte, die daraus entstehen können, sind:

- Chaos im Team und Phänomene wie Mobbing oder Terror durch Rädelsführer
- Resignation der Mitarbeiter, die es brauchen, regelmäßig von einem Vorgesetzten ermutigt, gefördert und gefordert zu werden
- Cliquenwirtschaft und die Pflege individueller »Hobbys« bei Vernachlässigung der Arbeit
- Leistungsmängel und dadurch Konflikte mit anderen Abteilungen

In manchen Unternehmen werden 1/1-Vorgesetzte bald in bedeutungslose Aufgabengebiete abgeschoben. Sie werden dann »Projektleiter für Sonderaufgaben« oder können sich um den Datenschutz oder das Qualitätshandbuch kümmern. Man kann sie leider weder feuern noch degradieren, also werden sie auf Nebengleise gestellt.

Lassen Sie es mit Ihrer Karriere nicht soweit kommen! Überlegen Sie vor dem Aufstieg in eine Führungsposition, ob Sie überhaupt innerlich dazu bereit sind, sich mit Menschen – mit Ihren Mitarbeitern – zu befassen!

2. Der 9/1-Vorgesetzte Von »Laisser-faire« kann beim 9/1-Vorgesetzten keine Rede sein. Ihm oder ihr geht es um Leistung, Leistung, Leistung. Wie sich die Mitarbeiter dabei fühlen, ist weitgehend egal. Manchmal wird dieser Führungsstil auch mit moralisierenden »Ermunterungen« gewürzt: »Wir haben damals auch...« »Uns wurde auch nichts geschenkt.« Viele der 9/1-Vorgesetzten erleben sich selbst nicht als die »Einpeitscher«, die sie in Wirklichkeit sind. Sie halten sich für pflichtbewusst, gewissenhaft und fleißig. Weil das so schöne Tugenden sind, treiben sie auch ihre Mitarbeiter in diese Richtung.

Hinter dem Einpeitscher-Verhalten kann Menschenverachtung stecken. Der Vorgesetzte geht erst einmal von einer angeborenen Faulheit der Mitarbeiter aus und versucht, durch Druck aus der »trägen Masse« Ergebnisse zu holen. Die Persönlichkeit der Mitarbeiter wird nicht anerkannt. Der Chef traut ihnen gar nicht zu, dass sie selbstverantwortlich zu Leistung kommen können oder wollen. Die Menschenverachtung drückt sich häufig auch im barschen Umgangston und in einer harten Befehlssprache aus. Die Mitarbeiter müssen gehorchen, sonst…

Hinter dem Einpeitscher-Verhalten kann auch nackte Angst stecken. Der Vorgesetzte hat Angst, mit seinem Team nicht gut genug zu sein, also feuert er die Leute an, auch noch das Letzte aus sich herauszuholen. Bei einem privaten TV-Sender kann das zum Beispiel so aussehen: Schon im Eingangsbereich können die Eintretenden jeden Morgen sehen, wie die Einschaltquoten des vergangenen Abends waren. Jeder weiß, was sinkende Quoten für den persönlichen Job bedeuten. Kein Wunder, dass mancher Chef einfach aus Angst den Mitarbeitern Druck macht. Ähnlich kann es in Bankfilialen gehen, wenn den Leitern dort harte Zahlen gesetzt werden. Hinter dem netten Begriff »Führen über Zielvereinbarungen« verbirgt sich häufig die Tendenz zur Einpeitscherei. Der Vorgesetzte hat hohe Ziele für seinen Bereich bekommen und gibt diesen Druck weiter. Auch Führungskräfte im Außendienst von Versicherungen arbeiten in der Regel nach dem 9/1-Stil. Wer hohe Verkaufszahlen hat, hat auch nichts zu befürchten. Wer die Zahlen nicht bringt, dem geht es schlecht. Wie sich die Mitarbeiter fühlen, ist völlig egal.

Es gibt Branchen, in denen die Mitarbeiter nichts anderes erwarten. Für sie ist der Arbeitsplatz nicht »berufliche Heimat«, sondern der Ort, wo man, wenn man sich ins Zeug legt, richtig gut Geld verdienen kann. Man entwickelt auch keine Bindungen an den Arbeitgeber. Heute ist man für die eine Versicherung auf Achse, morgen für die andere und übermorgen schon für einen Pharmakonzern.

In den meisten Unternehmen jedoch führt das 9/1-Verhalten einer Führungskraft unweigerlich zu offenen oder verdeckten Konflikten.

Die Mitarbeiter werden bis an die Grenzen ihrer Leistungsfähigkeit getrieben und sich nicht selten sogar gegenseitig zu Konkurrenten gemacht. Jeder weiß, dass er Probleme bekommt, sollte er irgendwann nicht mehr mithalten können. In einem solchen Umfeld gibt es den traditionellen Kreislauf nicht mehr, dass Neulinge sich einarbeiten, sich langsam zu Profis mit Spitzenleistungen entwickeln und irgendwann mit zunehmendem Alter vielleicht weniger leisten, dafür jedoch den Neulingen ihre Erfahrungen weitergeben. Diese Form des Wachsens und Reifens ist in vielen Branchen gar nicht mehr gefragt. Wenn man sich zum Beispiel die jungen Software-Unternehmen anschaut, da interessiert sich natürlich niemand mehr für Erfahrungen aus den Zeiten, als es das, was das Unternehmen heute anbietet, noch gar nicht gab.

Unter der Führung eines 9/1-Vorgesetzten fühlen die Mitarbeiter sich sehr schnell »ausgebeutet«. Das passiert vor allem dann, wenn sie selbst Festgehälter beziehen, der einpeitschende Vorgesetzte jedoch persönlich mit variablen Anteilen seines Gehalts von den Mehrleistungen profitiert. Das nehmen die Mitarbeiter übel. Wer die Möglichkeit hat, zu einem anderen Arbeitgeber oder innerhalb des Unternehmens zu einem anderen Chef zu wechseln, tut diesen Schritt. Leider sind das oft auch genau diejenigen, die der bisherige Vorgesetzte am wenigsten entbehren kann.

Die Mitarbeiter, die notgedrungen unter ihrem Einpeitscher verbleiben müssen, rächen sich auf ihre Weise. Sie stehlen Büromaterial, vergraulen Kunden und plaudern Geheimnisse aus. Die Rache der Gepeitschten ist nötig für deren seelische Gesundheit. Wenn ein Mitarbeiter erlebt, dass er gar nicht mehr als Mensch, sondern nur noch als »atmende Funktionseinheit«, als »Human Resource« gesehen wird, dann kann er mit dieser Demütigung nur leben, wenn er sich einen Ausgleich schafft, der ihn vor sich selbst das Gesicht wahren lässt. Das ist der Triumph, den Racheaktionen einbringen. Wenn der gedemütigte Mitarbeiter weiß, dass er seinem Chef oder dem Unternehmen geschadet hat, dann sieht er sich als heimlichen Sieger.

Die Gefahr, zum Einpeitscher zu werden, ist bei »Machtstrategen« und bei »Pionieren/Gründern« besonders groß. Der »Machtstratege« kann einerseits versuchen, über ungewöhnliche Leistungen aus seinem

Der persönlichkeitsbedingte Führungsstil

Team zur persönlichen Macht in der Unternehmensleitung zu kommen. Es kommt jedoch auch gelegentlich vor, dass das Machtstreben sich nach innen wendet. Ein solcher »Machtstratege« kämpft dann nicht mehr mit Gleich- oder Höherrangigen um seinen Machtzuwachs, sondern richtet das Augenmerk auf die »Untertanen« und lebt seinen Machtwillen durch Zwang zu blindem Gehorsam aus.

»Pioniere/Gründer« merken es oft gar nicht, wenn sie sich in Richtung eines 9/1-Stils entwickeln. Sie sind selbst mit so viel Feuereifer und Begeisterung bei der Arbeit, dass sie sich gar nicht vorstellen können, dass ihre Mitarbeiter eine andere Einstellung zum Job haben könnten. Pioniere und Gründer lieben das, was sie aufbauen. Es ist ihr »Baby«. Sie brauchen keinen Feierabend und keine Distanz zum Beruf. Bei ihnen treffen Beruf und Hobby fast immer zusammen. Kein Wunder, dass sie morgens mit glänzenden Augen an der »Baustelle« erscheinen und abends am liebsten gar nicht mehr nach Hause gehen möchten. In ihrer eigenen Begeisterung übersehen sie völlig, dass die Mitarbeiter zwar hoch motiviert und ebenfalls begeistert sind, jedoch vielleicht auch noch gerne Zeit mit der Familie, mit Freunden und anderen Dingen verbringen möchten. Das sieht der Pionier oder Gründer nicht ein. Wer nicht – genau wie er es doch auch tut! – mindestens zwölf Stunden arbeitet, ist nicht engagiert genug und braucht Druck.

Es ist übrigens typisch für »Einpeitscher«, gerne darauf hinzuweisen, dass sie schließlich nicht mehr von den Mitarbeitern verlangen, als von sich selbst. Sie fragen sich jedoch nicht, ob gesunde und vernünftige Menschen unbedingt ihrem manischen Vorbild folgen wollen.

Wenn Sie beim obigen Test eine hohe Punktzahl in den Bereichen »Machtstratege« oder »Pionier/Gründer« erreicht haben, dann sollten Sie sich bewusst immer wieder mit der Frage befassen: »Wie geht es eigentlich meinen Mitarbeitern in meinem Bereich? Wie behandele ich sie? Arbeiten sie gerne bei und mit mir? Könnte jemand Angst vor mir haben?« Vernachlässigen Sie als Führungskraft niemals die Gefühle Ihrer Mitarbeiter! Irgendwann werden Sie in die Lage kommen, auch einmal deren Wohlwollen zu brauchen. Wehe, wenn sie dann »zurückschlagen«!

3. Der 1/9-Vorgesetzte Der 1/9-Vorgesetzte ist das Gegenteil vom »Einpeitscher«. Er verzichtet lieber auf Leistungen, als den Mitarbeitern die Laune zu verderben. Und genau da liegt seine Schwäche. Er ist viel zu sehr mit der Sorge um das Betriebsklima und die seelischen Befindlichkeiten seiner Mitarbeiter beschäftigt. Er hält sich persönlich für zuständig, wenn es darum geht, die ihm unterstellten Menschen glücklich zu machen, nicht zu überfordern und bei jeder Unpässlichkeit zu schonen. Er möchte in seinem Team eine Atmosphäre menschlicher Wärme schaffen und bemerkt oft nicht, dass den Mitarbeitern, die im beruflichen Umfeld überhaupt nicht nach »Nestwärme« suchen, dabei die Luft zum Atmen wegbleibt. Die übertrieben rücksichtsvolle bis therapeutische Art des Vorgesetzten empfinden sie als aufdringlich und lästig.

Faulpelze und professionelle Leider fühlen sich bei einem solchen Chef natürlich wohl. Für sie ist es selbstverständlich, dass sie nichts leisten müssen und trotzdem Anspruch auf liebevolle »Motivation« haben.

Auch in der scheinbar so netten Atmosphäre, die der 1/9-Vorgesetzte schafft, gibt es Konflikte. Diese werden in der Regel nicht offen ausgetragen. Unannehmlichkeiten, Streit und heftige Worte sind nämlich absolut tabu in diesem »Wir-haben-uns-alle-lieb«-Umfeld. Die Konflikte entstehen unter anderem dadurch, dass Leistungswillige dieses seichte Klima nicht ertragen. Es ärgert sie, in einer Abteilung beschäftigt zu sein, von der man im ganzen Unternehmen weiß, dass dort keine nennenswerten Leistungen erbracht werden. Sie schämen sich für ihren Chef, für ihren Bereich, für die Tatsache, dass sie selbst damit identifiziert werden. Leistungswillige versuchen so schnell wie möglich, »therapeutische« Vorgesetzte zu verlassen. Zurück bleiben diejenigen, die sowieso nicht hart arbeiten wollen oder können. Häufig werden Abgänge von Leistungswilligen dadurch ersetzt, dass andere Führungskräfte dem 1/9-Vorgesetzten ihre »Sozialfälle« zuschieben. Ehemalige Mobbing-Opfer, verbitterte Absteiger und andere Versager mit sensiblen Seelen sammeln sich als »Club der Traurigen« um den liebevollen »Therapeuten«. Man kann sich vorstellen, was sich allein an ständigen Minikonflikten abspielt, wenn solche Nervenbündel täglich stundenlang zusammen sind!

1/9-Verhalten muss nicht nur aus missverstandener Nächstenliebe entstehen. Es kann auch Angst dahinter stecken. Manche Führungskräfte haben eine neurotische Angst davor, unbeliebt zu sein oder gar als autoritär abgestempelt zu werden. Sie sehnen sich nach der Liebe ihrer Mitarbeiter. Am liebsten möchten sie mit jedem per Du sein und mit jedem neben dem Beruf auch noch in privater Freundschaft leben. Die Angst vor möglichem Liebesentzug lässt sie auf jede Laune und jede Faulheit rücksichtsvoll reagieren. Arbeitsaufträge werden nur in bittendem Ton vorgetragen. Niemals wird ganz einfach verlangt, dass die Mitarbeiter das tun, wofür sie bezahlt werden. Nicht selten entwickelt sich in einem nach 1/9-Verhalten geführten Team genau das, was wir alle aus der Schule von schwachen Lehrern kennen: Die Schüler gehen »über Tisch und Bänke«, während vorne der verzweifelte Lehrer hofft, dass sich vielleicht doch noch einmal alles zum Guten wendet.

Persönliche Einsamkeit kann auch die Ursache für 1/9-Verhalten sein. Das kann leicht bei älteren Führungskräften passieren, die sich in früheren Jahren so für die Firma aufgeopfert haben, dass sie vor lauter Überstunden Ehe, Kinder und Freundeskreis vernachlässigt haben. So um den fünfzigsten Geburtstag herum wird ihnen klar, dass sie beruflich nicht weiter aufsteigen werden. Also haben sie in der Richtung keine Ziele mehr. Ihnen wird auch klar, dass sie außer den Menschen am Arbeitsplatz kaum noch Sozialkontakte haben. Manchmal kommt noch ein schlechtes Gewissen wegen früherer Einpeitscherei hinzu. Und schon klammern sie sich an die Mitarbeiter. Bei ihnen wollen sie Freundschaft und Anhänglichkeit finden. Bei ihnen wollen sie die Vater- oder Muttergefühle ausleben, die ihre Scheidungskinder nicht mehr erwarten.

1/9-Verhalten kann auch als Tarnung von oft unbewussten autoritären Gelüsten auftreten. Der »Therapeut«, der seine Mitarbeiter auch persönlich und mit privaten Problemen völlig im Griff hat, hat auch große Macht über sie. Er will, dass sie mit ihm ihre häuslichen Sorgen besprechen. Er will ihnen dort mit Rat und Tat zur Seite stehen. Das gibt ihm die Befriedigung, dass sie auf ihn und seine »Pflege« angewiesen sind. Solche Chefs leben ihre Machtgelüste durch ein neurotisches

Helfersyndrom aus. Weil die anderen hilflos und schwach sind, muss er, der Chef, ja wohl groß und stark sein.

1/9-Verhalten wächst zwar aus dem Wunsch, lieber auf Leistung zu verzichten und dafür ein gutes Betriebsklima zu schaffen, aber es erreicht letztlich nur, dass sowohl die Leistungen unter dem Geforderten bleiben als auch das Betriebsklima miserabel ist. Es mag scheinbar harmonisch sein, weil alle Konflikte sofort unter den Teppich gekehrt werden, aber es ist bedrückend und einengend.

Wenn Sie im obigen Test eine sehr hohe Punktzahl im Bereich »Patriarch« hatten, dann sollten Sie sich bewusst fragen, ob Sie vielleicht zu intensiv über Befindlichkeiten und Gefühle Ihrer Mitarbeiter nachdenken. Vergessen Sie nicht, dass Sie nicht etwa Beschäftigungstherapeut einer Kurklinik sind, sondern erwachsene Menschen zu führen haben, die nicht behütet werden müssen und wollen, die Ihnen nicht unbedingt ständig ihr Herz öffnen möchten, die sich nicht vor den Kollegen anderer Bereiche dafür schämen wollen, dass bei Ihnen nichts Rechtes zustande kommt.

4. Der 5/5-Vorgesetzte Wenn Sie es schaffen, ein 5/5-Vorgesetzter zu werden, dann können Sie eigentlich ganz zufrieden sein. Sie sollten natürlich immer bestrebt sein, sich noch zu verbessern, aber zunächst einmal ist die 5/5-Position gar nicht schlecht. Sie erreichen ein einigermaßen gutes Leistungsniveau, ohne dass Sie oder Ihre Mitarbeiter sich überfordern. Sie haben im Team ein gesundes Betriebsklima mit normalen Konflikt- und Friedensanteilen, ohne dass man sich innig ans Herz wächst. Ein 5/5-Vorgesetzter sind Sie, wenn Sie fair und kompetent Ihren Bereich leiten, niemanden bevorzugen oder benachteiligen und immer darauf achten, dass jeder weiß, was zu tun ist und welche Qualität erwartet wird.

Aber Vorsicht! Der 5/5-Stil ist das gerade noch erlaubte Minimum. Er reicht in ruhigen Zeiten und bei friedlichen Abläufen. Schon ein Change-Projekt mit unternehmensweiten Umwälzungen oder eine Krisenzeit mit erhöhtem Druck kann eventuell nicht mehr aufgefangen werden. Die Mitarbeiter sind weder an ein Niveau von Spitzenleistungen gewöhnt noch wirklich mit Ihnen und dem Unternehmen solidarisch. Sollte es irgendwann einmal ungemütlich werden, wandern Ihre Leute ab! Das passiert, wenn zum Beispiel neue Abläufe und Verfahren eingeführt werden und die Änderungen den gewohnten Trott stören. Das passiert auch, wenn durch neue Vergütungsstrukturen die Leistungsschrauben angezogen werden. Eine weitere Gefahr für den 5/5-Vorgesetzten liegt immer im charismatischen Konkurrenten. Die Mitarbeiter lassen sich blenden und folgen begeistert dem anderen, von dem mehr Begeisterung ausgeht als vom braven 5/5-Chef.

Wenn Sie im obigen Test eine hohe Punktzahl im Bereich »Verwalter« erreicht haben, kann es passieren, dass Ihnen nur die 5/5-Variante ganz ordentlicher Leistung bei erträglichem Betriebsklima gelingt. Reicht Ihnen das auf Dauer?

5. Der 9/9-Vorgesetzte Das Ideal ist natürlich der 9/9-Führungsstil. Hier wird unter großer Begeisterung ein Maximum an Leistung bei höchster Qualität erreicht. Dieses Ideal ist fast immer unerreichbar. Es gibt Führungskräfte, die sich selbst für solche »Begeisterer« halten. Sie selbst eilen jeden Tag mit glänzenden Augen zur Arbeit und können nie genug davon kriegen. Was diesen Führungskräften oft nicht bewusst wird, ist, dass sie nicht »Begeisterer«, sondern »Begeisterte« sind. Außer ihnen selbst ist niemand so in die Arbeit verliebt und geht mit so viel Feuereifer zu Werke. Sollten Sie sich selbst für einen »Begeisterer« halten, dann fragen Sie sich unbedingt einmal, ob Sie nicht vielleicht doch nur ein »Einpeitscher« sind. Denen passieren solche Selbsttäuschungen nämlich sehr leicht.

Charismatischen Führungskräften sagt man nach, dass sie »Begeisterer« sind. Das kann sein. Man erlebt es auch bei Sektenführern, dass sich die Masse der ergebenen Anhänger vom »großen Meister« restlos ausnutzen lässt und immer noch im Glück der inneren Erfüllung schwelgt. Charisma bei der Führungskraft geht mit einem gewissen Grad an Verblendung und Entmündigung der Mitarbeiter einher und gehört immer auch in den Dunstkreis der Manipulation.

Es ist natürlich wunderbar, wenn Sie Ihre Mitarbeiter begeistern können. Machen Sie sich jedoch klar, dass das nur über einen gewissen Zeitraum möglich ist und nicht über Jahre anhalten kann. Irgendwann muss sich das Klima und das Leistungsniveau wieder auf einem auch gesundheitlich erträglichen Pegel einspielen. Parteien vor den Wahlen brauchen zum Beispiel Begeisterer in Führungspositionen. Dann muss für den Wahlsieg wirklich das Allerletzte aus den Mitarbeitern herausgeholt werden. Aber nach den Wahlen wird auch parteiintern wieder »normal« gearbeitet. In den meisten Unternehmen sind »Begeisterer« sehr gut als Projektleiter und weniger gut als Linienvorgesetzte zu gebrauchen.

»Pioniere/Gründer« und »Strategen/Visionäre« haben oft gute Chancen, sich zu »Begeisterern« zu entwickeln. Aber wie gesagt: Bitte seien Sie kritisch in der Beurteilung Ihrer eigenen Fähigkeiten in dieser Richtung. Fragen Sie sich, ob außer Ihnen selbst auch noch andere begeistert sind.

Es sind die gar nicht so seltenen Extremfälle, wenn sich Führungskräfte zu »Autisten«, »Einpeitschern« oder »Therapeuten«, aber auch zu »Begeisterern« entwickeln.

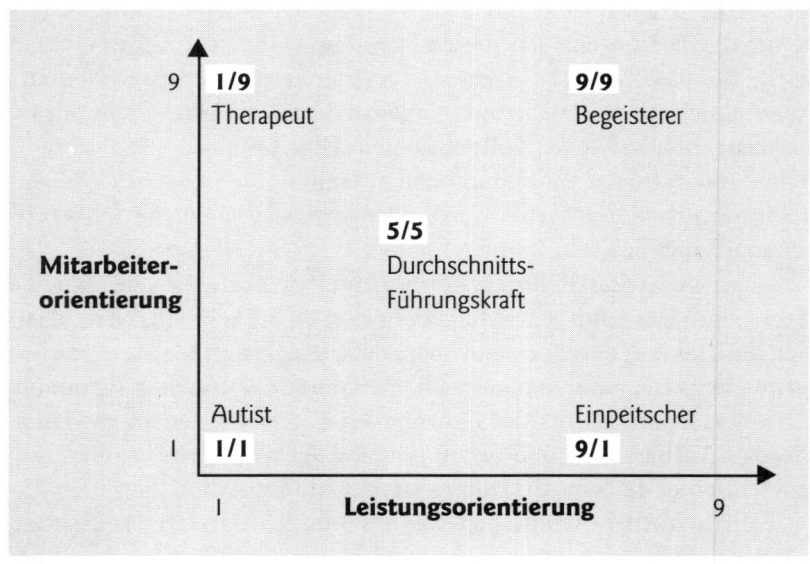

Abbildung 11: Das Führungs-Grid

Die negativen Extreme werden sich jedoch in modern geführten Unternehmen heute kaum noch ungestraft ausbilden. Wenn man bemerkt, dass eine Führungskraft extreme Fehlentwicklungen zeigt, versucht man es vielleicht mit Trainings oder Coachings. Wenn die Maßnahmen nicht greifen, kommt es notfalls zu Entmachtungen oder auch Trennungen.

Für Sie sollte es wichtig sein, dass Sie sich in Ihrem Karrierestreben nie nur nach vorne zum nächsten Aufstieg ausrichten, sondern immer auch selbstkritisch Ihr aktuelles Verhalten reflektieren. Sie sollten auch Chancen wie Aufwärtsbeurteilungen und 360-Grad-Feedback für sich nutzen.

Ihre Mitarbeiter wollen gar nicht unbedingt eine perfekte Führungskraft. Sie sind realistisch genug zu wissen, dass jeder irgendwo seine Schwachpunkte und auch handfeste »Macken« hat. Sie sind dann eine gute Führungskraft, wenn Sie

- in Ihren Mitarbeitern die Fachleute erkennen und ihnen entsprechend Freiräume für selbständiges Arbeiten und Entscheiden lassen;
- Ihren Mitarbeitern die Angst vor Fehlern nehmen und auch einmal Experimente mit ungewissem Ausgang zulassen;
- menschliche Wertschätzung und persönliches Interesse zeigen, ohne sich dabei bis in den privaten Bereich hinein aufzudrängen;
- alle Mitarbeiter zwar nicht gleich, jedoch unbedingt gerecht behandeln und sich weder Lieblinge heranzüchten noch Ausgestoßene schaffen;
- in Ihrem Verhalten berechenbar bleiben und nicht heute dieses kritisieren oder loben und morgen das Gegenteil tun;
- es schaffen, sich selbst und Ihrem Bereich im Unternehmen einen guten Namen zu machen, damit die Mitarbeiter stolz sein können, dazuzugehören;
- niemals die Leistungen Ihrer Mitarbeiter als eigene ausgeben;
- sich in kritischen Situationen immer schützend vor jeden Ihrer Mitarbeiter stellen und niemals erlauben, dass jemand aus Ihrem Team von außen oder von oben angegriffen wird. Das muss auch gelten, wenn der Mitarbeiter tatsächlich einen Fehler gemacht hat.

Sie sind dann gut, wenn Sie sich in Ihrer Rolle als »Chef« Respekt verschaffen können und niemals den Respekt vor Ihren Mitarbeitern als Fachleuten verlieren. Dann kann es zwar trotzdem zu Knatsch, Krisen und Konflikten kommen, aber diese werden zu lösen sein. Jede Form von Unterdrückung oder zu enger Freundschaft zwischen Führungskraft und Mitarbeitern birgt die Gefahr von unlösbaren Konflikten.

3. Die drei Komponenten des Verhaltens

Bei der Personalauswahl für Führungsfunktionen geht es immer wieder um den Versuch, bei den Probanden herauszufinden, ob sie von ihrer Persönlichkeit her überhaupt »Leader«-Qualitäten haben. Man hat im Laufe der letzten Jahre und Jahrzehnte Unsummen in Trainings und Seminare für Führungskräfte und Manager gesteckt und musste doch feststellen, dass sich zwar manches durch solche Maßnahmen beeinflussen lässt, jedoch kaum die zugrunde liegende Persönlichkeitsstruktur. Da ist es natürlich wichtig, vorher zu bestimmen, ob eine Eignung zum Führen vorliegt oder nicht.

Abbildung 12: Persönlichkeit und Verhalten

Der persönlichkeitsbedingte Führungsstil

Wissen und Kenntnisse kann man erwerben und erweitern. Verhalten und Auftreten kann man trainieren. Wer ein guter »Schauspieler« ist, kann auch in harten Auswahlverfahren und unter Stress noch das trainierte, erfolgsversprechende Verhalten zeigen. Man kennt es von Politikern im Wahlkampf. Mit ihnen werden nicht nur bestimmte Antworten auf bestimmte Fragen einstudiert, sondern auch Sprechweise, Gestik, Mimik und andere Äußerlichkeiten, die auf die Wähler wirken sollen. Dabei ist es wichtig, dass die Politiker immer völlig natürlich und »echt« wirken. Was Politiker im Interesse ihres Wahlerfolges können, können auch Probanden für ein Auswahlverfahren vorspielen oder Nachwuchsführungskräfte, die von sich wissen, dass sie noch als »High Potentials« unter »Beobachtung« stehen.

Was man vermutlich gar nicht bewusst steuern kann – und häufig selbst nicht einmal wahrnehmen will! –, ist die tatsächliche Persönlichkeitsstruktur unter dem, was man der Außenwelt zeigt. Dazu gehören Faktoren wie Temperament, innere Einstellungen, Risikobereitschaft, Aggressivität und persönliche Vorlieben. Niemals kann ein phlegmatischer Mensch temperamentvoll werden. Er kann sich jedoch anschauen, wie temperamentvolle Menschen auftreten, und dann deren Verhaltensweisen trainieren und so den Eindruck von Temperament vermitteln. Das wird er vermutlich dann tun, wenn ihm dafür Belohnungen winken. Wenn zum Beispiel ein Kanzlerkandidat wegen seines phlegmatischen Auftretens keinen Erfolg bei den Wählern hat – wie das bei Rudolf Scharping der Fall war –, dann kann er sich stur auf den Standpunkt stellen, dass die Wähler ihn so nehmen müssen, wie er ist. Dann hat er die »moralische Überlegenheit«, »ehrlich« geblieben zu sein, und den Ärger, weiterhin zu scheitern. Wenn sein Ehrgeiz ihn jedoch treibt, unbedingt die Wahl gewinnen zu wollen, dann schauspielert er vielleicht den temperamentvollen Menschen, der endlich die Dinge aktiv anpacken wird. Er wird das jedoch nach der gewonnenen Wahl nicht durchhalten. Sobald er die Belohnung für seine Schauspielerei hat, wird er wieder ins gewohnte Verhalten sacken und sich von Meeting zu Konferenz zu Besprechung schleppen.

Solche Pannen passieren nicht nur bei Politikern, sondern auch bei Managern. Da werden viel versprechende Leute in Positionen gehoben, für die sie sich mit geschauspielertem Verhalten scheinbar qualifiziert haben, in denen sie jedoch dann kläglich scheitern. Das möchten die Vorstände oft nicht zugeben. Das Eingestehen der falschen Wahl würde an ihrer Selbsteinschätzung als Menschenkenner kratzen. Wohl jedes Unternehmen schleppt an verschiedenen Stellen der Hierarchie unfähige Führungskräfte und Manager mit, von denen jeder weiß, dass sie nicht geeignet sind. Die Probezeit überleben sie, weil man ihre früh erkennbaren Mängel als Einarbeitungsprobleme beschönigt. Danach gesteht man ihnen notgedrungen zu, dass sie noch ein Jahr zum »Aufbau« dessen brauchen, was sie später erfolgreich machen wird. Nach etwa einem weiteren halben Jahr ist offensichtlich, dass es sich um eine Fehlbesetzung handelt. Was passiert dann? Manche werden entmachtet und mit überflüssigen Aufgaben betraut. Manche werden in Managermeetings offen gemobbt. Nach zwei bis drei Jahren verlassen sie das Unternehmen und probieren es woanders. »Luschenkarussel« nennt man das. Teuer für die Unternehmen, frustierend für die Betroffenen, eine Qual für deren Mitarbeiter.

Weil man weiß, dass Menschen ein einstudiertes »Erfolgsverhalten« auf Dauer nicht durchhalten können, versucht man in Auswahlverfahren durch immer neue Methoden und Techniken an den »Kern« der Persönlichkeit heranzukommen. Häufig handelt es sich dabei um Tests, die allerdings auch jeder Proband mit ein wenig Sachkenntnis in seinem Sinne manipulieren kann.

Man versucht, sich dem Thema über »Typologien« zu nähern und aus bestimmten Verhaltens- und Denkweisen auf anderes zu schließen, was zu dem beim Bewerber diagnostizierten »Typus« gehört. Leider sind diese Verfahren auch höchst trügerisch, weil jeder ein »Mischtyp« ist. Man kann häufig zum Beispiel davon ausgehen, dass temperamentvolle Menschen risikobereiter sind als andere, aber sicher ist das nicht!

Für Sie ist vor allem wichtig, was der richtige Karriereweg für Sie ist. Was passt wirklich zu Ihrer Persönlichkeit? Haben Sie vielleicht nur die Träume Ihrer Eltern bezüglich Ihres Berufswegs übernommen? Was glauben Sie vielleicht nur erreichen zu müssen, um Ihren Status darzustellen, um vor anderen als »Erfolgstyp« auftreten zu können?

Häufig wird bei potentiellen Führungskräften und Managern die Persönlichkeit unter drei Aspekten betrachtet:
1. Wie steht die Person zur Macht?
2. Wie geht die Person mit Beziehungen um?
3. Wie steht die Person zu Sachverhalten?

Zu 1.: Wie steht die Person zur Macht? Eine Führungs- oder Managerposition ist immer auch eine Machtposition. Man muss die Fähigkeit und auch die Bereitschaft mitbringen, sich die Macht kämpferisch zu erobern, zu verteidigen und auch auszuweiten. Dazu gehört ein gesundes Maß an Aggressivität. Das wird so in der Regel nicht gesagt. Man spricht vielmehr davon, dass die Person »Biss« haben muss. Dazu gehören Duchsetzungswille und Durchsetzungsfähigkeit. Der Wille allein reicht nicht! Die Neigung zum Erwerb und Erhalt von Macht geht in der Regel mit Temperament, Prestigeanspruch, Risikobereitschaft und auch einer gewissen Rücksichtslosigkeit einher. Diese Rücksichtslosigkeit bezieht sich nicht nur auf andere, sondern auch auf die eigene Person. Man darf nicht sensibel über eigene Verletztheiten nachdenken. Man muss Rückschläge hinnehmen können und dann doch wieder kämpfen.

An einem Mangel an Machtwillen und der Fähigkeit, Machtansprüche durchzusetzen, gehen häufig die Karrieren von Frauen zugrunde. Empört stellen sie fest: »Hier bekomt man als Frau keine Chance. Immer werden die Männer vorgezogen!« In moralischer Entrüstung über so viel Ungerechtigkeit ziehen sie sich in die Schmollecke zurück. Im Kampf um die knappen Machtpositionen »gibt« niemand jemandem eine »Chance«. Auch Männer werden nicht damit beschenkt. Männer ohne »Biss« können heute höchstens noch im öffentlichen Dienst und in ähnlich geführten Unternehmen wegen hoher fachlicher Qualifikationen aufsteigen, aber die Zeiten sind auch bald vorbei.

Man erkennt zunehmend, dass Machtpositionen aus verschiedenen Gründen machtorientierte Persönlichkeiten brauchen:

- Mitarbeiter ertragen es instinktiv nur schwer, wenn sie sich von einem Menschen Anweisungen geben lassen sollen, den sie im

Grunde für schwach halten. Nettigkeit und Klugheit allein reichen nicht aus.
- Schwache Führungskräfte provozieren Eroberungs- und Einmischungsgelüste unter gleichrangigen Kollegen. Wer sein »Revier« nicht verteidigen kann, verursacht Rangeleien und unnötige Machtspielchen im Management.
- Machtscheue Menschen sind fast immer auch entscheidungs- und verantwortungsscheu, wenn es um riskante Dinge geht.

Auf der anderen Seite kann übertriebene Machtgier höchst schädlich sein:

- Machtmenschen können sehr emotional sein. Je höher sie in der Hierarchie aufsteigen, desto größer die Gefahr hemmungsloser cholerischer Ausfälle in Stresssituationen.
- Machtmenschen können durch ihren eigenen Erfolg zunehmend in der Wahrnehmung beeinträchtigt werden. Je größer ihre Macht, desto mehr erscheinen ihnen die anderen als Unterlegene, desto sicherer glauben sie, dass ihnen ganz bestimmt alles gelingt, dass sie mit allem durchkommen können. Ihre Verachtung für die »Schwächlinge« und »Dummköpfe« um sie herum führt dazu, dass sie sich und das Unternehmen in gefährliche Abenteuer (häufig riskante Investitionen) stürzen. Es kann auch dazu kommen, dass sie in die »Clinton-« oder »Schneider-Falle« tappen und sich und das Unternehmen durch blödsinnige Spielchen sexueller oder krimineller (häufig im Bereich Bestechung oder Steuerhinterziehung) Art in Verruf bringen.
- Machtmenschen unterschätzen leicht auch die Notwendigkeit von guten Beziehungen zu anderen Menschen. Sie streben vielleicht zu sehr danach, immer wieder zu »siegen« und vergessen dabei, dass es anderen nicht gefällt, »verloren« zu haben. Irgendwann kommt der Zeitpunkt eigener Schwäche oder Abhängigkeit vom Wohlwollen anderer. Dann rächen sich die bisher Besiegten.
- Wenn Machtmenschen wenig strategisch orientiert sind, kann das bei ihnen zu chaotischen Zuständen und sprunghaftem Verhalten

führen. Sie sind ständig im Hier und Jetzt darauf erpicht, sich durchzusetzen und verlieren langfristige Ziele aus den Augen. Es kann ihnen schwer fallen, heute eine kleine Niederlage hinzunehmen, wenn dafür später der große Sieg winkt. Sie verzetteln sich dann in täglichen Kleinkriegen.

- Eine typische mögliche Gefahr bei Machtmenschen ist, dass sie die ihnen unterstellten Mitarbeiter entmündigen und auch höchst empfindlich darauf reagieren, wenn sich im Kreis der von ihnen geführten Menschen fähige Köpfe zeigen. Sie wollen ihre Macht nicht teilen, verlangen vollständige Unterwerfung und schaffen so ein Machtvakuum um sich herum. Fähige Mitarbeiter ziehen sich zurück, unterwürfige bleiben. Wenn der Mächtige eines Tages abtreten muss, ist das Chaos perfekt.

Zu 2.: Wie geht die Person mit Beziehungen um? Wer führen will, muss mit Menschen umgehen können. Man kann weder intern noch auf der Bühne externer Geschäftsbeziehungen als »Autist« dauerhaft erfolgreich sein. Dabei geht es nicht nur um »geschäftsgünstige« Kontakte, um diplomatische Klugheit oder um die Kunst, Anhänger um sich zu scharen. Es geht auch um die innere Einstellung zu Menschen, mit denen man keinen persönlichen Kontakt hat.

Überall wird zum Beispiel nach Kundenorientierung gerufen. Man kann sehr viel durch organisatorische Änderungen und Trainings dafür tun. Aber letztlich kann ein Unternehmen nur dann kundenorientiert sein, wenn an der Spitze Führungskräfte und Manager stehen, die wirklich die innere Überzeugung haben, dass der Markt nicht nur Kriegsschauplatz des Kampfes gegen die Wettbewerber ist. Die aufgeklärten Kunden von heute lassen sich immer weniger zum verführten Opfer geschickter Verkäufer mit ausgefeilten Überzeugungstaktiken machen. Sie erkennen zunehmend, ob man auf Anbieterseite in ihrem Interesse denkt und handelt oder nicht.

Selbst die öffentlichen Dienste, die Stadtverwaltungen und Behörden verabschieden sich schrittweise vom Bürger als verwaltetem Untergebenen, dem man alles zumuten kann, weil er sich von den Behörden alles bieten lassen muss. Bevor der »kleine Beamte«, dem der Bürger »nur Arbeit« macht, sich selbst als Dienstleister begreift, müssen an höherer Stelle Führungskräfte stehen, die aus sich heraus eine andere Einstellung zu den Kunden der Behörden haben und diese vorleben.

Außerdem sucht man bei neu einzustellenden Führungskräften und Managern in erster Linie Personen, die sich nahtlos in das bestehende Führungsteam einfügen, die man menschlich mag, mit denen man gerne erfolgreich zusammenarbeitet. Eine weitere Erwartung ist, dass die betreffende Person am Markt – zunehmend auch global – Kontakte pflegt, wichtige Leute kennt und selbst bekannt ist. Führungs- und Managementpositionen sind Beziehungspositionen.

Im Hinblick auf Beziehungen kann man bei einem Menschen natürlich auch wiederum nur das Verhalten beobachten. Was man nicht sehen kann, ist die innere Einstellung zu den Mitmenschen, die wahre Bereitschaft, sich auf andere einzulassen und gut mit ihnen auszukommen. Ein Hinweis kann die sympathisch wirkende Ausstrahlung sein oder auch die Reaktion anderer auf die betreffende Person. Mögen andere sie? Reagieren andere instinktiv positiv oder negativ? Doch auch hier ist Vorsicht geboten. Alle erfolgreichen Schmeichler und Betrüger wirken in dieser Hinsicht positiv! Die typischen Gefahren bei Menschen mit zu stark ausgeprägtem Sinn für gute Beziehungen können folgende sein:

- Entscheidungsscheu, wenn es um Dinge geht, die anderen weh tun könnten. Man möchte es jedem recht machen, keinen verletzen und schiebt schließlich notwendige Entscheidungen vor sich her.
- Unangemessener »Pflegeinstinkt« gegenüber unbrauchbaren Mitarbeitern. Aus Mitleid werden von »netten Beziehungschefs« auch solche Mitarbeiter immer wieder mitgezogen und »motiviert«, denen man längst die rote Karte hätte zeigen müssen.
- Unangemessene Kumpanei. Aus dem Trieb heraus, sich mit allen und mit jedem gut zu vertragen und womöglich anzufreunden, werden zu persönliche Beziehungen mit Mitarbeitern, Kunden und womöglich sogar Konkurrenten eingegangen. Das wissen die anderen recht bald auszunutzen!

Wenn Sie sich vor dem Verdacht einer falschen Neigung zu Kumpanei schützen wollen, dann sei Ihnen geraten, sich mit dem Du im Berufsleben möglichst zurückzuhalten. Das ist, vor allem wenn man gerade von der Uni kommt und sich im Unternehmen zwischen lauter flotten jungen Leuten mit optimistischem Fit-for-Fun-Elan wieder findet, nicht ganz leicht. Aber Vorsicht: Das Berufsleben ist nicht mit dem Studentenleben zu verwechseln. Unter Studenten herrscht noch Gleichrangigkeit. Im Berufsleben wird zwar viel von Teamorientierung geredet, letzlich herrschen dort jedoch klare Hierarchien, und »Duzbrüdern« traut man oft nicht zu, zu glaubwürdigen Vorgesetzten zu werden.

Zu 3.: Wie steht die Person zu Sachverhalten? Hier ist die Diagnose oft weniger schwer als im Hinblick auf Macht- oder Beziehungsorientierung. Im Grunde will man bei der Auswahl für Führungsfunktionen (anders als bei Sachfunktionen!) in dieser Hinsicht Folgendes wissen:

- Kann die Person auch »über den Dingen« stehen? Behält sie rein sachlich auch im Chaos den Überblick und kann noch Prioritäten erkennen, oder besteht die Gefahr, dass sie sich zu sehr in Details und Sachbearbeitermentalität verliert?
- Kann die Person auch in sachlicher Hinsicht gelegentlich »ein Auge zudrücken«, wenn es den großen Zielen dient, oder neigt sie womöglich zu verbissener Rechthaberei?
- Kann die Person auch dann Entscheidungen treffen, wenn die Sachverhalte noch nicht vollständig geklärt sind, eine Entscheidung jedoch nicht mehr verschoben werden darf?

Extrem sachorientierte Menschen sind in der Regel kaum führungsgeeignet. Sachorientierte können nur schwer kundenorientiert denken, weil ihnen die reibungslosen Abläufe wichtiger sind als die Zufriedenheit der Kunden. Deren Ansprüche fegen die Sachorientierten gerne mit dem Argument vom Tisch, dass der Kunde sachlich keine Ahnung habe. Extrem sachorientierte Menschen können schlecht delegieren und kontrollieren ihre Mitarbeiter bis zur Entmündigung, damit auch alles 100 % nach ihren Vorstellungen läuft.

Extrem sachorientierte Menschen können auch fast nie alle Mitarbeiter ihres Teams in fairer Weise führen. Sie neigen dazu, sich unter den Mitarbeitern Lieblinge herauszusuchen, die sie selbst für fachlich fähig halten. Diese Mitarbeiter gehören dann wie eine Elite von Musterschülern zum inneren Zirkel des Vorgesetzten, der sich wie ein Guru gebärdet. Die anderen Mitarbeiter können sehen, wo sie bleiben. Extrem sachorientierte Menschen können kaum im Führungsteam arbeiten. Sie neigen dazu, sich auf ihre eigene Meinung zu versteifen und verwechseln dann ihre Unfähigkeit zum Kompromiss mit Charakterfestigkeit. Sie weichen nicht von ihrem Standpunkt. Lieber lassen sie es zu, dass sich die Managerrunden in Endlosdiskussionen verfahren.

Extrem sachorientierte Menschen sind als Krisenmanager in der Regel unbrauchbar. Sie schaffen es nicht, zügig die Probleme zu überblicken und schnelle Entscheidungen zu treffen. Stattdessen versenken sie sich in Analysen über die Ursachen und die Schuldigen. Die akute Krise bekommen sie nicht in den Griff.

Ob eine extreme Neigung zur Sachorientierung bei einem Probanden vorliegt, lässt sich relativ leicht feststellen. Sachorientierte Menschen können sich kaum verstellen. Sie haben ihre klare Meinung von gut oder schlecht, richtig oder falsch, sinnvoll oder sinnlos... Daran halten sie stur fest. Man kann diese Schwarz-weiß-Neigung fast immer schon im ersten Interview durch eine provozierte Themendiskussion diagnostizieren. Die mangelhafte Anpassungsfähigkeit und Anpassungsbereitschaft an die Gegebenheiten eines Bewerbungsverfahrens lässt natürlich Rückschlüsse zu auf die spätere Fähigkeit und Bereitschaft, sich als Führungskraft und Manager sinnvoll einzugliedern, diplomatisch aufzutreten und strategisch zu taktieren.

Für viele extrem sachorientierte Menschen ist eine mit der Zeit zunehmende berufliche Verbitterung typisch. Sie erleben sich selbst als hochkarätige Fachleute, als charakterfeste Menschen mit vernünftigen Standpunkten. Erbost stellen sie fest, dass die »Aufschneider« und »Blender«, die »Ellenbogentypen« und »Schleimer« am Ende doch erfolgreicher sind. So ist das Leben.

Wenn Sie bei sich selbst starke Macht- oder/und Beziehungsorientierung erkennen, dann sind Sie zunächst durchaus als Führungskraft geeignet. Es müssen dann natürlich im Detail die notwendigen Fähigkeiten hinzukommen, und Sie müssen die möglichen Risiken dieser Neigungen im Griff haben. Wenn Sie bei sich extreme Sachorientierung feststellen, sollten Sie sich sehr kritisch mit Ihrem Wunsch nach Führungs- und Managementpositionen auseinandersetzen. Es ist zu befürchten, dass Sie dazu aufgrund Ihrer Persönlichkeit gar nicht geeignet sind.

Wollen Sie wirklich führen, oder wollen Sie nur »über allen anderen« sein? Wollen Sie wirklich managen, oder wollen Sie nur endlich die Macht haben, andere dazu zwingen zu können, das zu tun, was Sie für richtig halten?

4. Der Führungsstil und die drei Verhaltenskomponenten

Der individuelle Führungsstil wird viel mehr von den drei Verhaltenskomponenten bestimmt als von irgendwelchen Leitbildern oder Führungsgrundsätzen. Man kann eben auch als Vorgesetzter letztlich nicht aus der eigenen Haut heraus.

Was man allerdings kann und tun sollte, ist das kritische Hinterfragen des eigenen Verhaltens gegenüber den Mitarbeitern:

- Bin ich jedem Einzelnen meiner Mitarbeiter gegenüber fair?
- Bin ich berechenbar in meinem Verhalten?
- Können meine Mitarbeiter angstfrei mit mir arbeiten?
- Wissen meine Mitarbeiter, dass ich ihnen im Zweifel immer den Rücken stärke und ihnen niemals in den Rücken falle?
- Erleben meine Mitarbeiter, dass ich ihnen ihre Erfolge lasse und nicht als eigene Leistungen ausgebe?
- Würde ich selbst gerne oder lieber nicht unter der Führung einer Person mit meinem Verhalten arbeiten?

Solche und ähnliche Fragen sollten auch Sie sich in Ihrer Führungsrolle von Zeit zu Zeit stellen. Das ist viel praxisorientierter als die philosophische Betrachtung von gerade aktuellen Managermoden und Führungstrends.

Führungskräfte mit starker Machtorientierung sind oft bei einigen Mitarbeitern sehr beliebt und werden dafür von anderen entschieden abgelehnt. Es kommt bei ihnen schnell zu Polarisierungen. Was die einen als Charisma positiv empfinden, lehnen die anderen als aufdringliche Selbstinszenierung ab.

Eine typische Gefahr bei machtorientierten Vorgesetzten ist die oft wenig diplomatische und sogar verletzende Kritik. Ihre eigene Robustheit als Kämpfernaturen lässt sie die Empfindlichkeit ihrer Mitarbeiter unterschätzen. Rundheraus und oft auch vor Zeugen wird dem betreffenden Mitarbeiter mal eben knallhart gesagt, was er falsch gemacht und in Zukunft zu unterlassen hat. Der Vorgesetzte vergisst die Angelegenheit dann sofort als erledigt und in seinen Augen »geklärt«. Dass der kritisierte Mitarbeiter jedes der abrupten Worte auf die Goldwaage legt und sich noch Tage später darüber grämt, weiß er nicht.

Führungskräfte mit starker Machtorientierung sind zu kooperativem Verhalten nur dann fähig, wenn es sich um Dinge handelt, die sie nicht interessieren oder die sich weit unter ihrer eigenen Kompetenzebene befinden. Auf keinen Fall können sie problemlos mit fähigen Aufsteigern aus den eigenen Reihen umgehen. Wenn sie auch nur den Verdacht haben, der Aufsteiger könne an ihrer absoluten Macht rütteln, wird dieser sofort niedergedrückt. Das kann dazu führen, dass sich um den Machtorientierten herum bevorzugt Jasager und Duckmäuser tummeln und außerdem lauernde Nachfolgeaspiranten, die nur auf seinen Rücktritt oder auf mögliche Schwierigkeiten mit dem Vorstand lauern. Sie verhalten sich ruhig, solange der Chef noch mächtig ist, sind jedoch sofort zur Stelle, wenn sich erste Schwächen zeigen. Nicht selten kann ein ehemals erfolgreicher machtorientierter Chef eines Tages verblüfft feststellen, dass an seinem Sturz nicht nur der Vorstand, sondern auch von ihm immer unterschätzte Mitarbeiter beteiligt waren. Machtorientierte Führungskräfte haben, solange sie stark sind, die Zügel sicher in der Hand, aber sie haben für den Notfall keinen Rückhalt im eigenen Team.

Das ist bei Führungskräften mit starker Beziehungsorientierung ganz anders. Sie können sich fast immer darauf verlassen, dass bei eigenen Pannen die Mitarbeiter sofort zur Stelle sind, den Chef zu stützen, zu verteidigen und wieder aufzubauen. Der Vorgesetzte ist als Mensch beliebt. Er hat ein kooperatives bis familiäres Klima im eigenen Bereich geschaffen. Die Mitarbeiter sind an Entscheidungen beteiligt, brauchen sich bei Fehlern nicht zu verstecken und können sich auch bei Problemen auf die Solidarität des Chefs und der Kollegen verlassen. Das schafft Wärme und emotionale Stabilität. Man kann angstfrei und weitgehend frei von schädlichem Stress zu hohem Leistungsniveau kommen.

Eine Gefahr bei beziehungsorientierten Führungskräften kann darin bestehen, dass sie Fehler und Nachlässigkeiten durchgehen lassen, die längst deutliche Kritik und harte Konsequenzen erforderlich machen würden. Der beziehungsorientierte Chef will jedoch beliebt sein. Er fürchtet Konflikte und mag niemandem ein »böses« Wort sagen. Diese Haltung ist oft falsch. Die Faulen und Nachlässigen machen es sich bei ihm bequem. Sie treiben es immer bunter und nehmen gar nicht ernst, was ihnen der Vorgesetzte an vorsichtig formulierter Kritik mitzuteilen versucht. Im Gegenteil, sie verachten ihn für seine schwächlichen Appelle.

Ein großes Problem beziehungsorientierter Führungskräfte ist in der Tat, dass sie den oft unbewussten Wunsch der meisten Mitarbeiter nach der »festen Hand« unterschätzen. Irrigerweise gehen sie davon aus, dass Erwachsene selbst für sich die Verantwortung übernehmen und getreulich ihre Pflicht tun. Schön wär's! Tatsächlich verhalten sich viele Mitarbeiter während der Arbeitszeit so ähnlich wie damals in der Schule. Bei harten und strengen Lehrern haben sie damals die Hausaufgaben gemacht und den Blödsinn unterlassen. Bei weichen Lehrern haben sie nicht gelernt und auch kein gutes Benehmen gezeigt. Grundsätzlich haben sie jedes Schuljahr bei jedem Lehrer neu ausgelotet, wie weit sie ungestraft gehen konnten. Man sollte meinen, dass solche Kindereien im Berufsleben vorbei sind. Das stimmt nicht. Auch Erwachsene probieren instinktiv bei Menschen, die ihnen offiziell übergeordnet sind, aus, wie weit sie gehen können. Bei den netten Beziehungschefs können sie leider oft viel zu weit gehen. Und dann gibt auch noch der dreiste Mitarbeiter denen, die eigentlich gewissenhaft wären, ein schlechtes Beispiel ab.

Gewissenhafte und verantwortungsbewusste Mitarbeiter empfinden einen beziehungsorientierten Vorgesetzten deshalb oft als sehr ungerecht. Erbost registrieren sie, was andere sich an Faulheit, Schlamperei und Krankfeierei ungestraft herausnehmen können. Sie selbst tun nicht nur ihre Pflicht, sie arbeiten für die Ungebärdigen oft auch noch mit! So kommt es, dass der beziehungsorientierte Chef zwar gerne eine kooperative Zusammenarbeit möchte, es leider jedoch nur zu einer Tyrannei der Dreisten in seinem Team über die Gewissenhaften bringt.

Um den sehr sachorientierten Vorgesetzten herum herrscht häufig ein Klima emotionaler Kälte. Der Arbeitsplatz ist der Ort, wo man für Geld das tut, was man zu tun hat. Man geht nicht mit Feuereifer an die Sache, weil sachorientierte Chefs auf Anwandlungen von Begeisterung wie kalte Duschen wirken. Man versucht auch nichts Neues, weil sachorientierte Chefs keine Fehler dulden. Da bleibt man lieber bei dem, was sich bisher bewährt hat.

Sachorientierte Vorgesetzte sind autoritärer, als ihnen oft selbst bewusst ist. Sie haben dabei nicht einmal einen scharfen Befehlston, und dennoch ist jedem klar, dass es Ärger gibt, wenn man nicht stur nach seinem Stil vorgeht. Zu einer kooperativen Zusammenarbeit kann es nicht kommen, weil Sachorientierte sich nicht gerne mit anderen austauschen, um zu einem Ergebnis oder einer Meinung zu kommen. Sie kommen allein zu ihren Überzeugungen und können dann nicht verstehen, warum andere sich unvernünftigerweise nicht ihrer Meinung anschließen. Als Mitarbeiter hat man die Wahl, ganz einfach ja und amen zu sagen oder sich auf eine zähe und hoffnungslose Diskussion einzulassen. Von Kooperation keine Spur!

Sachorientierten Vorgesetzten kann es auch passieren, dass sie sich allein oder mit einem kleinen Kreis von »Elitemitarbeitern« vom Gesamtteam isolieren. Sie ziehen sich in Sachthemen und Detailarbeit zurück. Das Team erlebt dann einen Laisser-faire-Stil und muss weitgehend selbständig arbeiten. Das kann gut funktionieren, wenn die Mitarbeiter menschlich reif und fachlich kompetent genug sind, auch ohne Führung zu arbeiten. Es kann auch gut funktionieren, wenn das Team sich aus dem eigenen Kreis heraus eine fähige »Leader-Persönlichkeit« sucht und diese als solche akzeptiert.

Dann allerdings stellt sich die Frage: Was berechtigt den Vorgesetzten überhaupt noch, sein Chefgehalt und seine Privilegien in Anspruch zu nehmen?

Wie Sie sehen, hat jede der drei Verhaltenskomponenten ihre Konsequenzen für den individuellen Führungsstil. Je nachdem, wie Sie als Persönlichkeit »gestrickt« sind, können Ihnen bestimmte Führungsfehler leicht oder auch niemals unterlaufen. Man sollte sich nicht zu viele Sorgen machen. Noch nie hat es perfekte Führungskräfte gegeben. Das gilt auch für sehr erfolgreiche Unternehmen und Bereiche. Perfektion im Führungsverhalten erwarten weder die Mitarbeiter noch die Vorstandsmitglieder.

Aber eines ist sicher: Niemals darf das Verhalten der Führungskraft den Erfolg verhindern! Deshalb müssen Sie sich selbst mit Ihrem Verhalten und mit Ihren persönlichkeitsbedingten Orientierungen immer wieder kritisch auseinandersetzen. Sich eine Führungsposition zu ergattern, ist nur der erste Schritt. Danach muss es mit Ihren Mitarbeitern unter Ihrer Führung kontinuierlich voran und bergauf gehen.

5. Die sieben Faktoren der Persönlichkeit

Es gibt viele Modelle der Psychologen, wenn es darum geht, den Kern der Persönlichkeit eines Menschen auszuloten. Außerdem wird immer wieder darum gestritten, ob solche Faktoren angeboren oder erworben sind. Man geht dabei heute von drei Grundannahmen aus:

1. *Niemand kommt als unbeschriebenes Blatt auf die Welt.* Wir alle bringen bestimmte Begabungen, aber auch unser Temperament mit. Wir sind immer ein genetisches Produkt der Evolution. Kann man deshalb davon ausgehen, dass es »geborene Führerpersönlichkeiten« gibt?

2. *Wir stehen vom Tage der Geburt an unter dem Einfluss unserer Umwelt.* Es macht einen Unterschied, ob Eltern ihren langersehn-

ten Stammhalter bekommen und den gleich für einen »Prachtburschen« halten oder ein Mädchen, dem sie von Anfang an »frauliches« Verhalten nahe legen. Es macht einen Unterschied, ob kleine Kinder immer wieder die Botschaft hören: »Setz dich durch. Lass dir nichts gefallen!« Oder: »Sei lieb, sonst hat man dich nicht lieb.« Kann man deshalb davon ausgehen, dass es Eltern möglich ist, ihre Kinder dahin zu trimmen, dass sie elterliche Träume erfüllen? Kann man musikalische Wunderkinder oder geniale Tennisspieler oder erfolgreiche Manager »machen«?

3. *Wir sind mit zunehmender Reife immer weniger willenlose Opfer unserer Gene und Spielbälle unserer Umwelt.* In jungen Jahren suchen wir vielleicht instinktiv die Nische im Umfeld, die uns liegt. Das erklärt zum Teil, warum Kinder aus derselben Familie und mit gleicher Erziehung sich so unterschiedlich entwickeln. Wir können mit zunehmendem Verstand souveräner Entscheidungen treffen und auch vieles abwerfen, was uns Eltern und andere Beeinflusser mitgegeben haben. Wir können es lernen, unser überschäumendes Temperament zu zügeln oder unsere Trägheit zu überwinden. Verschlossene Persönlichkeiten können lernen, bewusst auf andere zuzugehen. Sehr gesellige Menschen können lernen, sorgfältiger darauf zu achten, mit wem sie sich verbünden.

Der »Kern« unserer Persönlichkeit ist die Summe dessen, was wir als Temperament und Begabungen mitbekommen und was wir als Charakter durch die Anforderungen und Einflüsse der Umwelt auf der Basis des Angeborenen entwickelt haben. Temperament und Begabungen sind weitgehend unveränderbar. Den Charakter kann man als flexibleren Teil des Persönlichkeitskerns formen und weiterbilden. Das allerdings geschieht bei Erwachsenen selten. Da werden schon eher Verhaltenstechniken und Erfolgsstrategien eingeübt, unter denen ein Außenstehender oft nur noch sehr schwer den wahren Charakter erkennen kann.

Wenn man sich bei der Besetzung von Führungsfunktionen so intensiv für den Kern der Persönlichkeit eines Bewerbers interessiert, dann will man wissen, was die Person an Fähigkeiten und inneren Einstellungen mitbringt und auf welcher Basis damit die weiteren Qualifizierungen ansetzen können. Man will wissen, wieweit die einzustellende Person überhaupt entwicklungsfähig ist in die Richtung, die man sich im Unternehmen für die betreffende Position wünscht.

Wahrscheinlich träumt heute schon mancher Personalchef oder Personalberater vom ultimativen Gentest, der eindeutig aussagt, wie die getestete Person in ihrer inneren Struktur unterhalb des bewusst gesteuerten Verhaltens (der »Schauspielerei«) wirklich ist und wie sie sich noch entwickeln kann und wird.

Da es solche Tests nicht (noch nicht?) gibt, muss man sich mit Denkmodellen behelfen. Eines dieser Denkmodelle geht von den drei Verhaltenskomponenten der Sach-, Beziehungs- und Machtorientierung aus. Andere Modelle stellen andere Komponenten in den Vordergrund. Man könnte nach Kreativität, innerer Ehrlichkeitsneigung, Abenteuerlust oder Obrigkeitshörigkeit etc. in einer Person fahnden.

Bei der Personalauswahl für Führungs- und Managementpositionen wird häufig zur Definition der Grundstruktur einer Person auch das Modell mit den sieben Faktoren einer Persönlichkeit eingesetzt.

Zu 1.: Sensibilität und Nervenstärke Im positiven Sinne ist hiermit die Sensibilität im Umgang mit anderen Menschen, aber auch mit Trends und Strömungen gemeint. Man kann auch von »feiner Nase«, »Feeling«, »Antennen« oder Intuition sprechen.

Auch die seelische Robustheit und die Fähigkeit, mit Stress und Fehlschlägen zurechtzukommen sind damit gemeint.

Im negativen Sinn kann sich Sensibilität als eine extreme Dünnhäutigkeit zeigen. Hochempfindliche Reaktionen auf echte oder vermeintliche Ablehnungen, Versagensängste und Überreaktionen im Stress sind zu befürchten. Je nach Temperament kann Übersensibilität zu Rückzug oder auch zu cholerischen Ausfällen führen.

Negativ kann sich extreme Nervenstärke auswirken, wenn sie zu unguter Dickfelligkeit und Blindheit für mögliche Gefahren wird. Dazu kommt außerdem ein gedankenloser Umgang mit den Gefühlen anderer Menschen.

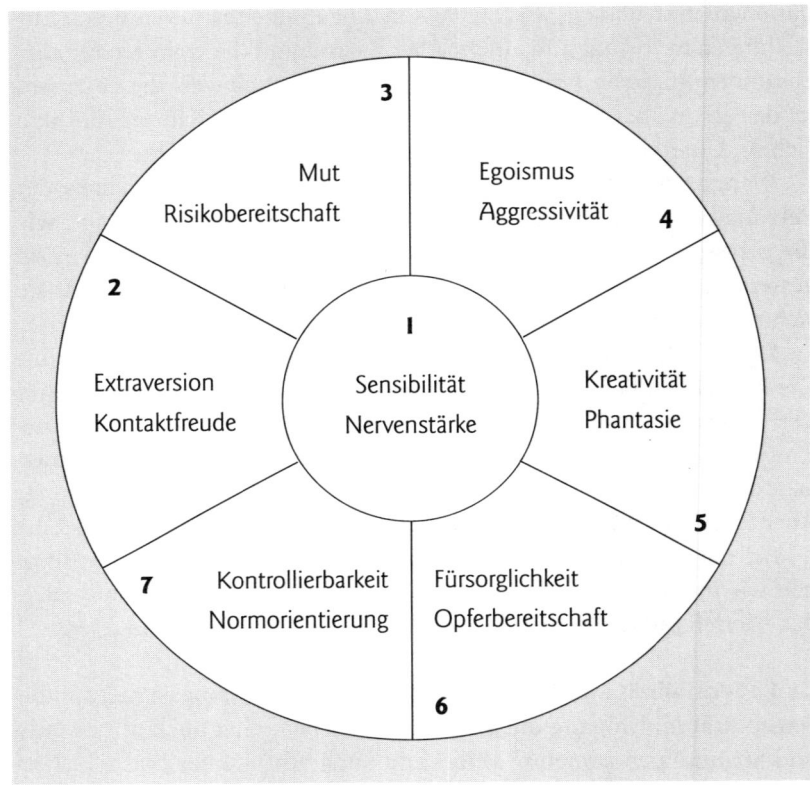

Abbildung 13: Die sieben Persönlichkeitsfragen

Zu 2.: Extravertiertheit und Kontaktfreude Kontaktscheu und Verschlossenheit bis hin zu Menschenangst sind ebenso schädlich wie ein übertriebener »Herdentrieb« mit Angst vor dem Alleinsein. Auch grenzüberschreitende Aufdringlichkeit gegenüber Menschen mit weniger Kontaktbedürfnis kann sich negativ auswirken. Für Führungskräfte ist im Allgemeinen eine gut ausgeprägte Kontaktfreude förderlich. Wer sich dazu zwingen muss, immer wieder den Kontakt zu anderen zu suchen und auf Dauer zu halten, der ist in der Regel besser im Fachbereich aufgehoben. Auf der anderen Seite darf die Kontaktfreude auch nicht zu Kumpanei an falscher Stelle führen oder zum gedankenlosen Ausplaudern von Interna!

Zu 3.: Risikobereitschaft und Mut Hiermit ist nicht »Heldentum« gemeint, sondern vor allem die Fähigkeit der rational richtigen Abschätzung von sinnvollen und sinnlosen Risiken. Niemand will einen Waghals an strategisch wichtiger Stelle sehen. Genauso wenig will man einen Ängstlichen, der entscheidungsscheu die Dinge vor sich her schiebt. Mit Mut ist nicht gemeint, dass die Person keine Angst hat. Mangel an Angst wird eher als Mangel an Intelligenz im Hinblick auf die Erkennung von Gefahren angesehen. Mut ist die Fähigkeit, in sinnvollem Zusammenhang trotz Angst noch zu vernünftigen Risiken bereit zu sein und die Konsequenzen persönlich zu tragen.

Zu 4.: Egoismus und Aggressivität Hierbei handelt es sich um Tabu-Qualitäten, die man offiziell mit Teamorientierung, Kooperation und Konfliktlösungsfähigkeit verschleiert. Dahinter verbergen sich jedoch die Eigenschaften, die man unbedingt von einer Führungskraft erwartet, wenn sie nicht als »Weichei« versagen soll. Ohne Egoismus und ohne Aggressivität kann man entweder heilig oder Mobbingopfer werden. Man kann sich natürlich auf den Elfenbeinturm moralischer Überlegenheit über die schrecklichen »Ellenbogenmenschen« zurückziehen, aber man kann auf keinen Fall erfolgreich als Führungskraft bestehen. Mangel an Egoismus kann auf einem depressiven Mangel an Überlebenswillen beruhen. Dann liegt eine schwere Persönlichkeitsstörung vor. Damit kann man nicht mehr Führungskraft sein. Übertriebener Egoismus kann zu gnadenloser Ausbeutung der Mitarbeiter und damit zur Flucht der Leistungsträger führen. Auch das Unternehmen kann sich nie auf die Loyalität eines reinen Egoisten verlassen. Unkontrollierte Aggressivität führt zu Quertreiberei, sinnlosen Reibereien und unerfreulichen Unruhen im Unternehmen. Ja, man muss egoistisch und aggressiv sein, aber man muss die notwendige Charakterstärke haben, diese durchaus auch gefährlichen Persönlichkeitsfaktoren im Griff behalten zu können.

Zu 5.: Kreativität und Phantasie Ohne Kreativität und Phantasie kann niemand Strategien entwickeln, Probleme bewältigen und Neuerungen einbringen. Führungskräfte und Manager müssen über das Heute hinausdenken können. Auf der anderen Seite darf sich daraus keine Träumerei oder Spinnerei entwickeln. Kreativität und Phantasie sind für Künstler und Erfinder wahrscheinlich auch in reinster Form positiv. Für Führungskräfte und Manager ist es unabdingbar, dass sie mit einer guten Portion Realismus, Bodenständigkeit und Pragmatismus gepaart sind. Ohne Kreativität und Phantasie kann man immer noch ein guter Verwalter einer unkritischen Abteilung mit klaren Arbeitsregelungen sein. Ein Star unter den Managern wird man damit allerdings nicht.

Zu 6.: Fürsorglichkeit und Opferbereitschaft Hier könnte eine typische »Frauenfalle« liegen. Natürlich soll eine Führungskraft fürsorglich im Interesse der Mitarbeiter denken. Auch Kundenorientierung hat hier ihren Kern. Natürlich soll man bereit sein, im Interesse des Unternehmens auch Opfer zu bringen. Aber es darf sich nicht zum »Helfersyndrom« auswachsen!

Zu 7.: Kontrolliertheit und Normorientierung Hinter diesem Persönlichkeitsfaktor kann sich bei übertriebener Ausprägung Angst oder auch eine neurotische Zwanghaftigkeit verbergen. Besonders kritisch werden Bewerber mit wenig Phantasie und hoher Neigung zur Normorientierung unter die Lupe genommen. Sie sind vermutlich nicht führungsgeeignet. Auf der anderen Seite ist auch das Gegenteil kritisch zu betrachten. Eine stark ausgeprägte Neigung zu Phantasie und Kreativität mit wenig Kontrolliertheit lässt ein böses »künstlerisches« Chaos und häufige Regelbrüche befürchten!

Unabhängig davon, ob die individuellen Ausprägungen der sieben Faktoren nun gen- oder milieubedingt sind, geht man davon aus, dass sie bei einem Erwachsenen so verfestigt sind, dass sie sich durch Training oder andere Maßnahmen nicht mehr beeinflussen lassen. Aber: Der Erwachsene kann sie verschleiern oder simulieren, je nach seinen Vorstellungen, was Beobachter und Beurteiler sehen wollen.

Im Arbeitsalltag wird sich das Verschleiern oder Simulieren kaum durchhalten lassen. Dann tritt der tatsächliche Kern der Persönlichkeit zutage. Und diesen Kern sucht man häufig durch Psychotests und Übungen im Assessment-Center auszuloten.

Der Kern der Persönlichkeit ist letztlich die Basis, auf der sich die mit zunehmender Reife entwickelnden Kompetenzen einer Person entfalten können. Da möchte man bei Personen für strategisch wichtige Positionen im Unternehmen sehr wohl wissen, ob die Basis eine solide ist.

Kapitel 5

Competency – Managermode oder brauchbares Modell?

1. Competency – das neue Schlagwort der Führungsqualifikation

Wenn eine (Führungs-)Position zu besetzen ist, dann wird man vorher festlegen, welche Kenntnisse, Erfahrungen, Fähigkeiten und Persönlichkeitsmerkmale ein Bewerber mitbringen muss.

Bestimmte Dinge kann man vom Bewerber erfragen oder durch Tests und Übungen herausfinden. Wenn man zum Beispiel einen Projektleiter sucht, so kann man ihn nach den entsprechenden Methoden der Projektführung befragen und daraus schließen, ob er fachlich in dem Bereich fit ist. Dann weiß man jedoch immer noch nicht, ob er Projektmanagement nur als intellektuell verstandenes Wissen referieren kann oder ob er auch tatsächlich in der Lage ist, ein Projekt zum Erfolg zu führen. Man würde deshalb neben dem reinen Wissen auch nach bestimmten Verhaltensmerkmalen forschen. Man kann dazu ein Idealprofil für den erfolgreichen Projektleiter konzipieren, mit Merkmalen und Fähigkeiten wie zum Beispiel: strategisches Denken, Abstraktionsvermögen, Durchsetzungsfähigkeit, planerisches Denken, Verhandlungssicherheit, rhetorische Fähigkeiten...

Ob der jeweilige Bewerber diesem Idealprofil möglichst genau entspricht, könnte man dann im Interview, durch Tests und Übungen im Assessment-Center erforschen oder aus bestimmten Verhaltensweisen schließen.

An dieser Stelle treten in der Praxis immer wieder Probleme auf. Was versteht man eigentlich unter einem Begriff wie zum Beispiel »Durchsetzungsfähigkeit«? Beobachter im Assessment-Center, Personalchefs und Personalberater haben davon jeweils eigene Vorstellungen. Was der eine für »durchsetzungsfähig« hält, ist dem anderen zu »weich« und dem dritten zu »rücksichtslos«.

Man könnte sich durch Definitionen behelfen. Dann bleibt immer noch das folgende Problem: Wird ein Bewerber, der sich in der Übung eines Assessment-Centers als durchsetzungsfähig erweist, dieses Verhalten auch noch zeigen, wenn er später in der Praxis als Projektleiter zum Beispiel um eine Budgeterweiterung kämpfen muss? Kann er sich auch gegenüber einem Mitarbeiter durchsetzen, der aus privaten Gründen notwendige Wochenendarbeiten nicht übernehmen will?

Bei der Personalauswahl geht man in der Regel von einem Drei-Schichten-Modell aus. Je tiefer die Schicht gelagert ist, desto schwerer ist sie durch Seminare, Trainings oder andere Qualifizierungsverfahren zu beeinflussen.

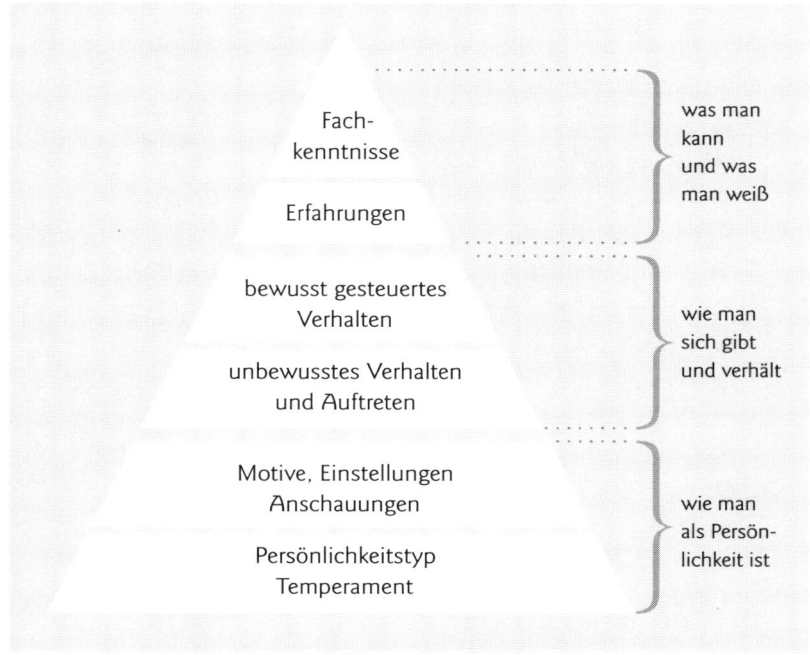

Abbildung 14: Drei-Schichten-Modell

An dieser traditionellen Sichtweise ändert auch das »Competency-Modell« grundsätzlich nichts. Man wird auch weiterhin bei der Auswahl von Führungskräften darauf achten, dass bestimmte Persönlichkeitsmerkmale, Verhaltensweisen, Fähigkeiten und Kompetenzen vorhanden sind. Man geht jedoch nicht mehr von einem Idealprofil für eine bestimmte Position aus, sondern viel konkreter von den Zielen, die in der Position zu erreichen sind und definiert dann herunter bis zu uninterpretierbaren Verhaltensweisen. Diese werden dann im Auswahlverfahren überprüft.

Man kann das Competency-Modell in sechs Schichten wie folgt darstellen:

	Beispiele:
Ziele der Position (3–5)	• Umsatz um 12% steigern
Kernaufgaben der Position (4–6)	• Süddeutschen Markt aufbauen
zu steuernde Prozesse zu nutzende Instrumente	• Projekte • Marketing/Konzepte
Anforderungs-dimensionen	• Fachkompetenzen • Persönlichkeitstyp • Einfühlungsvermögen
Competencies	• kann Neukunden gewinnen • kann Verkäufer motivieren
beobachtbares Verhalten	• stellt offene Fragen • hält festen Blickkontakt

Abbildung 15: Das Competency-Modell

Das Competency-Modell ist keine umwerfende Neuerung, die bisherige Modelle oder Verfahren auf den Kopf stellt. Es ist vielmehr der Versuch, durch eine praxisorientiertere Sichtweise noch zielgenauer die richtige Person für die jeweils zu besetzende Position zu ermitteln.

Wenn Sie sich als Bewerber einem Auswahlverfahren nach dem Competency-Modell zu stellen haben, brauchen Sie sich im Grunde nicht anders vorzubereiten als für ein traditionelles Auswahlverfahren. Um Ihre Erfolgschancen jedoch zu erhöhen, sollten Sie sich zuvor bei den Gesprächskontakten möglichst genau nach den Zielen und konkreten Kernaufgaben der ausgeschriebenen Position erkundigen. Es reicht einfach nicht mehr, dass Sie sich zum Beispiel als »durchsetzungsfähig« präsentieren. Sie müssen in der Lage sein, an praxisnahen Beispielen die richtigen Verhaltensweisen deutlich und erfolgreich zu zeigen.

Da das Competency-Modell zur Zeit in sehr vielen Unternehmen eingeführt wird, sollten Sie sich auch mit der Philosophie befassen, die dahinter steckt. Das erwartet man ganz einfach von einer Führungskraft, die ihrerseits ja auch wieder Mitarbeiter nach diesem Modell auswählen oder qualifizieren muss.

2. Das traditionelle Anforderungsprofil – Drei-Schichten-Modell

Sehr verbreitet sind Anforderungsprofile, in denen die Ausprägungen von bestimmten Merkmalen und Qualifikationen dargestellt sind. Man kann für jeden Faktor auf einer Skala markieren, wie stark dieser bei einer bestimmten Person vorhanden ist.

Man kann auch bei Faktorenpaaren jeweils markieren, in welche Richtung der Proband wie stark tendiert.

Diese folgenden Profildarstellungen gehen fast immer mehr oder weniger bewusst auf das Dreischichten-Modell zurück. Dort wird zunächst festgelegt, welche Merkmale, Qualifikationen, Kenntnisse und Verhaltensweisen für eine bestimmte Position von Bedeutung sind. Je tiefer diese in den Ebenen des Drei-Schichten-Modells angesiedelt

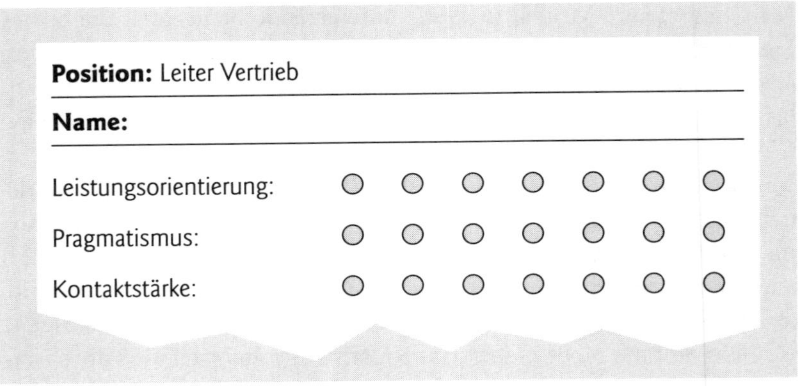

Position: Leiter Vertrieb

Name:

Leistungsorientierung: ○ ○ ○ ○ ○ ○ ○

Pragmatismus: ○ ○ ○ ○ ○ ○ ○

Kontaktstärke: ○ ○ ○ ○ ○ ○ ○

Abbildung 16: Anforderungsprofil – Skala

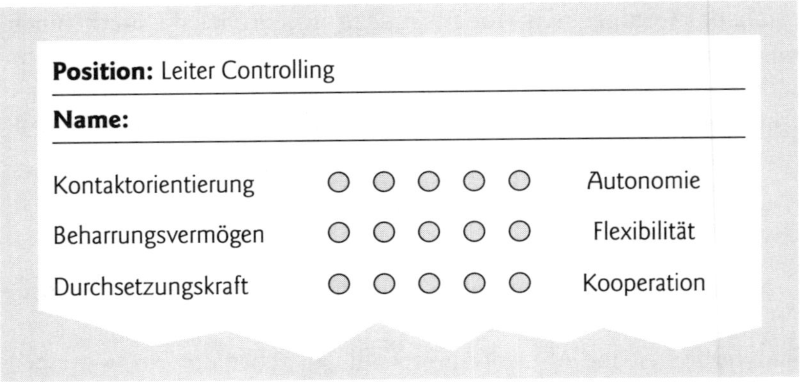

Position: Leiter Controlling

Name:

Kontaktorientierung	○ ○ ○ ○ ○	Autonomie
Beharrungsvermögen	○ ○ ○ ○ ○	Flexibilität
Durchsetzungskraft	○ ○ ○ ○ ○	Kooperation

Abbildung 17: Anforderungsprofil – Faktorenpaar

sind, desto sicherer kann man davon ausgehen, dass ein Bewerber, der sie nicht (ausreichend) hat, diese auch nicht mehr erwerben kann. Das ist klar: Kenntnisse kann man sich aneignen. Erfahrungen kann man in der Praxis erwerben. Das bewusste Verhalten lässt sich trainieren. Mit den unbewussten Signalen, die eine Person ausstrahlt, ist es schon schwieriger. Vieles lässt sich durch aufwendige Trainings mit Selbsterfahrung, Rollenspielen und Feedback noch erreichen. Dabei ergibt

Competency – Managermode oder brauchbares Modell? 133

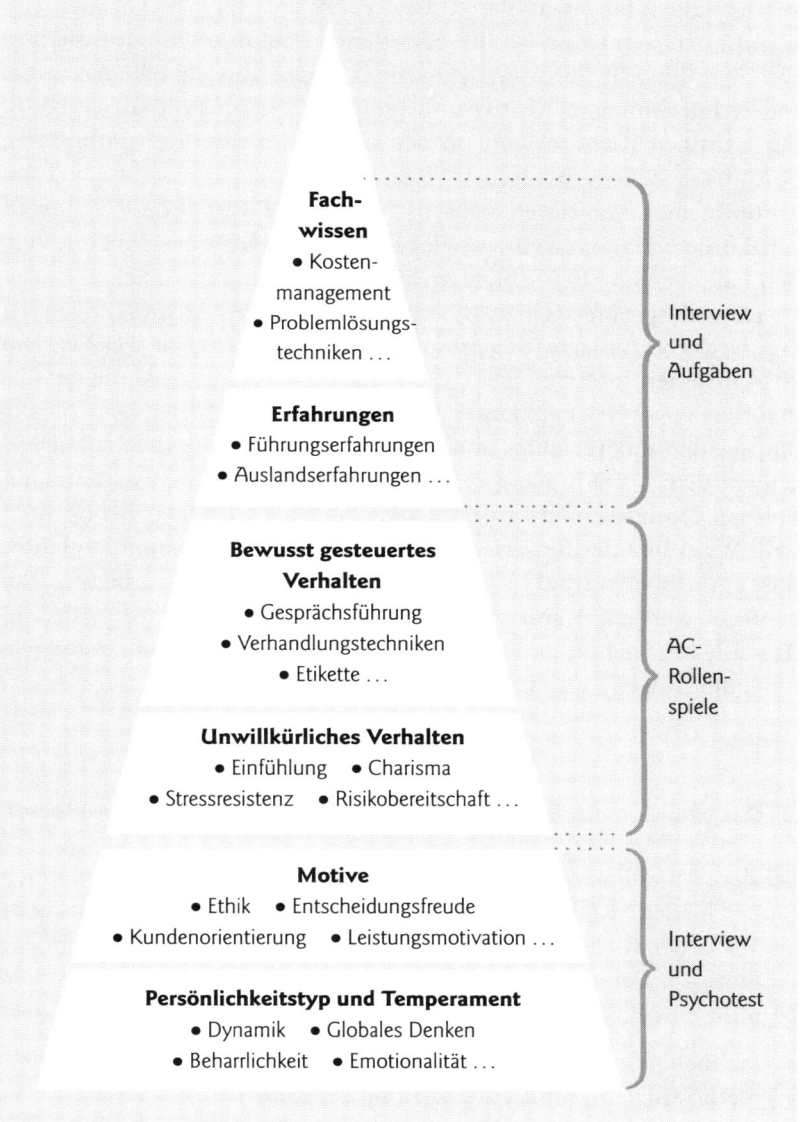

Abbildung 18: Anforderungsprofil – Drei-Schichten-Modell

sich vor allem bei etwas älteren Bewerbern die Frage, ob sich der Aufwand noch lohnt und ob die betreffende Person überhaupt die notwendige Einsicht mitbringt, dass sie da noch an sich arbeiten muss. Innere Einstellungen, Motive und Temperament muss der Bewerber in der richtigen Richtung und in der richtigen Dosierung mitbringen. Sonst ist er sicher am falschen Platz.

Bevor man nun für eine auszuschreibende Position das Idealprofil für die Bewerberauswahl entwickelt, werden zunächst die betreffenden Faktoren im Drei-Schichten-Modell zusammengestellt.

Danach wird festgelegt, wie man die jeweiligen Ausprägungen bei den Bewerbern diagnostizieren will. Das eine lässt sich vielleicht im strukturierten Interview feststellen, dann muss man dazu die passenden Fragen vorbereiten. Das andere lässt sich im Rollenspiel beobachten, wieder anderes muss in einer selbständigen Aufgabe nachgewiesen werden. Dazu braucht man dann Vereinbarungen, wie man zum Beispiel Durchsetzungsfähigkeit oder logisches Denken beobachten will. Was muss der Bewerber sagen oder tun, damit man ihm glaubt, dass er darüber verfügt? Woran sollen die Grade der Ausprägung festgemacht werden? Kann man sich dann auch noch darauf verlassen, dass alle Beobachter und Beurteiler, die am Auswahlverfahren teilnehmen, die Dinge in gleicher Weise sehen und einschätzen?

3. Das traditionelle Anforderungsprofil – Vier-Komponenten-Modell

Bei dem Modell nach den vier Komponenten wird nicht mehr danach unterschieden, was eine Person als Teil ihres Persönlichkeitskerns oder als Teil der erworbenen Qualifikationen mitbringt. Hier wird vielmehr im Hinblick auf vier Bereiche das zusammengestellt, was von Bewerbern für eine Position erwartet wird:

- fachliche Kenntnisse und Kompetenzen,
- methodische Kenntnisse und Kompetenzen,
- soziale Kompetenz im Umgang mit Kunden, Mitarbeitern etc.,
- persönliche Kompetenzen im Umgang mit der eigenen Person.

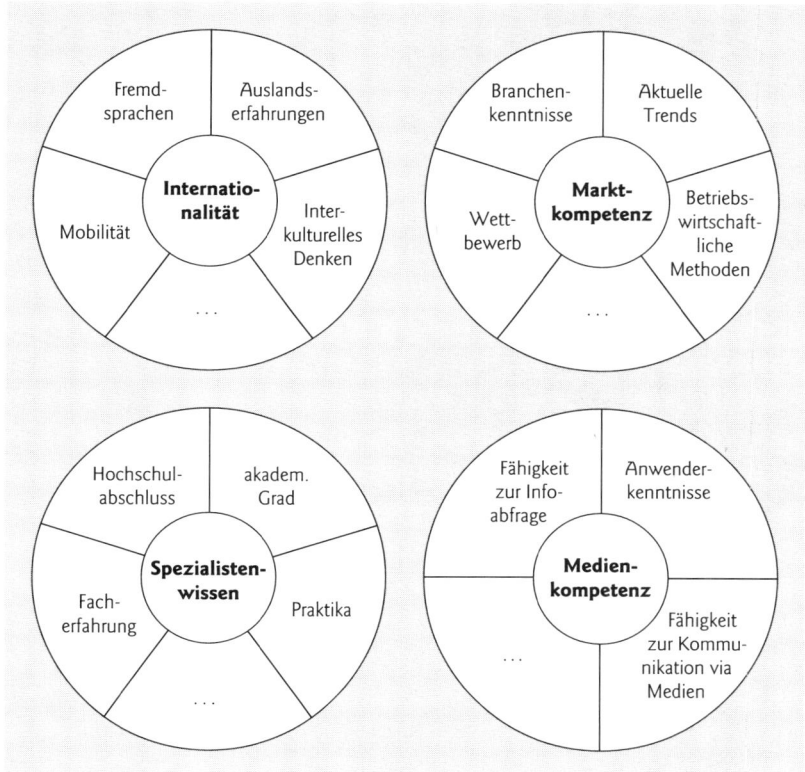

Abbildung 19: Beispiele für fachliche Kompetenz

Auch hierbei muss dann natürlich für jede der geforderten Qualifikationen oder Kompetenzen festgelegt werden:

- Was wird darunter genau verstanden?
- In welchen Ausprägungen muss es vorhanden sein?
- Wie soll es sich im Auswahlverfahren zeigen?

Darauf werden dann die Fragen des Interviews und des Psychotests und die Übungen des Assessment Centers aufgebaut.

Gleichgültig mit welchem Gundmodell man an die Sache heran-

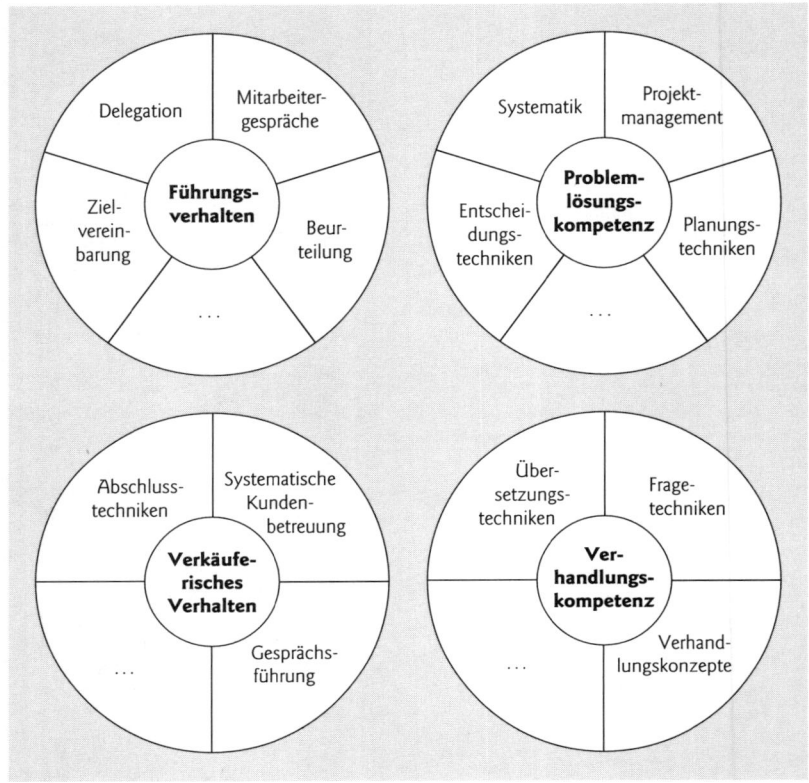

Abbildung 20: Beispiele für methodische Kompetenz

geht, es geht immer darum, dass man möglichst genau wissen will, was die einzelnen Bewerber an Rüstzeug für die jeweils ausgeschriebene Position mitbringen. Was fehlt ihnen noch? Was können sie vermutlich in der Praxis erwerben? Wie groß ist die Wahrscheinlichkeit, dass sie bei Einstellung dann auch wie erwartet erfolgreich sind?

Für Bewerber bedeuten die Prozeduren der Personalauswahl in der Regel, dass sie sich natürlich zunächst selbst fragen:

- Will ich den Job?
- Traue ich mir das zu?

Competency – Managermode oder brauchbares Modell? 137

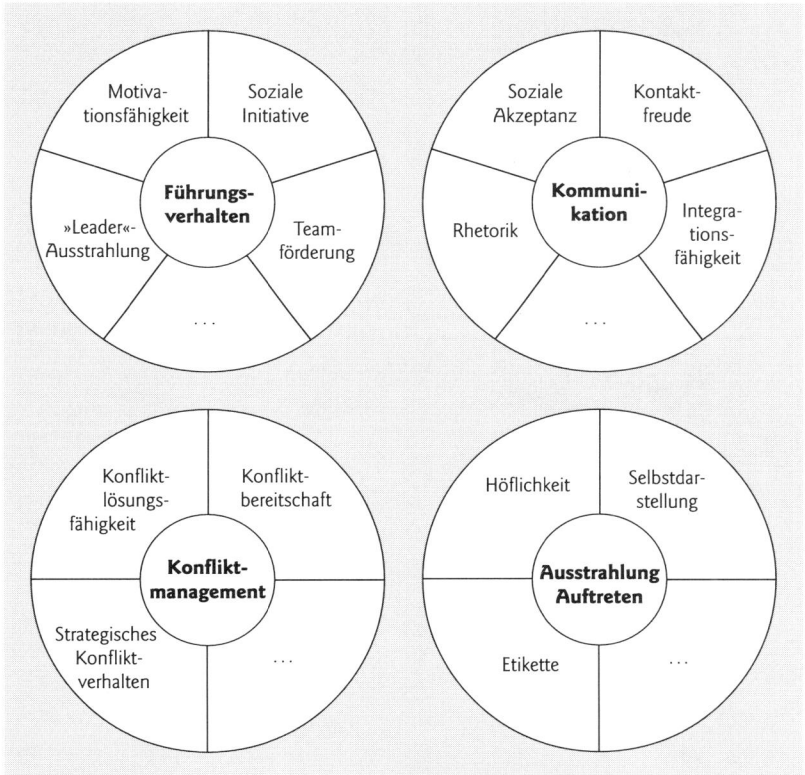

Abbildung 21: Beispiele für soziale Kompetenz

- Wie beweise ich im Auswahlverfahren meine Überlegenheit im Vergleich zu den Mitbewerbern?

Da vor allem die letzte Frage erheblich über die weitere Karriere entscheidet, ist es nicht verwunderlich, dass sich Bewerber durch Fachliteratur, Trainings und Coachings speziell für Personalauswahlverfahren fit machen. Man weiß, dass nervöse Menschen verhängnisvolle Fehler machen können und deshalb neben innerlich ruhigen Mitbewerbern vielleicht weniger überzeugend wirken. Man weiß auch, dass die Beobachter und Beurteiler eines Auswahlverfahrens sich oft selbst für

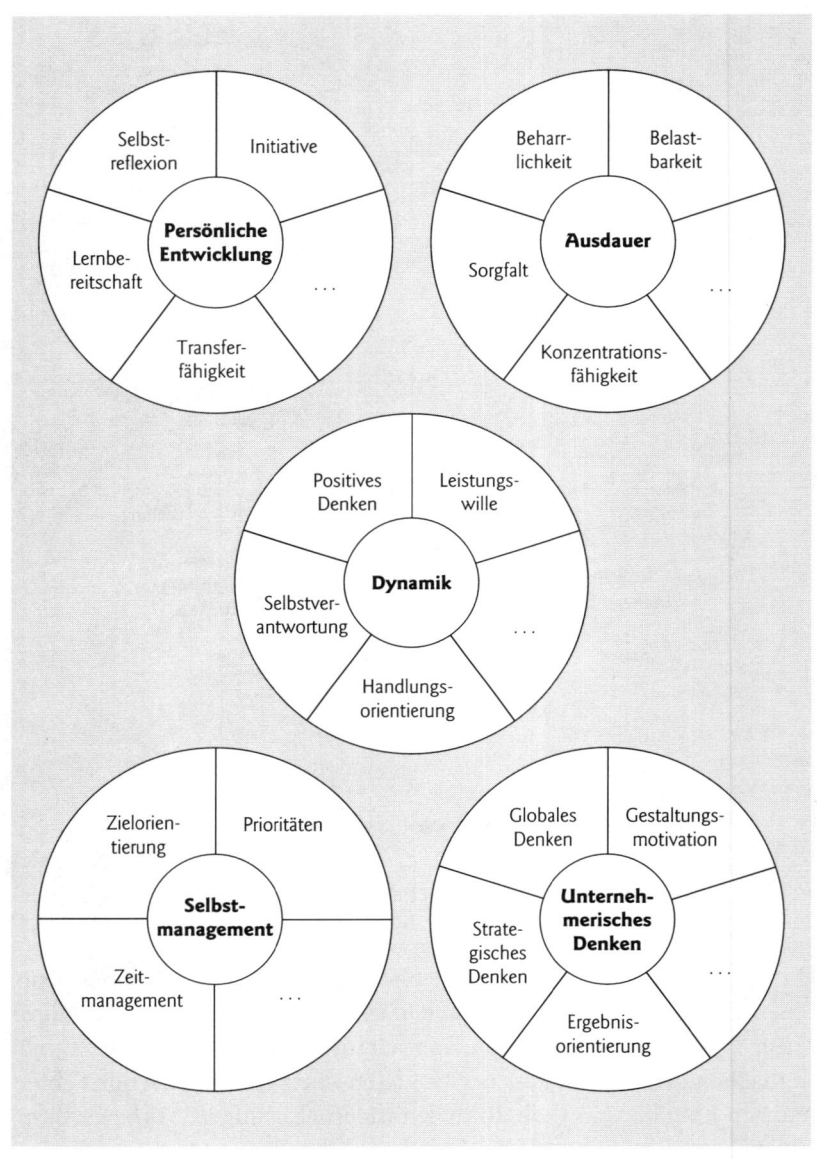

Abbildung 22: Beispiele für Kompetenzen im Selbstmanagement

großartige Menschenkenner halten, jedoch in Wirklichkeit höchst individuelle Vorlieben und Abneigungen entwickeln und Vorurteile pflegen. Wie muss man sich als Bewerber darstellen, damit die anderen glauben, eine Top-Person für die ausgeschriebene Position vor sich zu haben?

Kein Wunder, dass mancher Karrierist sich für die Auswahlverfahren als Bewerber vorbereitet wie ein Bühnenstar für die Premiere.

Wenn es mit der Einstellung geklappt hat, muss man sich folgende Fragen stellen:

- Wie wachse ich schnell in die Position hinein?
- Wie durchschaue ich schnell die hausinternen Machtstrukturen?
- Mit wem sollte ich mich verbünden? Von wem halte ich mich fern?
- Wie erkenne ich schnellstens die inoffiziellen Spielregeln?
- Wie beweise ich noch in der Probezeit, dass ich den Job wirklich »packe«?
- Wie schaffe ich es, mit meinen Mitarbeitern die Ziele meines Bereichs zu erreichen?
- Wie festige ich meine Machtposition in der inoffiziellen Struktur?

Etwa nach einem Jahr fragt man sich dann auch:

- Wie kann ich meine Position weiter ausbauen?
- Welche Entwicklung muss ich im zweiten Jahr hier nehmen, wenn ich im dritten noch fest im Sattel sitzen will?

Hoffentlich muss man sich nicht die Fragen stellen:

- Wie verhindere ich, dass man merkt, dass ich in dieser Position »zu große« Schuhe trage?
- Wie lange kann ich mich hier noch halten?
- Wie komme ich woanders wieder zu einer prestigeträchtigen Position?

Abgesehen davon, dass man bei der Auswahl nie wirklich sicher sein kann, ob das, was der jeweilige Bewerber zeigt, »echt« oder »geschauspielert« ist, weiß man auch nicht, wie er schließlich die diagnostizierten Qualifikationen einsetzt. Wenn sich zum Beispiel ein Bewerber im

Auswahlverfahren als durchsetzungsfähig erweist, kann man dann sicher sein, dass er diese Fähigkeit auch tatsächlich in der täglichen Arbeitspraxis nutzt? Wozu wird er sie nutzen? Im Sinne der anzustrebenden Ziele oder zur Durchsetzung seiner eigenen Machtgelüste? Wenn sich zum Beispiel hohe soziale Kompetenz im Auswahlverfahren zeigt, kann man dann davon ausgehen, dass er damit tatsächlich eine gute Führungskraft wird? Vielleicht interessieren ihn seine Mitarbeiter gar nicht, und er nutzt seine soziale Kompetenz lieber im Freizeitbereich.

Das ist die Schwäche selbst der besten Diagnosemethoden und -techniken. Vielleicht kann man eines Tages jeden Bewerber bis in die Gene hinein durchschauen. Aber wie soll man voraussehen, welche Eigenschaften in der Praxis wie eingesetzt werden?

Jeder, der sich mit Personalauswahl einmal befasst hat, kennt die »Fälle«, in denen eine Person im Grunde über alle Qualifikationen verfügt, die sie für den Job braucht und trotzdem scheitert. Man kennt dieses Phänomen auch bei Kindern. Es gibt Kinder, die alles an Intelligenz haben, was man für den schulischen Erfolg braucht, die aber trotzdem ständig mit schlechten Noten nach Hause kommen. Eltern und Lehrer unterstellen dann: »Das Kind ist nicht dumm. Es ist nur faul.« Mit Druck wird versucht, die Situation zu ändern, doch es gelingt nicht. Das Kind selbst weiß, dass es nicht faul ist. Es hat auch keine Ahnung, warum es nicht das leisten kann, was von ihm erwartet wird.

Das gibt es auch im Beruf. Man sieht die Fähigkeiten der Person und kann sich nicht erklären, was sie eigentlich falsch macht, wenn sie nicht den gewünschten Erfolg bringt. Man versucht es vielleicht mit Motivationsgesprächen, mit Druck, mit Provisionen oder harten Zielvereinbarungen. Nichts zu machen. Die Fähigkeiten sind da. Der gute Wille ist da. Die Erfolge bleiben aus. Weil es diese Fälle häufiger gibt als man denkt und weil der Wettbewerb immer härter wird, muss man sich überlegen, wie man die Anzahl der »Nieten in Nadelstreifen« im Unternehmen möglichst niedrig hält. Dabei soll das Competency-Modell helfen. Ob das endlich die richtige Kur gegen Mittelmaß im Management ist, wird sich erweisen müssen.

4. Das Competency-Modell und seine Philosophie

Da es offensichtlich nicht reicht, für die Personalauswahl nach unzusammenhängenden Merkmalen wie Kritikfähigkeit, Leistungswillen, Flexibilität etc. zu suchen, versucht man mit dem Competency-Modell nach konkreten, beobachtbaren und für die Aufgaben unmittelbar relevanten Kompetenzen zu fahnden und dadurch die Eignung eines Bewerbers zu ermitteln. Es geht darum, bei einer Person festzustellen, ob sie die Prozesse bewältigen kann, die für ihre Aufgaben zu absolvieren sind. Eine »Competency« setzt sich daher aus Persönlichkeitsmerkmalen, Kenntnissen, Erfahrungen und Fähigkeiten zusammen. Diese werden unmittelbar mit den Zielen und Aufgaben der zu besetzenden Position in Verbindung gebracht. Man würde zum Beispiel nicht mehr fragen, ob ein Bewerber Verkaufstechniken beherrscht oder überzeugend argumentieren kann, sondern danach, ob er Neukunden akquirieren und ans Unternehmen binden kann. Ob ihm das nun mit Überzeugungskraft, durch rhetorische Brillanz, über die Anwendung von Einwandbehandlungstechniken oder aufgrund seiner netten Ausstrahlung gelingt, ist dabei nebensächlich. Wichtig ist das Resultat: Er will Kunden gewinnen und schafft es auch. Also verfügt er über die Competency: »Kann Neukunden gewinnen.« Wenn man allerdings feststellt, dass die betreffende Competency nicht vorhanden ist, dann wird beobachtet, was die Person hindert, erfolgreich zu sein. Spricht sie den Kunden falsch an? Fehlt ihr eine vertrauenswürdige Ausstrahlung? Kann sie nicht rechtzeitig erkennen, wann der Interessent echtes Kaufinteresse zeigt?

Dass man beim Competency-Modell auch im Deutschen von »Competency« statt »Kompetenz« spricht, hat weniger damit zu tun, dass man einen weiteren amerikanischen Ausdruck ins »Wording des Business Talk« einführen will, sondern um die Bedeutung von dem abzugrenzen, was wir im Deutschen schon immer unter »Kompetenz« verstanden haben.

Wenn man die für eine Position notwendigen Competencies zusammenstellen will, muss man zunächst – wie oben gesagt – die Ziele der Position definieren. Daraus ergeben sich die Kernaufgaben. Das sollten nicht alle nur denkbaren Aufgaben innerhalb des Jobs sein, sondern lediglich die drei bis fünf wichtigsten. Um diese Kernaufgaben in den Griff zu bekommen, sind Instrumente zu nutzen oder auch Prozesse zu steuern. Das kann man nur, wenn man bestimmte Grundvoraussetzungen mitbringt. Ob es sich dabei zum Beispiel um Fremdsprachenkenntnisse, Erfahrungen mit Zielvereinbarungssystemen oder um den Spaß am Umgang mit Menschen handelt, muss im Einzelfall festgelegt werden. An dieser Stelle sind die traditionellen Eignungsprofile stehen geblieben. Man hatte eine Liste von Grundvoraussetzungen als Persönlichkeitsmerkmale, Fähigkeiten etc. und hat danach die Kandidaten unter die Lupe genommen.

Das Competency-Modell geht einen Schritt weiter. Es verlangt die Formulierung von uninterpretierbaren und nachweisbaren Competencies wie zum Beispiel: »Kann im Vortrag auch Meinungsgegner begeistern.« »Kann in Konferenzen bei Konflikten zum Ausgleich führen.« »Kann Projektaufwand punktgenau einschätzen.« Typisch ist die Formulierung »Kann...«. Damit wird klarer ausgesagt, ob die Person das wirklich kann, was sie für ihre Aufgaben und Ziele zu tun hat. Was nutzt es zum Beispiel, wenn ein Bewerber im Auswahlverfahren nachweist, dass er perfekt das Führen von Kundengesprächen beherrscht, aber man kauft ihm trotzdem nichts ab?! Sind dann die Kunden ungeeignet?

Deshalb ist es bei der Formulierung der Competencies entscheidend, dass sie sich wirklich an den Zielen und den Aufgaben orientieren und nicht an der Beherrschung von irgendwelchen »Künsten« (wie z. B. perfekte Gesprächsführung).

Nun ist es natürlich nicht so einfach, im Auswahlverfahren zu diagnostizieren, ob ein Bewerber die gewünschten »Kann...«-Competencies auch erfüllt. Also braucht man für die Auswahl beobachtbare Verhaltensmerkmale, von denen man mit hoher Wahrscheinlichkeit ableiten kann, ob später in der Praxis das »Kann...« erfüllt wird.

Daher müssen im nächsten Schritt zu jeder der geforderten Competencies die Verhaltensmerkmale zusammengestellt werden, die man im Auswahlverfahren beobachten will.

Competency – Managermode oder brauchbares Modell?

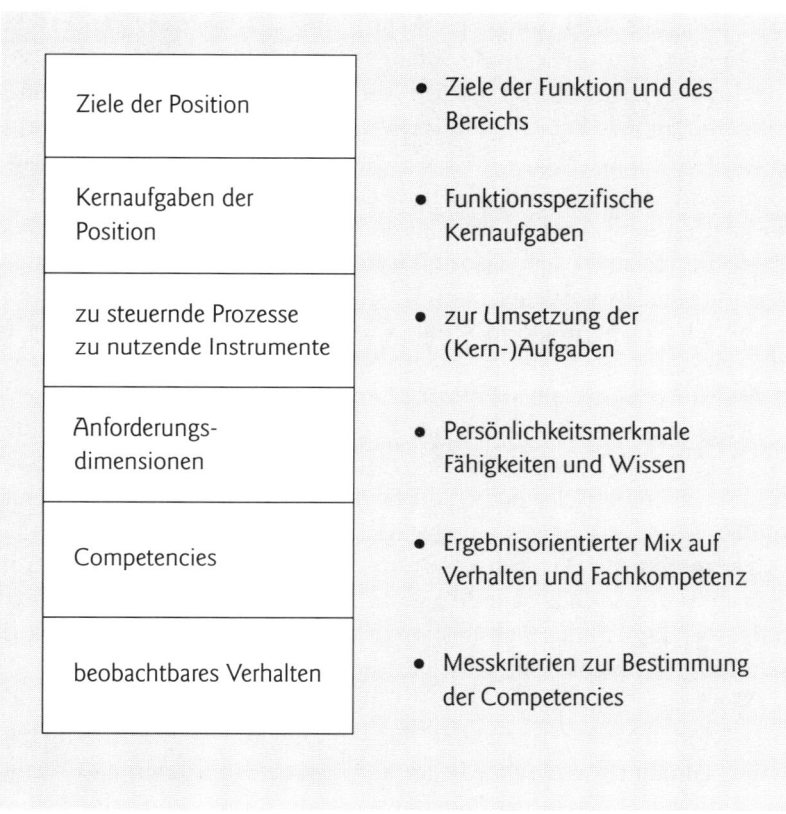

Abbildung 23: Das Competency-Modell

Aber auch bei diesem Modell bleibt letztlich abzuwarten, ob das, was der Bewerber an Competencies nachweist, dann auch wirklich von ihm in der Praxis gelebt wird. Im Auswahlverfahren lässt sich vielleicht nachweisen: »Kann Kunden gewinnen.« In der Praxis darf sich dann möglichst nicht ergeben: »Könnte Kunden gewinnen, wenn er sich dazu aufraffen würde.«

Das Competency-Modell dient natürlich nicht nur im Rahmen der Personalauswahl der Identifizierung von geeigneten Kandidaten. Es kann auch eingesetzt werden, um bei vorhandenen Führungskräften und Fachleuten die Lücken zu erkennen, die den angestrebten Erfolg im Hinblick auf Ziele und Aufgaben verhindern oder schmälern. Zunehmend stellen Unternehmen auf das Competency-Modell um, definieren für jede Funktion die Ziele und Aufgaben und messen dann, ob diese erfüllt werden. Falls nicht, muss festgestellt werden, welche Competency im Einzelfall fehlt oder nicht ausreichend vorhanden ist. Auf den so gewonnenen Informationen können Führungstrainings sehr viel gezielter und praxisorientierter aufbauen, als wenn man, wie im traditionellen Vorgehen, zum Beispiel dieses Jahr alle Vorgesetzten gesammelt zum Motivationsseminar und nächstes Jahr zum Teamtraining schickt.

Bei den traditionellen Führungsseminaren wird per Gießkannenverfahren dieses oder jenes an nützlicher Weiterbildung über die Führungskräfte ausgegossen. Die einen freuen sich über die Seminartage wie über einen Betriebsausflug, die anderen ärgern sich, weil die Arbeit auf dem Schreibtisch liegen bleibt, wieder andere streiten mit den Trainern herum, ob das Dargebotene nun anwendbar ist oder nicht... Am Ende nimmt jeder ein paar Ideen aus dem Seminar mit. Aber schon nach zwei Tagen hat einen der Stress wieder eingeholt. Man hat gar nicht die Zeit, das Gelernte auch tatsächlich umzusetzen.

Wenn die Qualifizierung der Führungskräfte auf dem Competency-Modell beruht, dann stellt das sehr viel höhere Anforderungen an die Teilnehmer und an die Leiter der Seminare und Trainings. Wenn man zum Beispiel bei einer Führungskraft die Zielerfüllungslücke diagnostiziert hat: »Kann *nicht* Leistungsträger langfristig ans Unternehmen binden«, dann reicht es nicht, mal eben ein Motivationsseminar zu verordnen. Dann muss man gezielt fragen: Was hindert die Leistungsträger daran, sich dauerhaft an diese Führungskraft zu binden? Warum gehen sie weg? Wer kann das besser beurteilen als die Betroffenen selbst? Hier setzen dann die Verfahren an, die in vielen Unternehmen leider noch immer tabu sind: Beurteilung der Führungskräfte durch die Mitarbeiter.

Ähnlich ist es, wenn sich individuelle Competency-Lücken an anderen Stellen zeigen. Man muss gegebenenfalls herausfinden, warum Kunden wegbleiben, warum Qualitätsmängel gehäuft in einem Bereich auftreten etc. Irgendwo müssen der betreffenden Führungskraft Competencies fehlen. Durch zum Beispiel eine 360-Grad-Beurteilung lässt sich oft genau feststellen, was im Einzelfall falsch gemacht wird, welches Verhalten geändert werden müsste, damit die erforderliche Competency erreicht wird.

Wenn man nun also weiß, welche Competencies einer Führungskraft fehlen, und wenn man durch Befragungen und Beurteilungen auch noch weiß, an welchen Verhaltensmerkmalen gearbeitet werden muss, dann kann eine individuelle Qualifizierungsmaßnahme sehr viel mehr ausrichten als nur regelmäßige Einheitsschulungen für alle. Außerdem kommt bei der Einzelperson auch der heilsame Druck hinzu, dass sie konkret weiß, an welchen Stellen und mit welchem Resultat man von ihr Verbesserungen erwartet.

Inzwischen haben die verschiedenen Anbieter von Personalberatung ihre individuellen, allein selig machenden Varianten zum Competency-Modell entwickelt. Um sie als »Eigenentwicklungen« vor dem Wettbewerb zu schützen, werden unterschiedliche Vokabeln verwendet. Geläufig ist zum Beispiel die Bezeichnung »Model« für Gruppen von Competencies, die zu einer bestimmten Position gehören. »Programs« sind dann die Prozesse innerhalb einer Position, in der die betreffende Person ihre Competencies einzusetzen hat.

Sie als Führungskraft müssen sich vielleicht mit den Begriffen vertraut machen, welche die in Ihrem Unternehmen tätige Personalberatung eingeführt hat. Für Ihren Führungserfolg müssen Sie allerdings wohl kaum Profi in der Fachterminologie sein. Wichtig ist, dass Sie

- für sich selbst erkennen, über welche Competencies Sie verfügen und über welche nicht;
- für Ihre Karriere das Spektrum Ihrer Competencies kontinuierlich erweitern;
- bei Ihren Mitarbeitern erkennen, wie es um deren Competencies bestellt ist und was zu tun ist, damit Ihre Mitarbeiter mit Ihnen die Ziele Ihres Bereichs erreichen.

Vergessen Sie nicht, dass für Sie als Führungskraft nicht nur Ihre Competencies von Bedeutung sind, sondern auch die Ihres Teams! Sie müssen erkennen, ob Mitarbeiter aufgrund ihrer Competencies für weitere Karriereentwicklungen in Frage kommen. Sie müssen erkennen, welche Lücken in den Competencies es sind, die den Erfolg Ihres Bereichs schmälern. Das macht Sie auch verantwortlich für die gezielte Qualifizierung Ihrer Mitarbeiter. Es reicht einfach nicht aus, Seminarkataloge zu verteilen, und jeder darf sich zwei Termine im Jahr aussuchen. Es ist auch nicht genug, wenn mal alle zusammen zum Rhetorik- oder Projektmanagementseminar etc. gehen. Sie müssen für jede Funktion in Ihrem Bereich wissen, welche Competencies erforderlich sind. Sie müssen erkennen, ob Ihre Mitarbeiter darüber verfügen oder nicht. Sie müssen erkennen, welche Stärken besser zu nutzen und welche Schwächen zu beheben sind. Sie müssen auch erkennen, ob und bei wem welche Qualifizierungsmaßnahmen vermutlich sinnvoll wären.

5. Das Competency-Profil einer Führungskraft

Über welche Competencies muss eine (potentielle) Führungskraft verfügen, wenn sie erfolgreich sein will? Diese Frage stellt sich vor der Entwicklung eines Idealprofils für Bewerber. Sie ist auch die Grundlage für interne Projekte, wenn zum Beispiel durch 360-Grad-Beurteilungen bei den vorhandenen Führungskräften nach Lücken und noch ungenutzten Potentialen in den Competencies gefahndet wird.

Im konkreten Fall werden natürlich nur die für die betreffende Position wichtigen Funktionen, Ziele, Aufgaben etc. unter die Lupe genommen und mit spezifischen Anforderungen an die notwendigen Competencies unterlegt.

Hier soll einmal für die wichtigsten Funktionsbereiche einer Führungsaufgabe zusammengestellt werden, welche Competencies in der Regel verlangt werden. Wenn Sie sich bei einem Unternehmen für eine Führungsposition beworben haben, dann sollten Sie sich möglichst vor dem Auswahlverfahren über die wichtigsten Funktionen der Position informiert haben. Liegt der Schwerpunkt in der Führung der Mitarbeiter? Hinterlässt der Vorgänger vielleicht Probleme, deren Lösung man sich vom Neuen erhofft? Soll der Schwerpunkt mehr im innovativen Bereich liegen?

Je besser Sie sich darauf einstellen können, Ihre Kompetenz deutlich zu zeigen, desto größer sind Ihre Chancen im Vergleich zu Mitbewerbern. Sie bedenken natürlich immer auch, dass es nicht reicht, nur im Auswahlverfahren das Repertoire der eigenen Competencies zu zeigen. Für Ihren Führungserfolg ist später die Umsetzung in die Praxis wichtig. Die beste Competency nützt nichts, wenn Ihnen später die Motivation fehlt, sie auch einzusetzen. Die neun zentralen Funktionsbereiche einer Führungsrolle sind:

- Mitarbeiterführung/Leadership
- Kooperation
- Werteorientierung
- Unternehmensstrategie
- Innovation
- Realisation
- Change Management
- Kostenmanagement
- Marktbearbeitung und Kundenbetreuung

Sind Sie sicher, dass Sie in diesen zentralen Funktionsbereichen über die notwendigen Competencies verfügen? Lesen Sie in den folgenden Ausführungen, welche Erwartungen man diesbezüglich an Sie hat.

5.1. Mitarbeiterführung/Leadership

Schon aus der Bezeichnung »Führungs«-Kraft leitet sich ab, dass die Führung der Mitarbeiter als die zentrale Funktion zu betrachten ist. Die typischen Kernaufgaben dabei sind:

- Einstellungsinterviews und Bewerberauswahl
- Bindung von Leistungsträgern an das Unternehmen
- Mitarbeiterförderung und Beförderungsmanagement
- Trennung von Minderleistern
- Trennungs- und Kündigungsgespräche
- Personalplanung
- Entwicklung und Umsetzung von Personalstrategien
- Konfliktmanagement

- Zielvereinbarungen mit den Mitarbeitern
- Coaching und Beratung

Die wesentlichen Competencies hierfür sind:

- kann durch persönliche Autorität überzeugen
- kann Auswahlverfahren bewerten und einsetzen
- kann Einstellungsinterviews zielorientiert führen
- kann unter den Bewerbern die richtige Auswahl treffen
- kann bei Bewerbern Stärken und Schwächen erkennen
- kann Bewerbern das eigene Unternehmen zielgerichtet darstellen
- kann Bewerbern ein realistisches Bild der angestrebten Position vermitteln
- kann Beziehungen zu Hochschulen, Universitäten und anderen Bildungsinstituten pflegen, um gute Nachwuchskandidaten zu gewinnen
- kann Leistungsträgern motivierende Perspektiven aufzeigen
- kann Leistungsträger an das Unternehmen binden
- kann latente Fluktuationstendenzen von Leistungsträgern erkennen und darauf angemessen reagieren
- kann Qualifizierungskonzepte entwickeln und umsetzen
- kann Mitarbeiter beim Transfer von Fort- und Weiterbildungsmaßnahmen in die Praxis sinnvoll unterstützen
- kann Förderungspotential erkennen und gemeinsam mit den Betroffenen vorantreiben
- kann förderungswürdige Mitarbeiter aktiv in ihren Entwicklungen unterstützen
- kann Potentialeinschätzungen vornehmen
- kann auf Potentialeinschätzungen Entwicklungsstrategien aufbauen und den Mitarbeitern überzeugend vermitteln
- kann Ursachen für Minderleistungen erkennen und zielorientiert ansprechen
- kann notwendige Trennungen oder Versetzungen von Minderleistern zielorientiert managen
- kann Trennungsgespräche sensibel führen

- kann Kündigungsgespräche sensibel führen
- kann für den eigenen Bereich sinnvolle Personal- und Stellenpläne entwickeln
- kann in der Personalplanung bereichsübergreifend mit anderen Führungskräften zusammenarbeiten
- kann Personalstrategien und -planungen formulieren und praktisch umsetzen
- kann mit Mitarbeiterportfolios arbeiten
- kann personalpolitische Maßnahmen planen und umsetzen
- kann mit Instrumenten der Personalarbeit umgehen
- kann Vergütungsmodelle entwickeln
- kann Änderungen in Vergütungsstrukturen überzeugend vermitteln
- kann zielorientiert mit Personalvertretern/Mitbestimmungsorganen verhandeln
- kann in Konfliktsituationen echte und scheinbare Probleme unterscheiden
- kann typische Konfliktursachen rechtzeitig erkennen und Risiken mindern
- kann konfliktäre Gespräche mit Mitarbeitern sensibel führen
- kann bei Konflikten im Team vermitteln
- kann sich als Konfliktlöser Akzeptanz verschaffen
- kann latente Konfliktquellen erkennen und bearbeiten
- kann Konflikte mit Mitarbeitern aushalten
- kann bereichsübergreifende Konflikte lösen
- kann den Mitarbeitern intern und bereichsübergreifend ein weitgehend konfliktfreies Arbeitsumfeld schaffen
- kann vor den Mitarbeitern die eigene Vorbildrolle im Konfliktfall erfolgreich wahrnehmen
- kann aus den Unternehmens- und Bereichszielen individuelle Mitarbeiterziele ableiten
- kann klare Ziele formulieren und den Mitarbeitern vermitteln
- kann Zielvereinbarungsgespräche ergebnisorientiert führen
- kann Aufgaben sinnvoll delegieren und die Mitarbeiter steuern
- kann den Mitarbeitern ein motivierendes Arbeitsumfeld schaffen

- kann Kontrollgespräche sensibel und motivierend führen
- kann die Leistungen der Mitarbeiter beurteilen
- kann den Mitarbeitern die Beurteilungskriterien überzeugend vermitteln
- kann Coaching- und Beratungsbedarf der Mitarbeiter erkennen
- kann motivierende Beratungsgespräche führen
- kann Mitarbeiter erfolgreich coachen
- kann Widerstände der Mitarbeiter gegen Coachings abbauen
- kann sich in die Probleme der Mitarbeiter hineindenken
- kann Probleme aus Mitarbeitersicht heraus verstehen und bei der Lösung mitarbeiten
- kann die eigene Sichtweise verständlich vermitteln
- kann im Einzelgespräch und im Teamprozess motivieren

5.2. Kooperation

Bei der Kooperation geht es um die interne Zusammenarbeit im Unternehmen und mit anderen Führungskräften. Darüber hinaus wird zunehmend die Fähigkeit zur internationalen Zusammenarbeit mit Menschen aus anderen Kulturkreisen wichtig.

Die typischen Kernaufgaben dabei sind:

- Beziehungsmanagement
- Konferenzen und Besprechungen
- Verhandlungen
- Synergien herstellen

Die wesentlichen Competencies hierfür sind:

- kann interne und externe Beziehungen aufbauen und pflegen
- kann am Markt branchenbezogene und branchenübergreifende Beziehungsnetze nutzen und auch selbst knüpfen
- kann im globalen Markt erfolgreich Beziehungen aufbauen und pflegen

- kann sich in bestehende Beziehungsgeflechte integrieren und findet Akzeptanz
- kann Besprechungen und Konferenzen moderieren
- kann in Gruppenprozessen die kooperative Ergebnisfindung vorantreiben
- kann alle Teilnehmer einer Besprechung in den gemeinsamen Prozess integrieren
- kann in Verhandlungen und Besprechungen auch komplexe Sachverhalte für alle nachvollziehbar darstellen und in einen Gesamtzusammenhang bringen
- kann Verhandlungen zu Ergebnissen in beiderseitigem Interesse führen
- kann sich auch in kontroversen Verhandlungen durchsetzen und andere vom eigenen Standpunkt überzeugen
- kann sich von überlegenen Argumenten anderer überzeugen lassen
- kann auch bei harten Verhandlungen sachlich agieren und strategisch-zielorientiert vorgehen
- kann Chancen zur Nutzung von Synergieeffekten frühzeitig erkennen und überzeugend vermitteln
- kann durch Projektverknüpfungen Synergieeffekte herstellen und nutzen
- kann andere, auch bereichsübergreifend, gezielt in gemeinsame Projekte einbinden
- kann kulturelle Unterschiede als Bereicherung bewusst nutzen
- kann auch in interkulturellen Meetings erfolgreich die Moderation übernehmen
- kann aktiv bestehende Barrieren der übergreifenden Zusammenarbeit überwinden
- kann die Zusammenarbeit anderer gezielt steuern und fördern
- kann Konkurrenzdenken und Bereichsegoismen bei Kollegen und Mitarbeitern aktiv abbauen
- kann das Unternehmen in nationalen und internationalen Gremien erfolgreich vertreten

5.3. Werteorientierung

Die Werteorientierung als Mentalität im Unternehmen wird maßgeblich von dem bestimmt, was Führungskräfte leben und ihren Mitarbeitern weitergeben. »Ethics« als Modebegriff und auf Hochglanzbroschüren abgedruckt mögen zwar von Vorständen gut gemeint sein, sie dienen jedoch in vielen Unternehmen mehr der Werbung und der Imagepflege am Markt und weniger als Leitlinien des täglichen Handelns. Die tatsächlich gelebte Werteorientierung muss von den Führungskräften initiiert werden.

Die typischen Kernaufgaben dabei sind:

- Ethische Reflexion
- Wertevermittlung
- Übernahme persönlicher Verantwortung
- Fördern der Mitarbeiterverantwortung

Die wesentlichen Competencies hierfür sind:

- kann sich in der praktischen Arbeit am Leitbild, an Normen und Spielregeln orientieren
- kann ethische Werte überzeugend vermitteln und vorleben
- kann Entscheidungen auf der Basis ethischer Werte treffen und überzeugend vertreten
- kann auch in konfliktären Situationen das eigene Verhalten stets an ethischen Werten orientieren
- kann gezielt solche Mitarbeiter einstellen und fördern, deren ethische Grundhaltung den gewünschten Werten und Normen entspricht
- kann dafür sorgen, dass sich die Mitarbeiter regelkonform – ohne Sturheit – verhalten
- kann im Interessenkonflikt zwischen Gewinnmaximierung und ethischen Werten sinnvolle Entscheidungen treffen
- kann Verantwortung für eigenes Tun bewusst übernehmen

- kann Verantwortung für die Tätigkeiten der Mitarbeiter bewusst übernehmen
- kann die Mitarbeiter zu Verantwortungsbewusstsein führen
- kann Mitarbeiter erfolgreich zur Einhaltung von Werten anhalten

5.4. Unternehmensstrategie

Die strategische Ausrichtung des Unternehmens für einen langfristigen Markterfolg gehört selbstverständlich zu den Aufgaben der Führungsriege. Hier scheitern leider mehr Führungskräfte, als man glauben möchte. Vor allem solche, die sich selbst eher als »Betreuer« und »Motivierer« ihrer Mitarbeiter sehen, scheuen gerne vor strategischen Überlegungen zurück. Sie fürchten Neuerungen und Änderungen, die schmerzen könnten, und möchten ihre Mitarbeiter am liebsten damit verschonen. Strategie und Change Management haben in dieser Hinsicht häufig Berührungspunkte. Wem in dem einen Funktionsbereich die Competencies fehlen, dem fehlen sie meistens auch im anderen. Man kann sich jedoch auch bei der Bewerberauswahl sehr täuschen. Man stellt zum Beispiel fest, dass der Bewerber über ein hohes Ausmaß an Competencies in strategischer Hinsicht verfügt, die er jedoch später in der Praxis aus »Mitleid« nicht einsetzt.

Auch Führungskräfte, die sich selbst eher als gehobene Ressourcenverwalter sehen, tun sich mit Strategien und Change Management schwer. Sie sind häufig eher Hinderer als Förderer, wenn es um Innovationen geht. Für die strategische Ausrichtung fehlt ihnen in der Regel die Weitsicht oder auch die visionäre Phantasie. Änderungen und Neuerungen sind ihnen ein Greuel, weil sie gewohnte reibungslose Abläufe stören.

Manchen Führungskräften fehlen auch aus Mangel an Interesse für alles, was über den eigenen Schreibtisch hinausgeht, die strategischen Competencies. Sie interessieren sich weder für den Markt und den Wettbewerb noch für die globalen wirtschaftlichen Entwicklungen, noch für technische Trends.

Die typischen strategischen Kernaufgaben sind:

- Mitarbeit in Strategiekonferenzen
- Entwickeln und Vermitteln von Visionen
- Umsetzung von Strategien
- Strategische Marktbearbeitung
- Geschäftsplanung

Die wesentlichen Competencies hierfür sind:

- kann Strategiekonferenzen erfolgreich leiten und moderieren
- kann in Strategiekonferenzen das Erreichen von brauchbaren Ergebnissen vorantreiben
- kann visionär denken, Visionen entwickeln und kommunizieren
- kann aus Visionen umsetzbare Strategien ableiten
- kann strategiekonforme Konzepte entwickeln und überzeugend vermitteln
- kann Strategien in Einzelstrukturen sinnvoll aufteilen und deren Umsetzung planen
- kann die Realisierung visionärer und strategischer Konzepte gewährleisten und bereichsübergreifend managen
- kann bei der Entwicklung von Strategien die Entwicklungen des Marktes treffend berücksichtigen
- kann für Visionen begeistern
- kann Visionen für Produkte, neue Märkte etc. entwickeln
- kann Strategien strukturiert umsetzen
- kann strategiekonforme Führung durchsetzen
- kann strategische Konzepte operationalisieren und in Aktionspläne übertragen
- kann Experten in die Umsetzung von Strategien einbinden
- kann Trends am Markt zuverlässig einschätzen
- kann frühzeitig strategische Geschäftsfelder erkennen, ihre Potentiale analysieren und bearbeiten
- kann die absehbaren Entwicklungen des Marktes in die Strategieplanungen einbringen
- kann Geschäftsplanung entwickeln und in die Praxis umsetzen

5.5. Innovation

Dass die Innovationsfreudigkeit eines Unternehmens über seinen dauerhaften Markterfolg entscheidet, versteht sich von selbst.

Die typischen Kernaufgaben der Führungskräfte dabei sind:
- Forschung und Produktentwicklung
- Pilotprojektierung
- Leiten von Ideen-Workshops
- Fördern der Innovationsbereitschaft

Die wesentlichen Competencies hierfür sind:
- kann im Unternehmen Forschung und Entwicklung vorantreiben
- kann die Bedeutung von Forschung und Entwicklung für den strategischen Unternehmenserfolg überzeugend vermitteln
- erkennt zielsicher Marktlücken und Ansatzpunkte für Neuentwicklungen
- kann mit den Mitarbeitern neue Produkte und neue Konzepte erfolgreich entwickeln
- kann Pilotprojekte und Kreativprojekte erfolgreich leiten
- kann Experten in Pilotprojekte integrieren
- kann Ideen bei Mitarbeitern und Kollegen anregen und gezielt sammeln
- kann Kreativ-Workshops erfolgreich leiten
- kann Widerstände gegen Neuerungen überwinden
- kann Instrumente und Konzepte zur Steigerung der Lernfähigkeit implementieren und etablieren
- kann eine lernorientierte und aufgeschlossene Atmosphäre schaffen und fördern
- kann die eigene Aufgabe als Vorbild im Neuerungsprozess erfolgreich übernehmen
- kann innovative Mitarbeiter und Querdenker im Team integrieren und gezielt fördern
- kann Mitarbeiter zu innovativer und experimenteller Arbeit motivieren

5.6. Realisation

Realisation bedeutet die tägliche Umsetzung dessen, was in Strategien, Zielvereinbarungen und Plänen definiert wurde.

Die typischen Kernaufgaben dabei sind:
- Projektleitung und Projektmanagement
- Planung und Prozesssteuerung
- Projektcontrolling
- Management des Tagesgeschäfts
- Problemlösungen

Die wesentlichen Competencies hierfür sind:
- kann Entwicklungs-, Integrations- und Mergerprojekte planen und leiten
- kann verschiedene Projekte parallel managen und die Ressourcen sinnvoll einplanen
- kann bereichsübergreifend Projekte steuern
- kann Sanierungs- und Reorganisationsprojekte konzipieren, planen und leiten
- kann Widerstände und Konflikte im Rahmen der Projektarbeit überwinden
- kann externe Experten erfolgreich in die Projektarbeit einbinden
- kann mit den Instrumenten des Projektcontrolling arbeiten
- kann mit Eckdaten und Kennziffern arbeiten
- kann auf Probleme im Projektverlauf angemessen reagieren
- kann den eigenen Bereich gut strukturieren
- kann im operativen Tagesgeschäft Details und übergeordnete Gesamtzusammenhänge sinnvoll in Einklang bringen und den Mitarbeitern vermitteln
- kann Vernetzungen und übergreifende Strukturen berücksichtigen und zielorientiert nutzen
- kann unterschiedliche Rollen und Aufgaben überzeugend und erfolgreich ausfüllen: Projektleiter, Teamkollege, Berater, Dienstleister, Lieferant

- kann das Selbstmanagement und die Aufgabenplanung prioritätenorientiert durchführen
- kann aus den täglichen Informationen das Wichtige herausfiltern und nutzen
- kann im eigenen Bereich ein funktionstüchtiges Info- und Wissensmanagement aufbauen und pflegen
- kann bereichsübergreifendes Info- und Wissensmanagement aufbauen und pflegen
- kann auch im Stress des Tagesgeschäftes immer die Prioritäten verfolgen und den Mitarbeitern bewusst halten
- kann einzelne Vorgänge und Abläufe kostenbewusst durchleuchten und optimieren
- kann logisch schlüssige und strategisch intelligente Entscheidungen treffen und überzeugend vertreten
- kann mit seinen Mitarbeitern vereinbarte Ziele erreichen
- kann bereichsübergreifend und kollegial die Erreichung der Unternehmensziele vorantreiben
- kann gelungene Investitionsentscheidungen treffen und diese überzeugend kommunizieren
- kann Konflikte im Team oder mit externen Partnern erfolgreich managen
- kann bei Problemen und Konflikten zwischen Sach- und Beziehungsebene unterscheiden und beides bei der Lösung berücksichtigen
- kann das Team zur gemeinsamen Problemlösung führen
- kann für eigene Problemlösungen Akzeptanz finden
- kann auch in Krisensituationen sachlich agieren, Prioritäten im Auge behalten und die Lage beruhigen
- kann auch in extrem belastenden Situationen immer ruhig und souverän den Überblick behalten
- kann Krisensituationen sachlich analysieren und daraus Aktionen für die weitere Arbeit ableiten
- kann auf Zielabweichungen angemessen reagieren und die Dinge wieder in Zielrichtung steuern

5.7. Change Management

Change Management gehört heute zu den zentralen Aufgaben der Führungskräfte in fast allen Unternehmen. Hierbei geht es um die konkrete Umsetzung von Änderungsvorhaben. Widerstände von Mitarbeitern und Personalvertretern müssen überwunden, eigene Widerstände, Konflikte und typische Anfangsschwierigkeiten, die bei jeder Änderung und Neuerung auftreten, müssen gemeistert werden.

Die typischen Kernaufgaben dabei sind:

- Persönliche Entwicklung
- Leiten von Veränderungsprojekten
- Wahrnehmen der Vorbildfunktion
- Konfliktlösung in Veränderungsprozessen

Die wesentlichen Competencies hierfür sind:

- kann stets offen bleiben für Veränderungen auch im Hinblick auf eigene Gewohnheiten und selbst entwickelte Strukturen
- kann bestehende Systeme, Abläufe und Prozesse hinterfragen und Veränderungspotentiale erkennen
- kann eigene Veränderungspotentiale erkennen und vorantreiben
- kann Änderungsnotwendigkeiten im eigenen Verhalten erkennen und daraus Konsequenzen ziehen
- kann Notwendigkeiten für Veränderungen erkennen und daraus Konzepte ableiten
- kann langfristige Veränderungsstrategien konzipieren und realisieren
- kann Veränderungsprozesse initiieren, planen und leiten
- kann geänderte Strukturen implementieren und dabei die Mitarbeiter für die Veränderungen motivieren
- kann durch wettbewerbsorientierte Change-Projekte erfolgssteigernde und nachweisbare Verbesserungspotentiale ausschöpfen
- kann im Veränderungsprozess die eigene Vorbildrolle überzeugend wahrnehmen

- kann Veränderungsprojekte überzeugend und motivierend kommunizieren
- kann überzeugend Konzepte und Ideen formulieren und somit die Akzeptanz des Wandels fördern
- kann auf Widerstände gegen Veränderungen angemessen reagieren und sie überwinden
- kann andere vom Erfolgsfaktor Veränderungsbereitschaft überzeugen
- kann sensibel auf Befürchtungen von Betroffenen eingehen und diese abbauen

5.8. Kostenmanagement

Die typischen Kernaufgaben im Rahmen des Kostenmanagements sind:

- Controlling
- kostenbewusster Umgang mit Ressourcen
- Kosteneinsparung

Die wesentlichen Competencies hierfür sind:

- kann mit Controlling-Instrumenten und mit Kennzahlen umgehen
- kann auf der Basis von Kennzahlen sinnvolle Maßnahmen zur Kosteneinsparung entwickeln und durchsetzen
- kann unter Zuhilfenahme betriebswirtschaftlicher Instrumente eine schlanke Kostenstruktur entwickeln und realisieren
- kann kostenbewusste Organisationsformen und Ablaufstrukturen entwickeln und umsetzen
- kann den Widerstand gegen Sparmaßnahmen überwinden
- kann Mitarbeiter zu kostenbewusstem Denken und Handeln führen
- kann Mitarbeiter zu unternehmerischem Denken und eigenverantwortlichem Handeln auch unter Kostenaspekten führen
- kann den konkreten Bezug zwischen Kosten und Nutzen kurz-, mittel- und langfristig herstellen und überzeugend vermitteln

- kann den konkreten Bezug zwischen Qualität und Kosten herstellen und nutzenorientiert ausgleichen
- kann Änderungsprozesse kosten- und nutzenorientiert initiieren, steuern und zum Ergebnis führen

5.9. Marktbearbeitung und Kundenbetreuung

Je nach individueller Position im Unternehmen wird der Kundenkontakt der Führungskraft mittel- oder unmittelbar sein. Dabei kann es sich um Großkunden – z. B. Vertreter anderer Unternehmen – oder um Privatkunden – z. B. Bankkunden – handeln. Auch von den Führungskräften, deren Aufgabe es eigentlich ist, die Mitarbeiter zu führen, die im Verkauf oder in der Beratung stehen, wird heute verlangt, dass sie persönlich zu Verkauf und Beratung fähig sind.

Die typischen Kernaufgaben dabei sind:
- Kundenbindung
- Vertriebssteuerung
- Vertriebscontrolling
- Präsentationen
- Akquise
- Reklamationsmanagement

Die wesentlichen Competencies hierfür sind:
- kann durch Schaffung geeigneter Strukturen die Reaktion auf Kundenanfragen verkürzen und somit die Kundenorientierung fördern
- kann geeignete Strukturen und Mechanismen schaffen, um den Veränderungen im Konsumentenverhalten gerecht zu werden
- kann wichtige Geschäftspartner dauerhaft an sich binden
- kann bestehende Kundenbeziehungen gezielt zu Kontakterweiterungen nutzen
- kann vertriebsorientierte Netzwerke aufbauen und pflegen
- kann mit Instrumenten der Vertriebssteuerung und des Vertriebscontrollings arbeiten

- kann das verkäuferische und serviceorientierte Selbstverständnis der Mitarbeiter gezielt fördern und nutzen
- kann durch Leistungsanreize die Mitarbeiter zu hohem Verkaufserfolg führen
- kann die internen Strukturen und Prozesse am Markt- und Kundenbedarf ausrichten
- kann mit externen Partnern vertriebsorientierte Synergieeffekte erzielen
- kann verhindern, dass Wettbewerber bestehende Kundenbeziehungen stören oder unterbinden
- kann sich und den Bereich schnell auf geänderte Kundenerwartungen einstellen
- kann sich durch fundierte Marktkenntnisse schnell auf neue Trends einstellen
- kann die Vorteile des eigenen Unternehmens und der eigenen Produkte überzeugend darstellen
- kann Kunden begeistern und vom Unternehmen als Partner überzeugen
- kann sich dem Kunden gegenüber als Vertrauensperson und Berater positionieren
- kann im Kundengespräch schnell die Beziehungsebene aufbauen und dem Kunden gegenüber den »richtigen Ton« finden
- kann sich in die Sprach- und Gedankenwelt der Kunden hineinversetzen
- kann Angebote bedarfsorientiert darstellen und überzeugend kommunizieren
- kann für beide Seiten befriedigende Abschlüsse herbeiführen
- kann auch in harten Verhandlungen geschickt argumentieren und zu guten Ergebnissen kommen
- kann auch extrem harte Preis- und Konditionsverhandlungen erfolgreich führen
- kann die eigenen angestrebten Verkaufszahlen erreichen und kann die Mitarbeiter zur verkäuferischen Zielerreichung führen
- kann Reklamationen richtig gewichten und angemessen bearbeiten
- kann Ursachen für Reklamationen erkennen und beseitigen

- kann auch in konfliktären Beschwerdesituationen zu beidseitig befriedigenden Ergebnissen führen
- kann die Mitarbeiter zu angemessenem Reklamationsverhalten führen
- kann ein erfolgreiches Reklamationsmanagement aufbauen und zu Qualitätsverbesserungen und Weiterentwicklungen nutzen

6. Die Competencies der Experten

Inwieweit Sie selbst auch über die Competencies der Experten verfügen müssen, hängt im Einzelfall von Ihren konkreten Fach- und Sachaufgaben neben Ihrer Führungsrolle ab. Auf jeden Fall sind Sie als Führungskraft dafür verantwortlich, dass Sie

- wissen und messbar benennen können, welche Competencies für welche Aufgabe in Ihrem Bereich erforderlich sind;
- beurteilen können, welcher Ihrer Mitarbeiter über das notwendige Competency-Profil verfügt und welche Lücken jeweils zu schließen sind;
- bei Neueinstellungen beurteilen können, welcher Bewerber das richtige Profil und Entwicklungspotential mitbringt.

Die hier vorgestellten Experten-Competencies können nicht vollständig sein. Sie müssen notgedrungen durch diejenigen ergänzt werden, welche die tatsächlichen Tätigkeiten erfordern. Das ist bei einem Koch anders als bei einem Meteorologen. In beiden Fällen muss die Führungskraft diese konkret und sehr aufgabennah formulieren können. Beispiel: »Kann ein 7-Gänge-Menü für Diabetiker kostenbewusst und zur Zufriedenheit der Gäste kreieren.« Hier können lediglich die weitgehend berufsneutralen Competencies genannt werden.

Die Competencies zum *analytischen Denken* sind:

- kann Fakten und Informationen in ihrer Bedeutung für die Zielerreichung richtig einschätzen

- kann komplexe Zusammenhänge und Prozesse schnell erfassen und umstrukturieren
- kann neue Informationen schnell aufnehmen und in bestehende Systeme einbinden
- kann Zusammenhänge und Abhängigkeiten schnell erkennen
- kann die Auswirkungen von Änderungen und Verbesserungen auf komplexe Systeme schnell erfassen
- kann die Konsequenz von Maßnahmen auf die Zielerreichung schnell erkennen und bewerten
- kann vernetzte Strukturen erfassen, herstellen und schlüssig im Sinne der Zielerreichung ändern
- kann komplexe Strategien und theoretische Modelle in pragmatisches Handeln überführen
- kann den eigenen Bereich nach Prioritäten strukturieren und flexibel steuern
- kann in Zahlensystemen denken und aus Grafiken, Tabellen und Listen schnell die wesentlichen Dinge erfassen und darauf angemessen reagieren
- kann Zahlenwerte und Mengenangaben in Informationen schnell strukturieren und priorisieren
- kann Zahleninformationen gut kombinieren

Die Competencies zur *Beharrlichkeit* sind:

- kann sich auch nach stundenlangen Besprechungen noch voll konzentrieren und eigene Ziele verfolgen
- kann auch bei Widerständen und Verzögerungstaktiken anderer über längere Zeit »am Ball« bleiben
- kann durch Hartnäckigkeit Ziele erreichen
- kann auch gegen Widerstand und bei Rückschlägen eigene Ziele über Monate verfolgen
- kann zwischen sinnvoller Beharrlichkeit und sturer Verbohrtheit unterscheiden

Die Competencies zur *Durchsetzungskraft* sind:

- kann sich konfliktbereit in die Auseinandersetzung um Ziele und Vorgehensweisen begeben
- kann Widerstände, Ablehnungen und unterschiedliche Standpunkte aushalten
- kann in anspruchsvollen konträren Diskussionen gegenhalten
- kann den eigenen Standpunkt auch gegen höherrangige und zahlenmäßig überlegene Parteien über längere Zeit aktiv vertreten
- kann durch Dynamik und Stimmkraft die Gesprächspartner beeinflussen
- kann mit überzeugendem Engagement für den eigenen Standpunkt kämpfen
- kann Techniken der Beeinflussung bewusst einsetzen und damit eigene Durchsetzungsziele erreichen
- kann Macht über andere ausüben
- kann Projekte, Strategien und Entscheidungen wesentlich beeinflussen

Die Competencies zum *Entscheidungsverhalten* sind:

- kann auch unter (Zeit-)Druck schnell und verantwortungsbewusst entscheiden
- kann auch in unklaren Zusammenhängen sinnvoll entscheiden
- kann die Verantwortung für eigene Entscheidungen übernehmen und vertreten
- kann die Verantwortung für eigene Fehlentscheidungen übernehmen
- kann Fehlentscheidungen souverän zurücknehmen
- kann Entscheidungen prioritätengerecht treffen
- kann zwischen Ansprüchen der Qualitätssicherung und des Kostenmanagements sicher entscheiden
- kann sich über Neigungen zu Perfektionismus hinwegsetzen
- kann in Entscheidungen die sachbezogenen und die emotional bezogenen Aspekte sinnvoll in Einklang bringen
- kann Entscheidungen allein treffen

- kann bei Entscheidungsbedarf kompetente Fachleute hinzuziehen und in den Prozess integrieren
- kann eigene Entscheidungen überzeugend begründen
- kann intuitiv richtige Entscheidungen treffen
- kann auch unangenehme Entscheidungen zügig treffen
- kann Widerstand gegen eigene Entscheidungen aushalten
- kann bewusst sinnvolle Risiken eingehen
- kann Risiken richtig einschätzen
- kann sicher unterscheiden zwischen solchen Entscheidungen, die selbst getroffen und solchen, die delegiert und solchen, die »nach oben gereicht« werden müssen

Die Competencies zum *Gedächtnis* sind:

- kann sich gut an auch länger zurückliegende Dinge korrekt erinnern
- kann sich Details gut merken
- kann sich an Personen und Sachverhalte erinnern
- kann sich an zahlenbezogene Informationen erinnern
- kann sich an Erfahrungswerte erinnern und diese neu einsetzen

Die Competencies zur *Hilfsbereitschaft* sind:

- kann erkennen, wann andere Hilfe brauchen und in welcher Form
- kann anderen Hilfen in akzeptabler Weise anbieten
- kann Hilfe zur Selbsthilfe geben
- kann erkennen, wann Hilfe nicht angemessen ist
- kann anderen gegenüber Dritten oder in persönlichen Problemen beistehen
- kann die Grenze zwischen Hilfsbereitschaft und Bevormundung erkennen und berücksichtigen
- kann den anderen in seiner Hilfsbedürftigkeit verstehen und respektieren
- kann eigene Bedürfnisse im Interesse anderer zurückstellen
- kann andere mit Rat und Tat im Interesse der Zielerreichung unterstützen

Die Competencies zur *Intuition* sind:

- kann Trends und Entwicklungen wahrnehmen
- kann unterschwellige Konfliktherde erspüren
- kann in unklaren Situationen instinktsicher entscheiden
- kann Menschen schnell richtig einschätzen
- kann subtile Signale richtig erfassen

Die Competencies zur *Kommunikation* sind:

- kann gut formulieren und verfügt über einen reichen Wortschatz
- kann das eigene Sprachverhalten am Gesprächspartner orientieren
- kann gegebenenfalls die eigene Fachsprache in eine Laiensprache übersetzen
- kann die eigene Argumentation von Rechthaberei freihalten und stattdessen am Überzeugungspotential des anderen orientieren
- kann schlüssig argumentieren und logisch nachvollziehbar den eigenen Standpunkt erklären
- kann komplexe Inhalte verständlich darstellen
- erkennt auch unausgesprochene Verständnisschwierigkeiten seiner Gesprächspartner
- kann Verständnisprobleme anderer auffangen, ohne Gefühle zu verletzen
- kann sich in Gesprächsrunden durch überzeugende Argumentation Gehör und Akzeptanz verschaffen
- kann Ursachen von Meinungs- und Verständnisunterschieden erfassen und bereinigen
- kann auch bei Meinungsunterschieden und Zielwidersprüchen weitgehend konfliktfrei diskutieren
- kann positive und negative Botschaften so vermitteln, dass sie akzeptiert werden
- kann durch das eigene Sprachverhalten und die eigene Stimmtechnik andere faszinieren und sich dadurch Aufmerksamkeit verschaffen
- kann schlagfertig auf unerwartete Gesprächssituationen reagieren
- kann geschmeidig und weitgehend konfliktfrei mit Fehlverhalten anderer in Gesprächssituationen umgehen

- kann verbale und nonverbale Botschaften anderer richtig erkennen
- kann eigene verbale und nonverbale Botschaften bewusst steuern
- kann Manipulations- und Drucktechniken richtig erkennen und darauf angemessen reagieren
- kann in Gesprächsrunden erhitzte Gemüter wieder zu einer sachlichen Diskussion zurückführen
- kann kommunikationsschwache Personen in den Gesprächsverlauf einbeziehen
- kann konträre Sachverhalte ausgewogen darstellen
- kann flexibel argumentieren
- kann kulturelle Unterschiede in Kommunikationssituationen konstruktiv nutzen
- kann sich als kompetenter und sozial akzeptabler Gesprächspartner Sympathien verschaffen
- kann angemessen auf Verständnisschwierigkeiten und auf soziale Hemmungen anderer in Gesprächssituationen eingehen
- kann in Diskussionen und Verhandlungen Ziele verfolgen und sicher erreichen, ohne sich dabei unfairer Methoden bedienen zu müssen

Die Competencies zur *Kooperation* sind:

- kann sich in das Team eingliedern und findet bei den Kollegen soziale und fachliche Akzeptanz
- kann eine offene, kollegiale und vertrauensvolle Arbeitsatmosphäre aufbauen
- kann kooperativ mit Mitarbeitern anderer Bereiche zusammenarbeiten
- kann sich selbständig notwendige Informationen beschaffen (Information als Holschuld)
- kann selbständig Informationen an andere weitergeben (Information als Bringschuld)
- kann im Unternehmen, mit externen Geschäftspartnern, Kunden, Berufsverbänden etc. Kontakte knüpfen und pflegen
- kann auf Menschen zugehen, leicht mit anderen in Kontakt treten und sich auf andere einstellen

- kann angstfrei und konkurrenzfrei mit anderen zusammenarbeiten
- kann Gespräche und Verhandlungen positiv im Sinne der gemeinsamen Ergebnisfindung beeinflussen
- kann in konträren Situationen erfolgreich auf einen für alle akzeptablen Kompromiss hinwirken
- kann anderen Wertschätzung entgegenbringen
- kann das Arbeitsklima positiv beeinflussen
- kann andere überzeugen und für eigene Ideen begeistern
- kann erkennen, wenn andere Hilfe brauchen und wollen
- kann sich von anderen helfen lassen
- kann Außenseiter in Gesprächs- und Arbeitsprozesse integrieren
- kann die Stärken anderer und die eigenen so kombinieren, dass Synergieeffekte entstehen und genutzt werden
- kann Teamprozesse bewusst steuern
- kann die Stärken und Schwächen anderer richtig einschätzen und ausgleichend und fördernd im Sinne der gemeinsamen Ziele wirken
- kann andere für Änderungen und Neuerungen begeistern
- kann Ängstlichen und Verkrampften in Change-Prozessen die Angst nehmen und sie behutsam mit dem Ungewohnten vertraut machen
- kann andere positiv für Veränderungen und Neuerungen einstimmen
- kann im Interesse von Zielen eine Lobby aufbauen
- kann neue Kollegen und Nachwuchskräfte einarbeiten

Die Competencies zur *Kreativität* sind:

- kann mit Kreativitätstechniken arbeiten
- kann neue Ideen produzieren und zu pragmatischen Lösungsansätzen formen
- kann Ideen anderer aufgreifen und weiterführen
- kann neue Impulse aufnehmen und daraus Ideen ableiten
- kann im gewohnten Arbeitsumfeld selbständig Verbesserungsmöglichkeiten erkennen und daraus Konzepte für die Umsetzung ableiten

Competency – Managermode oder brauchbares Modell? **169**

- kann »querdenken« und auch spielerisch mit ungewohnten Ideen umgehen
- kann bildhaft denken
- kann in Gesamtzusammenhängen denken
- kann Lösungen und Techniken aus fremden Bereichen (z. B. aus der Natur) in den eigenen Arbeitsbereich übertragen
- kann die Ursachen von Fehlschlägen analysieren und daraus Ansätze für neue Versuche ableiten
- kann sich in fremde und verfremdete Denkwelten hineinversetzen
- kann kreativ auch Standpunkte vertreten, die nicht die eigenen sind (z. B. als Vorbereitung auf Verhandlungen mit Meinungsgegnern)
- kann schlagfertig auf Äußerungen oder Handlungen anderer reagieren
- kann schnell Kombinationen zwischen Sachverhalten herstellen
- kann zu einem Problem spontan mehrere Lösungen produzieren
- kann bestehende Prozesse, Abläufe und Gewohnheiten hinterfragen
- kann sich in unerwarteten Krisensituationen schnell den Überblick verschaffen und sofort die Dinge aktiv in den Griff bekommen
- kann Phantasien und Visionen entwickeln
- kann zu Phantasien und Visionen pragmatische Konzepte entwickeln

Die Competencies zur *Kundenorientierung* sind:

- kann in angemessener Weise mit Kunden kommunizieren
- kann sich auch in konfliktären Situationen erfolgreich auf Kunden einstellen und mit ihnen zu einer gemeinsamen Vereinbarung kommen
- kann zwischen Kunden- und Kostenorientierung sinnvoll priorisieren
- kann Kunden zu jeder Zeit ein kompetenter und angenehmer Ansprechpartner sein
- kann auch mit schwierigen Kunden gut umgehen
- kann Kunden gegenüber die Servicebereitschaft überzeugend darstellen

- kann bei Kunden Akzeptanz als Fachberater in seinem Gebiet finden
- kann im Interesse der Kunden auch eigene Bedürfnisse zurückstellen
- kann sich in die Denkwelt der Kunden hineinversetzen und ihnen auch fachlich schwierige Themen nahe bringen
- kann auch bei verschlossenen und kommunikationsschwachen Kunden deren Bedürfnisse erkennen und partnerschaftlich mit ihnen zu beidseitig befriedigenden Ergebnissen kommen
- denkt fachlich und sachlich für die Kunden mit und spricht sie von sich aus an, wenn er interessante Angebote für sie erkennt
- kann sich in Konfliktsituationen in die Gefühle des Kunden hineinversetzen, darauf eingehen und dabei eigene Empfindlichkeiten zurückstellen
- kann Kunden langfristig an das Unternehmen binden
- kann seine Freude am direkten Kontakt mit Kunden überzeugend vermitteln
- kann sinnvoll die Gewinnung von Neukunden und die Bindung von aktuellen Kunden kombinieren
- kann »schlafende« Kundenbeziehungen reaktivieren
- kann Kunden, die sich vom Unternehmen getrennt haben, zurückgewinnen
- kann erfolgreich mit Einzelkunden arbeiten
- kann erfolgreich mit Großkunden und mit Kundengruppen arbeiten
- kann auch außerhalb des reinen Geschäftsbetriebs Kundenkontakte knüpfen und pflegen
- erkennt auch im Unternehmen interne Kunden als solche an und zeigt ihnen gegenüber Servicebereitschaft
- kann die Umsetzung von Kundenwünschen vorantreiben
- kann Verbesserungspotentiale im Kundenservice erkennen und praktisch umsetzen

Die Competencies zur *Lernfähigkeit* sind:
- kann Feedback einfordern und kritisch bewerten
- kann Kritik annehmen und selbständig beurteilen, was davon zu übernehmen ist im Interesse einer persönlichen Weiterentwicklung
- kann zwischen sachlicher Kritik und persönlichem Angriff unterscheiden
- kann sich Kritik ohne Gegenwehr, Rechtfertigungen oder Gegenangriffe anhören
- kann Feedback und Kritik in konkrete Verhaltensänderungen umsetzen
- kann eigenes Verhalten kritisch hinterfragen
- kann sich auf neue Anforderungen und auf Veränderungen im Arbeitsumfeld schnell einstellen
- kann sich selbständig weiterbilden, um mit Entwicklungen Schritt zu halten
- kann Veränderungen und strategische Neuerungen als Erfolgsfaktoren erkennen und positiv für sich nutzen und im Interesse des Unternehmens vorantreiben
- kann sich flexibel in die Sichtweisen und Meinungen anderer hineinversetzen
- kann plausible Argumentationen anderer auf sich wirken lassen und daraus Konsequenzen für eigenes Handeln und Entscheiden ableiten
- kann produktiv und trendführend in Change-Projekten eingesetzt werden
- kann Change-Projekte selbständig leiten
- kann Erfahrungen aus Projekten oder Situationen vom Einzelfall abstrahieren und auf neue Projekte und Situationen übertragen
- kann und will sich bewusst die Erfahrungen anderer zunutze machen

Die Competencies zum *Pragmatismus* sind:
- kann handlungsorientierte Ziele aus inhaltlichen Strukturen und komplexen Zusammenhängen ableiten

- kann Visionen und Idealvorstellungen in realistische Ziele mit klaren Plänen umformen
- kann Ziele und Ergebnisse im geplanten Zeit- und Budgetrahmen erreichen
- kann Menschen ergebnisorientiert steuern
- kann realistische Ziele festlegen und konsequent erreichen
- kann in zeitkritischen Situationen angemessen auf Details verzichten und sich auf Prioritäten konzentrieren
- kann die Machbarkeit von Vorhaben richtig beurteilen
- kann auch in detailorientierten Aufgaben immer die übergeordneten Ziele im Auge behalten
- erkennt in komplexen Situationen die wesentlichen Faktoren und Zusammenhänge
- kann theoretische Konzepte in operationale Handlungspläne übertragen
- kann im Interesse pragmatischer Ziele auf theoretische Liebhaberlösungen verzichten
- kann mit »80%-Lösungen« leben
- kann komplexe Projekte und Aufgaben in übersichtliche Teile aufgliedern
- kann die Eignung und Leistungsfähigkeit anderer für Umsetzungsaufgaben richtig beurteilen
- verfügt über eine pragmatisch orientierte Menschenkenntnis
- kann die zu erwartende Akzeptanz für Neuerungen und Änderungen richtig einschätzen und pragmatisch berücksichtigen

Die Competencies zur *Sensibilität in der Kommunikation* sind:

- kann nonverbale Botschaften erkennen und richtig deuten
- kann subtile Botschaften anderer richtig deuten
- kann in Gesprächen die Stimmungen anderer erkennen
- kann Einfluss nehmen auf die Stimmungen von Gesprächspartnern
- kann eigene Gefühle zurücknehmen oder verbergen
- kann sensibel auf die Gefühle anderer eingehen

- kann anderen schwierige Botschaften verständlich und überzeugend vermitteln
- kann kritische Dinge einfühlsam besprechen
- kann sich in die Gedanken und Gefühle anderer hineinversetzen
- kann in angemessener Weise die Verantwortung für andere übernehmen

Die Competencies zur *Tatkraft* sind:

- kann auch in Abwesenheit der Führungskraft ohne Einschränkung des Engagements arbeiten
- kann ein dynamisches Aktivitätspotential im Interesse der Leistungsziele selbständig einsetzen
- kann dauerhaft ein hohes Leistungsniveau halten
- kann sich durch eine dynamische Ausstrahlung persönliche Präsenz verschaffen und positiv positionieren
- kann in größeren Gruppen die Aufmerksamkeit auf sich ziehen, sich Gehör verschaffen
- kann durch Dynamik und Begeisterungsfähigkeit andere für sich gewinnen
- kann andere für Ziele und Aufgaben begeistern
- kann auch bei Widerständen und Niederlagen durch Selbstmotivation die eigene Begeisterung für angestrebte Ziele reaktivieren
- kann positive Aggressivität im Interesse der Ziele einsetzen
- kann sich aktiv mit Konkurrenten und Konfliktgegnern auseinandersetzen
- kann sich auch nach Erfolgen sofort wieder an die Arbeit begeben, neue Ziele zu erreichen (statt sich auf Lorbeeren auszuruhen)
- kann sich bewusst in positiven Wettbewerb mit anderen Leistungsträgern begeben und darin erfolgreich bewähren
- kann sich auch gegen Widerstand die notwendigen Ressourcen, Budgets und Unterstützungen für die eigenen Aufgaben beschaffen

Die Competencies zum *Verantwortungsbewusstsein* sind:

- kann den eigenen Arbeitsbereich selbständig verantworten
- kann in akuten Fällen beurteilen, wieweit Entscheidungen eigenverantwortlich zu treffen sind und ab wann Rücksprache erforderlich ist
- kann die eigenen Fähigkeiten und Stärken richtig einschätzen und im Sinne der Zielerreichung nutzen
- kann für eigene Fehler einstehen
- kann zu eigenen Schwächen stehen und diese durch Selbststeuerung ausgleichen
- kann für den eigenen Arbeitsbereich erkennen, wann die Grenzen der Eigenverantwortung erreicht sind und wendet sich selbstinitiiert an die Führungskraft
- kann sich selbständig, aber ohne Sturheiten am Leitbild und an Spielregeln des Unternehmens orientieren
- kann im akuten Fall sinnvoll von Regeln abweichen, wenn es der Sache dient
- kann sich an ethischen Werten orientieren

Die Competencies im *Zeit- und Selbstmanagement* sind:

- kann sich auch bei plötzlichen Änderungen der Abläufe schnell einen Überblick verschaffen und Prioritäten setzen
- kann auch komplexe, überlappende und parallele Aufgaben selbständig so managen, dass schließlich alle erfolgreich abgeschlossen werden
- kann die eigenen Aufgaben stets zum vereinbarten Termin und mit dem geplanten Aufwand erledigen
- kann sich so organisieren, dass »Last-Minute-Stress« vermieden wird
- kann sich selbst so disziplinieren, dass auch unangenehme Aufgaben nicht aufgeschoben werden
- kann Leer- und Wartezeiten sinnvoll für die Weiterarbeit an langfristigen Aufgaben nutzen

- kann Zusammenhänge und Abhängigkeiten erkennen und in der Bearbeitung sinnvoll bündeln
- kann sich auf die Planungen anderer einstellen und deren Zielerreichung mit der eigenen kombinieren
- kann das Zeitverhalten und die (Un-)Zuverlässigkeiten anderer richtig einschätzen und für die eigene Terminplanung berücksichtigen
- kann in Zeiteinheiten (Jahre, Quartale, Monate, Wochen, Tage) denken und planen
- kann den Tagesablauf prioritätenorientiert planen und steuern
- kann mit Störungen im geplanten Tagesablauf angemessen umgehen
- kann Kunden, Kollegen und Geschäftspartner taktvoll an die Einhaltung von Terminen und Prioritäten erinnern
- kann sich selbständig Freiräume für Konzentrationszeiten schaffen
- kann Aufgaben sinnvoll delegieren
- kann sich von Lieblingsbeschäftigungen und nicht notwendigen Gewohnheitsarbeiten im Interesse von anderen Prioritäten trennen
- kann den Aufwand für Aufgaben und Projekte richtig einschätzen
- kann eigene Schwächen im Zeit- und Selbstmanagement richtig beurteilen und ihnen bewusst entgegenwirken
- kann Ziele und Prioritäten für den eigenen Arbeitsbereich definieren
- kann persönliche Ziele termingetreu und im Rahmen des Budgets erreichen
- kann die persönlichen Ziele mit denen des Teams und des Bereichs in Beziehung setzen

Auch von qualifizierten Experten wird man Competencies im Bereich des unternehmerischen und visionären Denkens erwarten. Eventuell sind auch für Projektleitungen und Moderationsaufgaben Competencies im Bereich der Mitarbeiterführung gefragt.

Für Sie als Führungskraft ist es auf jeden Fall wichtig, dass Sie ganz klar die notwendigen Competencies für jeden Arbeitsplatz Ihres Bereichs – in Abhängigkeit von den zu erreichenden Zielen und den zu erledigenden Aufgaben – benennen können. Wenn Sie dabei selbst nicht vom Fach sind, dann sollten Sie sich mit Ihren Experten gemeinsam an die »kann...«-Formulierungen machen. Nur wenn das klar ist, lässt sich auch sicher aussagen, ob ein Stelleninhaber das kann, was man für diese Stelle können muss. Dann lassen sich die Fähigkeiten klar von all den schönen Qualifikationen trennen, auf die manche Mitarbeiter so stolz sind, für die sie vielleicht sogar mehr Geld erwarten, die jedoch nichts mit der Zielerreichung und den Aufgaben zu tun haben. *Beispiele*:

- Die Sekretärin glaubt, Anspruch auf ein höheres Gehalt als die Kolleginnen zu haben, weil sie fließend Spanisch und Englisch spricht. Allerdings braucht sie diese Sprachen für ihre Aufgaben nicht.
- Der junge Akademiker glaubt, mit seinem neuen Dr. vor dem Namen nun mehr Geld verlangen zu können. Der Titel bringt für seine Ziele jedoch nichts.

Es kann manchmal Ihre Aufgabe sein, den Mitarbeitern zu vermitteln, dass sie nicht aufgrund irgendwelcher Fähigkeiten und Qualifikationen besondere Ansprüche stellen können, sondern dass es auf die Competencies ankommt, die für ihre spezifischen Ziele und Aufgaben wichtig sind. Da müssen bei Lücken in erster Priorität die Fort- und Weiterbildungsmaßnahmen ansetzen. Dort muss der Mitarbeiter seine persönliche Weiterentwicklung betreiben und nachweisen. Was der Einzelne darüber hinaus für sich und die eigene Karriere tut, können und sollen Sie als Führungskraft gerne fördern, aber das muss für sie immer in zweiter Linie hinter dem stehen, was für die Position getan wird, für die der Mitarbeiter eingestellt wurde und bezahlt wird.

Für Ihre Personalauswahl gilt im Hinblick auf die Competencies, dass Sie nicht etwa Leute einstellen, die »tolle Qualifikationen« mitbringen, sondern ganz pragmatisch solche, von denen zu erwarten ist, dass sie die Ziele erreichen, die auf der betreffenden Stelle zu erreichen sind. Dafür brauchen Sie glasklare Competency-Profile. Damit die Competency-Profile »glasklar« sind, müssen sie nicht nur nachweisbare Fähigkeiten beschreiben, sondern in ihrer Anzahl überschaubar bleiben. Es nützt nichts, wenn Sie im Bestreben, jede Möglichkeit zu erfassen, am Ende mit einer endlosen Liste von erforderlichen Competencies dastehen und »den Wald vor lauter Bäumen nicht mehr sehen.«

Wenn Sie zur Besetzung einer Position in Ihrem Bereich die für die Ziele und Kernaufgaben notwendigen Competencies zusammengestellt haben, dann lassen Sie sich von der Personalabteilung beraten. Wie soll jeweils diagnostiziert werden, ob und in welchem Ausmaß ein Bewerber darüber verfügt? Soll das im Interview, durch Referenzen, Psychotests oder Übungen im Assessment-Center geschehen? Ihre wesentliche Aufgabe nach der Einstellung eines Mitarbeiters liegt dann darin, in der Probezeit sehr kritisch zu beobachten, ob sich die im Auswahlverfahren gezeigten Competencies auch in der Praxis noch zeigen! Im Zweifel ist es besser, einen Irrtum bei der Einstellung rechtzeitig einzugestehen, als später einen Mitarbeiter mitzuschleppen, der die Ziele nicht erreicht. Auch diesbezügliche unangenehme Entscheidungen gehören zu Ihren Aufgaben als Führungskraft.

Die Competencies sind auch keine Geheimwissenschaft, sondern sollen den Mitarbeitern bekannt sein. Man kann nicht erwarten, dass sich Mitarbeiter in ihren Competencies weiterentwickeln, wenn sie darüber rätseln müssen, welche sie in den Augen der Führungskraft denn wohl brauchen. Jedem Mitarbeiter muss bekannt sein:

- Das sind meine Ziele: ....
  ....
- Das sind meine Aufgaben: ....
  ....
- Nach diesen Kriterien wird meine Arbeit bewertet: ....
  ....
- Diese Competencies brauche ich für meinen jetzigen Job: ....
  ....
- Diese Competencies brauche ich für meinen beruflichen Aufstieg:
  ....

Wenn Sie das Ihren Mitarbeitern transparent machen, dann können diese sich entsprechend entwickeln und fühlen sich von Ihnen fair behandelt.

Kapitel 6

360-Grad-Feedback – Nutzen und Nachteile

1. Zwischen Tabu und Majestätsbeleidigung

In vielen traditionell geführten Unternehmen ist es noch immer völlig undenkbar, dass Führungskräfte von Menschen, die »unter« ihnen stehen, beurteilt werden. Das Recht zu beurteilen gibt es nur von »oben« nach »unten«. In modern geführten Unternehmen verschwindet langsam, aber stetig die Sicht von oder nach »oben« und »unten«. Traditionelle Hierarchiemodelle passen nicht mehr in ein Umfeld, in dem der Teamgedanke immer wichtiger wird. Vor allem im Bereich hoch qualifizierter Aufgaben kann man nicht mehr davon ausgehen, dass zwar der Vorgesetzte die Leistungen der Mitarbeiter, diese jedoch nicht die ihres Vorgesetzten beurteilen können. Der Trend geht oft schon fast in die entgegengesetzte Richtung. Zunehmend haben Führungskräfte Schwierigkeiten, die Sach- und Fachgebiete ihrer Mitarbeiter zu verstehen und dann auch zu beurteilen.

Der Trend vor allem in hoch qualifizierten Bereichen geht immer mehr dahin, dass jedes Individuum für sich entscheidet, was anzustreben ist:

- Expertenlaufbahn als Top-Profi in einem bestimmten Sach- und Fachgebiet,
- Führungs- und Managementlaufbahn mit Loslösung vom Sach- und Fachdetail.

In solchen Unternehmen ist es durchaus denkbar, dass ein erfahrener Experte mehr verdient als die eigene Führungskraft, die vielleicht noch am Anfang ihrer Karriere steht.

In einem solchen Umfeld können sich die Kollegen gegenseitig besser beurteilen als der Vorgesetzte seine Mitarbeiter. Diese erkennen jedoch sehr wohl, ob ihre Führung so ist, dass sie überhaupt zu Top-Leistungen kommen können. Man muss nicht mehr »aufsteigen« und das Expertentum hinter sich lassen, wenn man eine Spitzenkarriere machen will. Auf der anderen Seite muss sich der Vorgesetzte auch nicht mehr in seiner Kompetenz »bedroht« sehen, wenn seine Mitarbeiter im Fachgebiet mehr wissen und können als er selbst. Die traditionelle Sichtweise, dass der Vorgesetzte »etwas Besseres« ist als seine »Untergebenen«, löst sich in Branchen mit hoch qualifizierten Mitarbeitern zunehmend auf. Sie bleibt sicherlich zumindest zunächst noch in den Bereichen bestehen, in denen vergleichsweise weniger gut ausgebildete – jedoch für den Job durchaus gut qualifizierte – Mitarbeiter von deutlich besser ausgebildeten Führungskräften geführt werden.

Führung als »Dienstleistung« und der Mitarbeiter als »Kunde« der Führungskraft, das sind die Trends in modernen Unternehmen mit hoch qualifizierten Fachleuten. Es ist klar, dass die »Kunden« beurteilen können und müssen, ob die »Dienstleistung« ihrer Führungskraft das bringt, was sie brauchen, um zu Spitzenleistungen zu kommen.

In einem solchen Umfeld ist es auch undenkbar, dass eine unfähige Führungskraft beharrlich in ihrem Chefsessel klebt und aus Gründen der »Besitzstandswahrung« nicht mehr degradiert, sondern höchstens »wegbefördert« werden kann. Am neuen Platz wird sie zwar auch unfähig sein, weil sie die Ebene, in der sie fähig sein könnte, hinter (unter!) sich gelassen hat, aber man hofft, dass sie am neuen Platz weniger Schaden anrichtet.

Kein Wunder, dass sich Unternehmen bei wichtigen Positionen zunehmend für Zeitverträge entscheiden. Wer kann es sich heute noch leisten, unfähige Führungskräfte auf die Dauer mitzuschleifen?! Fehler in der Führung und im Management werden im Zeitalter globaler Märkte nicht mehr einfach weggesteckt. Das Streben nach bester Qualität, das uns im Produktbereich längst geläufig ist, wird zunehmend auch auf Führungskräfte ausgedehnt.

Das bedeutet für Sie, dass es nicht mehr reicht, einmal mit den richtigen Competencies in die angestrebte Position zu kommen und dort entweder geschützt zu verharren oder die eigene Karriere weiter zu betreiben. Sie müssen sich im Laufe Ihrer Führungslaufbahn, ganz anders als Ihre Vorgänger, ständig neu beweisen. Wenn Sie es nicht mehr schaffen, das zu erfüllen, was das Unternehmen von Ihnen erwartet, sind Sie ganz schnell »weg vom Fenster«. Damit das erst gar nicht passiert, müssen Mechanismen greifen, die ständig Ihr Leistungsniveau kontrollieren und Schwächen so früh wie möglich beheben. Auch für Sie ist es auf Dauer wichtig, dass ständig geprüft wird:

- Sind bei Ihnen die notwendigen Competencies vorhanden?
- Setzen Sie sie richtig ein?
- Welche Weiterentwicklungen sind für Sie notwendig?

Das 360-Grad-Feedback soll ein Instrument sein, welches von allen Seiten die Leistungen, Verhaltensweisen und Ergebnisse im Sinne der Ziele einer Führungskraft betrachtet und beurteilt.

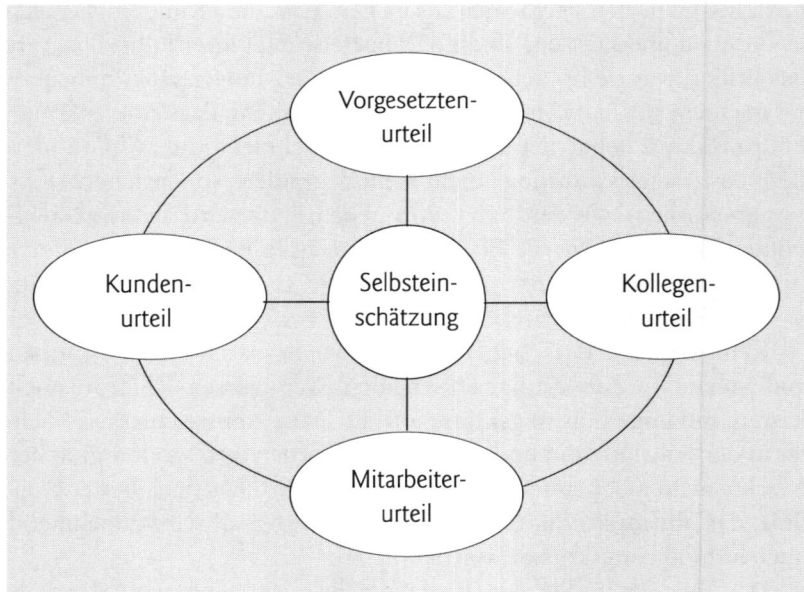

Abbildung 24: Das 360-Grad-Feedback

Woher letztlich der Begriff 360-Grad-Feedback kommt, ist inzwischen kaum noch zu sagen. Wichtig ist, dass wirklich von allen Seiten beleuchtet wird, ob und falls ja, welcher Änderungs- und Qualifizierungsbedarf besteht.

Im Vergleich zu traditionell orientierten Vorgesetzten, die sich gegen ein solches Instrument sperren, haben Sie einen erheblichen Karrierevorteil, wenn Sie gezielt die Chancen nutzen, die sich damit bieten. Nervosität in Zusammenhang mit einer Beurteilung ist normal. Dennoch lohnt es sich für Sie, zu erfahren, wie Ihre Mitarbeiter, Ihre Kollegen und Ihre internen und externen Kunden Sie sehen.

2. Die Rache von unten?

Der kritischste Aspekt des 360-Grad-Feedbacks ist das Feedback der Mitarbeiter an der Führungskraft. Auch die nette Umschreibung »Feedback« kann nicht verschleiern, dass es sich in Wahrheit um eine Beurteilung inklusive Kritik handelt. Wir sind zwar alle stets bemüht, unsere eigene Kritikfähigkeit zu beteuern, aber am liebsten wäre es uns, wenn wir diese Fähigkeit nie unter Beweis stellen müssten. Sich von den Mitarbeitern kritisieren lassen zu müssen ist oft viel schwerer zu ertragen als eine Kritik vom eigenen Vorgesetzten. Erstens sind wir es nicht gewohnt, aus dieser Richtung offene Kritik zu bekommen, zweitens bemühen wir uns gerade vor den Mitarbeitern immer wieder um das eigene Ansehen als »Leader«. Fällt einem nicht ein »Zacken aus der Krone«, wenn man die Mitarbeiter darauf bringt, einen bewusst kritisch zu betrachten? Könnten sich die Mitarbeiter für die Kritik, die sie selbst erhalten haben, rächen?

In vielen Unternehmen erhitzen sich sofort die Gemüter, wenn es um das Thema »Aufwärtsbeurteilung« geht. Die Vorgesetzten befürchten, dass sie von ihren Mitarbeitern die Quittung dafür bekommen, dass es einfach nicht immer gelingt, in eitel Sonnenschein zu führen, dass man durchaus auch gelegentlich handfest mit Nachlässigkeiten und Fehlern umgehen muss. Die Vorgesetzten befürchten, dass sich aus negativen Kritiken für sie negative Konsequenzen ergeben könnten. Die Möglichkeit, dass gute Kritiken zu positiven Konsequenzen führen könnten, wird vor Schreck kaum noch bedacht.

Auch mancher Mitarbeiter will nicht gerne an einer Aufwärtsbeurteilung beteiligt sein. Nicht jeder traut dem Braten, dass die Befragungen wirklich anonym sein werden. Was ist, wenn der Vorgesetzte erfährt, wer ihn kritisiert hat? Wenn man sich gar nicht um die Sache herumdrücken kann, gibt man sicherheitshalber nur übertrieben positive Beurteilungen von sich. Was ist die Aufwärtsbeurteilung dann wert?

Natürlich wird sich keine Führungskraft dahingehend »outen«, dass sie Angst vor der Beurteilung durch die Mitarbeiter hat. Sie wird vielmehr betont sachlich über die möglichen Schwächen und die mangelnde Objektivität eines solchen Verfahrens diskutieren. Gleichzeitig wird sie selbstverständlich für sich in Anspruch nehmen, dass sie selbst sehr wohl ihre Mitarbeiter beurteilen kann und muss. Ebenso wird sie von sich behaupten, »partnerschaftlich« und »kooperativ« zu führen. Das passt nicht zusammen!

Auch wenn sich in Ihrem Unternehmen die traditionellen Vorgesetzten gegen eine formal durchgeführte Aufwärtsbeurteilung sperren, sollten Sie sich im Interesse Ihres Führungserfolgs unbedingt dafür einsetzen. Ihre Mitarbeiter können und sollten Ihnen sagen, was Sie verbessern müssen. Je eher Sie das erfahren, desto schneller haben Sie im Hinblick auf Ihre Kompetenz und Ihre Competencies die Nase vorn.

3. Ablauf eines 360-Grad-Feedbacks

Da durch das 360-Grad-Feedback der Weiterentwicklungsbedarf festgestellt werden soll, ist es logisch, dass sich das Verfahren am Ideal-Profil der Competencies orientieren muss. Hierbei geht es – anders als bei der Bewerberauswahl – nicht um die Feststellung, ob die Führungskraft über die notwendigen Competencies verfügt, sondern darum, wie sie diese in der Praxis einsetzt, wie sie arbeitet, sich verhält und zu

Ergebnissen kommt. Ein Projekt zum 360-Grad-Feedback verläuft in der Regel in folgenden Schritten:

1. Festlegen der Projektleitung und Auswahl der Projektmitarbeiter
- Eigene Fachleute aus der Personalabteilung?
- Externe Berater?
- Gemischtes Team?

2. Festlegen der Projektziele und Projektvoraussetzungen
- Was soll erfragt werden?
- Wer soll in die Befragung einbezogen werden?
- Was soll mit den Ergebnissen geschehen?
- Welche Folgemaßnahmen sollen gegebenenfalls im Anschluss zu einer Weiterentwicklung führen?
- Nach welchen Kriterien soll der Erfolg des Projektes gemessen werden?
- Wann müssen sich Erfolge zeigen?

Während der ersten Phase werden Vorbereitungsgespräche mit allen Betroffenen geführt. Jede Führungskraft und alle Befragten müssen verstehen, was auf sie zukommt und was der Sinn des Projekts ist. Ansonsten können Missverständnisse zu leicht den Erfolg vereiteln.

3. Entwickeln eines Feedback-Profils Wenn kein Soll-Profil mit den geforderten Competencies vorhanden ist, muss nun auf der Basis der Positionsziele und -aufgaben das Feedback-Profil erstellt werden. Es drückt sich anders als die Competencies nicht mit »Kann...«-Formulierungen aus, sondern eher mit solchen Formulierungen, die auf das tatsächliche Tun, Verhalten und Erreichen ausgerichtet sind. Die Formulierungen können wie folgt lauten: »Der Vorgesetzte führt regelmäßig Statusbesprechungen durch.« »Die Mitarbeiter fühlen sich von ihrer Führungskraft angemessen gefördert.« »Die Führungskraft erreicht mit ihrem Team kontinuierlich die vereinbarten Ziele.«

4. Entwickeln der Fragebögen Zunächst muss festgelegt werden, wer für welche Führungskraft befragt werden soll (Mitarbeiter, Vorgesetzte, Kunden, Kollegen). Anschließend werden die Elemente des Feedback-Profils danach gegliedert, wer dazu Auskunft geben kann. Dabei entsteht die Rohform der Fragebögen. Die den zu befragenden Personen zugeordneten Elemente des Feedback-Profils werden in Frageform umformuliert. So entstehen die Fragebögen jeweils für die Mitarbeiter, den Vorgesetzten, die Kunden, die Kollegen.

5. Information an die Teilnehmer der Aktion In der Regel müssen nun die fertigen Fragebögen den zu befragenden Personen noch einmal erklärt werden:

- Was sollen die einzelnen Fragen an Informationen bringen?
- Wie ist zu antworten?
- Welche Konsequenzen wird die Aktion für die betroffenen Führungskräfte haben?
- Wie ist der Datenschutz gesichert? Erfährt die jeweilige Führungskraft, von wem welche Antwort kam?

6. Datenerhebung Die Fragebögen werden verteilt und nach einer Frist von zwei bis drei Tagen beantwortet zurückgegeben. Die Antworten werden innerhalb von etwa zwei Wochen zu einem Gesamtbericht zusammengefasst.

7. Vorbereitung der Feedback-Gespräche Die betroffenen Führungskräfte erhalten jeweils ihren Gesamtbericht und bereiten sich auf das Gespräch mit Fachleuten aus dem Projektteam vor. Fremd- und Selbstwahrnehmung können verglichen werden. Ist das Ergebnis wie erwartet? Passen die Antworten der Befragten mit der Selbsteinschätzung zusammen? Wo sieht die Führungskraft selbst Weiterentwicklungsbedarf? Welche Ideen hat sie im Hinblick auf die persönliche Weiterentwicklung?

8. Feedback-Gespräch Jetzt ist zu beachten, dass es nicht Sinn eines 360-Grad-Feedbacks ist, eine Beurteilung zu erstellen, die dann mit guten oder schlechten »Noten« in der Personalakte verstauben soll. Es wäre demnach auch sinnlos, wenn es – wie im üblichen Beurteilungsverfahren – zwischen der betroffenen Führungskraft und dem Vorgesetzten zu einem Gefeilsche um die »Benotung« käme. Sinn des 360-Grad-Feedbacks ist es, individuell auf der Basis der Befragungsergebnisse Maßnahmen zur Weiterentwicklung zu vereinbaren.

Empfehlung: Das Feedback-Gespräch sollte nicht zwischen der betroffenen Führungskraft und ihrem Vorgesetzten stattfinden. Das würde immer zum traditionellen Beurteilen führen. Das Gespräch sollte immer mit einer Personalfachkraft aus dem Projektteam stattfinden. In der Regel finden externe Berater dabei höhere Akzeptanz als Mitarbeiter aus der eigenen Personalabteilung. Der eigene Vorgesetzte wird über die Ergebnisse und die Konsequenzen informiert.

Im Gespräch wird das weitere Vorgehen geplant, wie die betroffene Person dem idealen Feedback-Profil näher kommen kann. Gleichzeitig werden Meilensteine vereinbart, bis wann welche Entwicklungen und Fortschritte erkennbar sein müssen.

9. Nachbewertung Nach einem Zeitraum von etwa einem Jahr muss unbedingt für jede der betroffenen Führungskräfte geprüft werden:

- Was sollte erreicht werden?
- Was wurde an Weiterentwicklung erreicht?
- Was muss weiterhin geschehen?

Die Fragen an Vorgesetzte orientieren sich natürlich sehr stark am Erfolg der Führungskraft und ihres Bereiches. Werden die Ziele erreicht? Ist die Fluktuationsrate niedrig? Kommen aus dem Bereich gute Verbesserungsvorschläge? Weitere Fragen orientieren sich an der Mitarbeit im Hinblick auf die Unternehmensstrategie, auf die Sicherung am Markt.

Die Fragen an Kollegen haben ihren Schwerpunkt in der bereichsübergreifenden Zusammenarbeit, in der offenen Kommunikation und im Hinblick auf die interne Kundenorientierung.

Die Fragen an Kunden werden häufig ein wenig »getarnt«. Man

möchte nicht, dass Kunden das Verfahren missverstehen und sich dann eigene Gedanken machen, warum ein Unternehmen solch »merkwürdige« Fragen zu bestimmten Managern stellt. Deshalb wird der Kunde nach der Kundenorientierung, der Servicebereitschaft, der Qualität von Produkten und Dienstleistungen etc. gefragt. Intern weiß man dann sehr wohl, welche gute oder schlechte Bewertung wem zuzuordnen ist.

Die Fragen an die Mitarbeiter orientieren sich selbstverständlich sehr am Thema Führung.

Die Technik der Datenerhebung muss nicht nur über Papierformulare erfolgen. Man kann auch mit computergestützter Erfassung arbeiten oder auch mit moderierten Workshops.

Die Vorteile der Erfassung auf Papier liegen darin, dass das Verfahren einfach ist. Man kann den Bogen in aller Ruhe zum Beispiel auch zu Hause ausfüllen und dann anonym abgeben. Dieses Verfahren hat oft die höchste Akzeptanz, weil es den meisten Beteiligten aus anderen Projekten vertraut ist.

Der Vorteil der Erfassung am Computer liegt darin, dass man sich die manuelle Übertragung von Papier auf DV erspart. Auch die Berichte lassen sich leichter erstellen, wenn bereits alles DV-technisch erfasst ist. Allerdings misstrauen manche Beteiligten dem Verfahren. Sie befürchten, dass in der undurchschaubaren Technik irgendwo festgehalten wird, wer zu welcher Frage welche Antwort gegeben hat. Mitarbeiter gehen dann lieber »auf Nummer sicher« und »schönen« ihre Antworten.

Der Vorteil der moderierten Workshops liegt darin, dass die Führungskraft gemeinsam mit den Mitarbeitern offen über die Dinge spricht. Das funktioniert natürlich nur, wenn das Betriebsklima entsprechend von Vertrauen geprägt ist. Es funktioniert nicht, wenn per Corporate Identity oder Leitlinien oder anderen »Edel-Regeln« ein vertrauensvolles Klima lediglich verordnet wurde.

Wenn es in Ihrem Unternehmen nicht zu 360-Grad-Feedbacks oder auch nur zu Aufwärtsbeurteilungen kommt, dann sollten Sie wenigstens regelmäßig mit Ihren Mitarbeitern moderierte Workshops durchführen. Vermischen Sie dabei jedoch nicht Ihr Feedback an die Mitarbeiter mit dem der Mitarbeiter an Sie. Das gehört in zwei unterschiedliche Veranstaltungen!

Sollten Sie jedoch Empfindlichkeiten haben, wenn Mitarbeiter Ihre Unfehlbarkeit in Zweifel ziehen und Sie tatsächlich kritisieren, dann lassen Sie es lieber bleiben. Sie werden dann nie echtes Feedback bekommen. Die Mutigen werden Ihnen Dinge sagen, die Sie nicht hören wollen und zu Rechtfertigungen und womöglich Gegenangriffen anregen, die Feigen und diejenigen, denen es völlig egal ist, werden sich den Ärger nicht machen, Ihnen offenes Feedback zu geben. Die Schleimer werden Sie einseifen. Ob Sie als Führungskraft erfolgreich sind oder nicht, wird man an den Ergebnissen sehen. Was allerdings fehlt, sind frühzeitige Korrektive und konkrete Tipps für Sie, wie Sie sich steigern könnten.

4. Der Fragebogen für das Kollegen-Feedback

Wenn Ihre Kollegen den Fragebogen über Sie auszufüllen haben, dann können darin Fragen wie die folgenden stehen:

- In welchen Bereichen und in welchen Zusammenhängen arbeiten Sie mit .... zusammen?
- Wie häufig kommt die unmittelbare Zusammenarbeit vor?
- Wie sehen Sie die Qualität der Zusammenarbeit mit ....?
- Welche Erfolgsfaktoren erkennen Sie in der Zusammenarbeit mit ....?
- Wo und wie sollte die Zusammenarbeit verbessert werden?
- Wie sehen Sie die Nähe oder Distanz, Ähnlichkeit oder Unterschiede, Offenheit oder Abgrenzung zwischen .... und Ihnen?
- Wie sehen Sie .... im Führungsteam?
- Wie zuverlässig ist die Zusammenarbeit mit ....?
- Wendet .... bewusst Techniken der Zeitplanung und Priorisierung an?
- Fällt .... Entscheidungen nach sachbezogenen Prioritäten oder nach anderen Erwägungen?

- Bearbeitet .... Themen nach Gemeinsamkeiten auch bereichsübergreifend oder eher nach eigenen Bereichsinteressen?
- Behält .... auch bei Detailproblemen immer das große Ganze im Auge?
- Kann .... sich in Ihre Belange hineinversetzen?
- Lässt .... Kritik an sich zu? Lernt .... aus Kritik?
- Zeigt .... Bereitschaft zur Eigenveränderung?
- Zeigt .... einen hohen Anspruch an sich selbst?
- Treibt .... systembezogene Veränderungen in kooperativer Weise mit Ihnen und den Kollegen voran?
- Führt .... in festgefahrenen Situationen aktiv auf Kompromisse und akzeptable Zwischenlösungen hin?
- Bringt .... durch Dynamik, Optimismus und Lebendigkeit die Dinge voran? Oder anders?
- Begeistert .... andere für Ziele, Vorhaben, Veränderungen?
- Positioniert .... sich durch die persönliche Erscheinung und das eigene Auftreten erfolgreich?
- Nimmt .... in Gesprächen und auch in kontroversen Diskussionen die »feinen Untertöne« und Stimmungen wahr? Wie geht .... darauf ein?
- Richtet sich .... in der eigenen Argumentation an den Gesprächspartnern aus? Wenn nicht daran, woran dann?
- Stellt .... schwierige und komplexe Inhalte verständlich dar?
- Bringt .... Belange des eigenen Bereichs überzeugend und nachvollziehbar in die gemeinsame Arbeit und in Entscheidungsprozesse ein?
- Tritt .... schnell mit anderen in persönlichen Kontakt?
- Hält .... auch über einen längeren Zeitraum und auch im Stress des Tagesgeschäftes positive Beziehungen aufrecht?

Auch Ihre Kollegen werden, ähnlich wie Ihre Vorgesetzten, um eine Einschätzung Ihrer Führungsqualitäten gebeten.

- Führt .... die eigenen Mitarbeiter ziel- und ergebnisorientiert?
- Führt .... die Mitarbeiter so, dass Zeit, Ressourcen und Energie in Ergebnisqualität und Zielerreichung gesteckt werden?

- Bringt .... auch bei Schwierigkeiten und Widerständen die Mitarbeiter auf Zielkurs?
- Bindet .... die eigenen Mitarbeiter an sich und führt .... zu einem guten Teamzusammenhalt?
- Führt .... die eigenen Mitarbeiter zu bereichsübergreifender Zusammenarbeit mit Ihren Mitarbeitern?
- Gibt .... den eigenen Mitarbeitern innerhalb eines klaren Rahmens Orientierung?
- Delegiert .... Aufgaben und Verantwortungen sinnvoll?
- Motiviert .... die eigenen Mitarbeiter auch durch konstruktive Kritik?
- Ist .... auch für Kritik durch eigene oder andere Mitarbeiter offen?
- Übernimmt .... übergreifend für die Aktivitäten der eigenen Mitarbeiter Verantwortung?

Den Abschluss bilden meistens Fragen wie die folgenden:

- Was zeichnet .... Ihrer Meinung besonders aus?
- In welcher Weise sollte sich .... Ihrer Meinung nach weiterentwickeln?
- Welchen Rat würden Sie .... geben?

Je nach Formulierung der Fragen wird erwartet, dass mit ja oder nein, mit einer Bewertung von zum Beispiel –3 bis +3 oder auch mit einem Kommentar geantwortet wird.

Man kann sich vorstellen, dass ein Projekt zum 360-Grad-Feedback sehr sorgfältig eingeführt, erklärt und begleitet werden muss, wenn sinnvolle Ergebnisse und nicht nur vorsichtiges Taktieren dabei herauskommen sollen. Man kann sich auch vorstellen, dass selbst die vehementesten Vertreter der Ideologien von Teamorientierung, Offenheit und Kooperation zunächst einige inneren Barrieren zu überwinden haben, wenn sie sich vorstellen, dass Kollegen sich gegenseitig in dieser Weise beurteilen sollen.

Unter den Führungskollegen sollte das Feedback eigentlich nicht anonym sein. Man sollte meinen, dass man da voreinander die notwendige Offenheit mitbringt. Probleme gibt es jedoch häufig, wenn zwischen den Führungskräften große Altersunterschiede bestehen.

5. Der Fragebogen für das Mitarbeiter-Feedback

Die Fragen an die Mitarbeiter werden häufig gemäß der Erwartungen an deren verbale Fähigkeiten formuliert. Wenn es sich bei dem Team um sprachlich anspruchsvolle Personen handelt, dann wird bevorzugt die offene Frageform gewählt, damit man durch ausformulierte Antworten mehr Informationen erhält. Bei sprachlich weniger anspruchsvollen Mitarbeitern werden wohl eher Aussagen statt Fragen verwendet, und man kann von »stimmt sehr« über »stimmt teilweise« bis »stimmt nicht« ankreuzen. Natürlich muss auch dann Raum für Bemerkungen und weitere Erklärungen gegeben werden. Die Fragen an Ihre Mitarbeiter können sein:

1. Fühlen Sie sich entsprechend Ihren Fähigkeiten und Kenntnissen eingesetzt?
2. Glauben Sie, dass Ihre Führungskraft bei geschäftlichen Entscheidungen die Entwicklungen des Marktes und der Technik ausreichend berücksichtigt?
3. Steht Ihre Führungskraft zu Entscheidungen, die im Team gemeinsam getroffen wurden?
4. Glauben Sie, dass Sie sich auch mit persönlichen Problemen an Ihre Führungskraft wenden könnten?
5. Kommt es vor, dass Mitarbeiter vor Kollegen, Kunden oder anderen Personen kritisiert werden?
6. Bleibt Ihre Führungskraft auch in der Hektik und im Stress des Tagesgeschäftes immer noch höflich und fair?
7. Sorgt Ihre Führungskraft dafür, dass Sie alles an Informationen und Ressourcen bekommen, was Sie für Ihre Arbeit benötigen?
8. Halten Sie die Arbeitsziele, die mit Ihnen vereinbart wurden, für realistisch?

9. Gelingt es Ihrer Führungskraft, möglichen Problemen oder Hindernissen im Arbeitsprozess rechtzeitig vorzubeugen?
10. Trägt Ihre Führungskraft aktiv zu einer offenen Informationspolitik im Team und bereichsübergreifend bei?
11. Fühlen Sie sich persönlich motiviert durch Anerkennung und Förderung?
12. Schafft Ihre Führungskraft in Gesprächssituationen eine angenehme und entspannte Atmosphäre?
13. Fördert Ihre Führungskraft aktiv die bereichsübergreifende Zusammenarbeit?
14. Kommt es vor, dass Ihre Führungskraft sich übergangen fühlt und verärgert reagiert, wenn Sie oder Kollegen selbständige Entscheidungen treffen?
15. Glauben Sie, dass Ihre Führungskraft Vertrauen in Ihre Leistungsfähigkeit und Leistungsbereitschaft hat?
16. Haben Sie für Ihre Aufgaben einen ausreichend großen Handlungs- und Entscheidungsfreiraum?
17. Fördert Ihre Führungskraft Veränderungen und Verbesserungen der bisherigen Abläufe? Nimmt sie Vorschläge dazu von Ihnen und Ihren Kollegen an?
18. Fühlen Sie sich mit Ihren Aufgaben unter- oder überfordert?
19. Sorgt Ihre Führungskraft für regelmäßige Gespräche mit allen Mitarbeitern?
20. Lässt sich Ihre Führungskraft von Ihnen oder von Ihren Kollegen offen kritisieren?
21. Glauben Sie, dass Ihre Führungskraft alle Mitarbeiter fair behandelt und fördert? Werden Mitarbeiter bevorzugt oder benachteiligt?
22. Sorgt Ihre Führungskraft aktiv für Ihre Weiterqualifizierung?
23. Greift Ihre Führungskraft Ihrer Meinung nach zu schnell ein, wenn etwas nicht so läuft, wie sie selbst es für richtig hält?
24. Ist Ihre Führungskraft bei der Lösungsfindung auch offen für unkonventionelle und neuartige Vorschläge?
25. Reagiert Ihre Führungskraft Ihrer Meinung nach in angemessener Weise auf Fehler und Pannen?

26. Sorgt Ihre Führungskraft dafür, dass man aus Reklamationen und Pannen lernt, wie sie in Zukunft vermieden werden können?
27. Ist Ihre Führungskraft für Sie Vorbild? In welcher Hinsicht?
28. Ist die Kritik, die Sie von Ihrer Führungskraft bekommen, in der Regel konstruktiv und motiviert Sie, entsprechende Änderungen vorzunehmen?
29. Sorgt Ihre Führungskraft dafür, dass die Arbeit gleichmäßig auf alle verteilt wird?
30. Glauben Sie, dass Ihre Führungskraft selbst einen sinnvollen Arbeitsstil pflegt? Wendet sie Techniken des Zeit- und Selbstmanagements an?
31. Fördert Ihre Führungskraft den Einsatz von modernen Techniken wie E-Mail etc.?
32. Kommt es vor, dass Ihre Führungskraft in Zeiten hoher Arbeitsbelastung selbst mit anpackt und Dinge erledigt, die sie eigentlich nicht machen müsste?
33. Glauben Sie, dass Ihre Führungskraft menschlich und fachlich im Unternehmen und bei Kunden gut angesehen ist?
34. Glauben Sie, dass Ihre Führungskraft sich ausreichend um ihre eigene persönliche Weiterentwicklung bemüht?
35. Tut Ihre Führungskraft genug im Hinblick auf das Ansehen Ihres Bereichs im Unternehmen?
36. Können Sie sich darauf verlassen, dass Ihre Führungskraft auch in Konfliktfällen mit Außenstehenden zu Ihnen steht und Ihnen den Rücken stärkt?
37. Kommt es vor, dass Ihre Führungskraft Leistungen von Ihnen oder Ihren Kollegen als eigene ausgibt und damit Ihnen die persönlichen Erfolge streitig macht?
38. Sorgt Ihre Führungskraft in angemessener Weise für die gute Einarbeitung neuer Mitarbeiter?
39. Kümmert sich Ihre Führungskraft in angemessener Weise um Konflikte und zwischenmenschliche Probleme im Team?
40. Arbeiten Sie gerne mit dieser Führungskraft zusammen?

Zum Schluss sollen sich die Mitarbeiter zu folgenden Dingen äußern:
1. An meiner Führungskraft finde ich besonders gut, dass ....
   ....
2. Mir gefällt an meiner Führungskraft nicht, dass ....
   ....
3. Meiner Meinung nach sollte meine Führungskraft Folgendes ändern: ....
   ....

Man wird Sie natürlich nicht nach den Antworten eines Mitarbeiters beurteilen. Es kann immer sein, dass Sie einen Quertreiber im Team haben, der Ihre Kritik als vernichtend und Ihre Entscheidungsfindung als falsch wahrnimmt und auch sonst einiges auszusetzen hat. Das ist so. Damit muss man leben. Wenn sich jedoch zeigt, dass viele Ihrer Mitarbeiter diese Dinge so sehen, dann wird man kritisch hinterfragen, wie sich die Mitarbeiter-Feedbacks mit denen Ihrer Kollegen und Ihrer Vorgesetzten decken. Daraus ergeben sich dann zwangsläufig notwendige Konsequenzen im Hinblick auf Ihre Weiterqualifizierung. Dass Sie und Ihre Ergebnisse bei den Kunden »gut ankommen« müssen, ist ohnehin klar. Dabei kann bereits eine geäußerte Unzufriedenheit sehr kritisch gesehen werden.

Was nie passieren darf, ist eine Gegenwehr oder Rechtfertigung von Ihnen. Das sieht immer nach Kritikunfähigkeit, nach mangelnder Belastbarkeit und nach mangelnder Einsicht aus. Egal, was kommt, machen Sie immer deutlich, dass Sie sich intensiv und positiv mit dem Feedback auseinandersetzen werden. Das wirkt nicht nur gut, das wird Ihnen auch helfen, erfolgreicher zu werden.

Zeigen Sie jedoch auch kein zu eilfertiges Bedauern Ihrer vielen Unzulänglichkeiten. Vermeiden Sie alles, was vermuten ließe, dass Sie sich selbst für nicht gut genug halten. Vor allem Frauen neigen manchmal dazu, sich selbst aus falsch verstandener Bescheidenheit noch zusätzlich zu kritisieren. Das sieht nach Schwäche aus, nach Hilflosigkeit und Mangel an Selbstbewusstsein. Das wäre für eine Führungskraft fatal. Bleiben Sie sich immer Ihrer »Leader«-Rolle bewusst!

6. Nutzen Sie die Chancen, meiden Sie die Tücken

Sie wollen als Führungskraft erfolgreich sein. Dazu gehört, dass diejenigen, die mit Ihnen regelmäßig zusammenarbeiten, Sie auch als Erfolgspersönlichkeit wahrnehmen. Glauben Sie nicht, dass Ihre Kollegen und/oder Ihre Mitarbeiter Sie immer nur rein sachlich an dem messen, was Sie leisten und wie Sie sich verhalten. Vieles wird auch über längere Zeiträume hinweg verzerrt wahrgenommen. Mancher unangenehme Vorfall, mancher Disput kann sich langfristig so auswirken, dass man später Ihre guten Seiten als Führungskraft nicht mehr sehen kann oder will. Der Ärger über eine Sache kann sich so auswirken, dass man danach alles Negative an Ihrem Verhalten besonders deutlich und alles Positive kaum noch erkennt.

Gewöhnen Sie es sich deshalb grundsätzlich an, nach Konflikten und Reibereien immer den ersten Schritt zur Versöhnung zu tun. Das heißt nicht, dass Sie immer nachgeben sollen. Das heißt lediglich, dass Sie bei »Siegen« in Konflikten Ihren Triumph nicht sichtbar auskosten, sondern dem Verlierer stattdessen helfen, nicht das Gesicht zu verlieren. Als Verlierer sollten Sie nicht lange sichtbar grollen und auf Rache sinnen, sondern einen neuen gemeinsamen Anfang suchen. Im Konfliktfall sollten Sie immer um eine Einigung bemüht sein, die dem anderen auch einen Teilsieg lässt. Es nutzt Ihnen auf die Dauer nichts, wenn Sie zwar immer das letzte Wort behalten, aber die Kollegen oder Mitarbeiter gar keine Lust mehr haben, sich mit Ihnen auszutauschen, weil Sie aus jeder Meinungsverschiedenheit einen Kampf um Sieg und Niederlage machen.

Vor allem, wenn Sie in den typischen Konfliktbereichen wie Controlling und EDV tätig sind, sollten Sie immer wieder bewusst darauf achten, dass andere Sie trotz aller Meinungsverschiedenheiten als kooperativen Menschen wahrnehmen. Wenn Sie jedoch bereits zu der Erkenntnis gekommen sind, dass die anderen alle ahnungslose Idioten sind, dann werden Sie natürlich grundsätzlich stur auf Ihren Standpunkten beharren. Fragen Sie sich sehr kritisch: »Könnte man mich für rechthaberisch halten?« Sie können sich viele Fehler und Schwächen leisten. Rechthaberei ist für die Karriere fast immer das Ende.

Die mögliche Tücke im 360-Grad-Feedback kann durchaus darin liegen, dass in Zeiten des allgemeinen Abbaus von Personal, ganzen Abteilungen und natürlich auch Führungskräften dieses Instrument benutzt wird, um Personen, die man nicht mehr unbedingt an das Unternehmen binden will (um es mal vorsichtig auszudrücken), auszubooten. Die Vorgesetzten der Führungskräfte haben dann etwas in der Hand, was Schwächen deutlich markiert. Und die Vorgesetzten können sich darauf berufen, dass nicht sie selbst es sind, die diese Schwächen »anprangern«. Das ist alles höchst teamorientiert und kooperativ unter gleichrangigen Kollegen und mit den zu führenden Mitarbeitern passiert.

Diese Tücke sollten Sie nicht unterschätzen! Was können Sie dagegen tun? Im Grunde nichts. Sie sollten immer davon ausgehen, dass ein Unternehmen, welches sich für ein Projekt zum 360-Grad-Feedback entscheidet, dafür Gründe hat, die nicht nur im Wunsch nach Verbesserungen und Steigerungen liegen. Fast immer steht auch der Wunsch nach »Entsorgung« von Führungskräften dahinter, die man nicht mehr braucht oder gerne ersetzen möchte. Das wird natürlich Ihnen und Ihren Kollegen nicht offen mitgeteilt, das wird jedoch sehr offen mit den externen Personalberatern, die man mit dem Projekt betraut, besprochen. Dann fallen auch Namen. Seien Sie jedoch nicht zu besorgt. Wahrscheinlich haben Sie selbst ein gutes Gespür dafür, wie man Sie sieht, ob man Sie mit dem Projekt fördern oder »in die Ecke stellen« will. Der Nutzen eines solchen Projektes ist immer, dass Sie recht genau erfahren, wo in den Augen der anderen – und die sehen es oft klarer als Sie! – Ihre Entwicklungspotentiale liegen.

Anders als beim Assessment Center oder bei anderen Verfahren der Personalauswahl können Sie sich beim 360-Grad-Feedback nicht schauspielerisch verstellen oder gezielt vorbereiten. Dafür kennen diejenigen, die Ihnen Feedback geben sollen, Sie aus der täglichen Praxis viel zu gut.

Empfehlung: Versetzen Sie sich in die Rolle einzelner Kollegen und Mitarbeiter und schreiben Sie zu den Fragen auf, was Ihrer Meinung nach die anderen vermutlich über Sie schreiben würden. Machen Sie das nicht erst, wenn ein 360-Grad-Feedback ansteht. Machen Sie es am besten gleich jetzt. Leiten Sie daraus für sich ab, was Sie in Zukunft anders und besser machen sollten.

Diese Übung sollten Sie jährlich wiederholen. So disziplinieren Sie sich selbst und achten viel bewusster auf Ihr Verhalten und Ihren Arbeitsstil. So sind Sie dann auch am besten gerüstet, sollte in Ihrem Unternehmen eines Tages ein Projekt zum 360-Grad-Feedback durchgeführt werden. Im Vergleich zu Ihren Kollegen – die ja immer auch Karrierekonkurrenten sind! – haben Sie dann einen guten Vorsprung.

Kapitel 7

Das Sagen haben und sich Gehör verschaffen

1. Führungsakzeptanz – Führen und »Gefolgschaft«

Führen bedeutet auch, dass es eine »Gefolgschaft« gibt, die sich führen lässt. Vor allem hoch qualifizierte Fachleute, die Experten ihres Sachgebietes sind, könnten jederzeit ihre Führungskraft, die ja nicht Fachexperte sein muss, »voll ins Messer laufen« lassen. Je besser Mitarbeiter qualifiziert sind, desto höher sind auch ihre Ansprüche an die Führungskraft. Sie dulden nicht, dass man ihnen eine Person »vor die Nase setzt«, die sie in ihrer Führungsrolle nicht akzeptieren.

Sie können sich in Ihrer Führungsrolle heute nicht mehr auf eine durch die Position institutionalisierte Autorität berufen. Sie müssen natürliche Autorität haben. Sie müssen in Ihrer »Leaderqualifikation« von den Fachexperten anerkannt werden.

Ihre Mitarbeiter wollen in Ihnen nicht einen weiteren Experten sehen, sondern eine Person, die die Dinge im Griff hat, die den Überblick über das Gesamte behält und steuern kann. Man wird Sie unter folgenden Aspekten kritisch betrachten:

1. Wissen Sie brauchen kein Expertenwissen, sondern Generalistenwissen, Branchenwissen, Allgemeinbildung und die Fähigkeit, schnell an notwendiges Wissen heranzukommen und es sinnvoll zu nutzen. Darüber hinaus brauchen Sie auch ein breites Allgemeinwissen. Stürzen Sie sich niemals so intensiv in die Arbeit, dass Ihnen keine Zeit mehr bleibt für Lektüre und Aufnahme von Neuem aus den Medien. Mangelndes Wissen macht Sie in den Augen Ihrer Mitarbeiter lächerlich. Es geht nicht an, dass Sie nur noch die Interna des Unternehmens, die Regeln des Golfplatzes und die Namen teurer Weine kennen. Halten Sie sich politisch, kulturell und in den technischen Entwicklungen auch auf dem Laufenden.

2. Intelligenz Sie müssen Probleme lösen können. Sie müssen Chancen erkennen und Ziele auch gegen Widerstand zum Beispiel im Unternehmen durchsetzen können. Ihre Mitarbeiter sehen es sehr kritisch, wenn Sie nicht in der Lage sind, intelligent – und erfolgreich – in der Führungsriege des Unternehmens für die Belange des eigenen Bereiches zu kämpfen oder auch im Hintergrund geschickt agieren zu können. Mangelnde Intelligenz macht Sie in den Augen Ihrer Mitarbeiter zu einer peinlichen Figur. Man vergleicht Sie mit den anderen Führungskräften und will auf keinen Fall einer Person hierarchisch untergeordnet sein, die ständig von intelligenteren Führungskräften zum Verlierer gemacht wird.

3. Einstellungen und Weltbild Ihre Mitarbeiter haben sehr feine Antennen dafür, was und wie Sie denken. Menschenverachtende Äußerungen über Kunden, Mitarbeiter anderer Bereiche, Menschen anderer Kulturen, Frauen, Homosexuelle etc. wird man vielleicht kommentarlos zur Kenntnis nehmen, aber niemals zu Ihren Gunsten auslegen. So sensibel sind Ihre Mitarbeiter – vor allem, wenn sie hoch qualifiziert sind – durchaus, dass sie Schäbigkeiten und geistige Schmuddelneigungen erkennen.

Ganz besonders sensibel reagieren Mitarbeiter darauf, wenn sie wittern, dass die eigene Führungskraft sich menschlich über sie erhebt, in ihnen nur noch »atmende Leistungsträger« sieht und keine gleichwertigen Partner. Seien Sie vorsichtig mit traditionellen Sichtweisen von »oben« und »unten« in der Hierarchie. Top-Experten sehen sich noch lange nicht »unter« Ihnen, wenn sie sich von Ihnen führen lassen. Sie haben inzwischen sehr wohl auch verstanden, dass der Trend zu zwei gleichwertigen Karrierealternativen geht: Expertenlaufbahn oder Führungslaufbahn.

Wenn Sie zu erkennen geben, dass Sie »Unterordnung« erwarten, dann kann das für Ihren Führungserfolg fatal sein. Diese innere Einstellung kann sich in gedankenlos hingesprochenen Formulierungen äußern wie: »Meine Leute und ich...« »Mein Team und ich...«

Mitarbeiter erkennen auch sehr feinfühlig, ob Sie die Strategien und Änderungen in der Unternehmensentwicklung mit tragen. Identifizieren Sie sich selbst mit dem Leitbild, der Kundenorientierung, dem Zielvereinbarungssystem, den neuen Strukturen...?

4. Entscheiden Als Führungskraft sind Sie Entscheidungsträger. Das kann Sie in die manchmal widersprüchliche Lage bringen, dass Ihre Mitarbeiter einerseits von Ihnen Entscheidungen und auch die Übernahme der Verantwortung dafür verlangen, andererseits jedoch mitentscheiden wollen. Das müssen Sie unter einen Hut bringen. Wenn Sie einsame Entscheidungen wie ein traditioneller Chef treffen, fühlen sich die Mitarbeiter, die vieles sachlich ohnehin besser beurteilen können als Sie, entmündigt und rächen sich durch stilles Umgehen und Boykottieren dafür. Wenn Sie jedoch umgekehrt jede offene Entscheidung in endlosen Teamsitzungen breitreden lassen und womöglich das endlose Hin und Her an Argumenten schließlich durch »demokratische« Abstimmungen beenden, dann fragt man sich, wozu man überhaupt eine Führungskraft braucht.

Wenn Sie selbst entscheidungsscheu sind, gelten Sie auch als handlungsschwach. Meistens liegt bei entscheidungsscheuen Führungskräften einer von zwei Gründen vor, die in der Persönlichkeit angelegt sind. Der erste Grund ist die innere Neigung zum Perfektionismus. Man kann nicht entscheiden aus Angst, eine Fehlentscheidung zu treffen. »Alle meine Entscheidungen müssen richtig sein!« So lautet die innere Maxime des Perfektionisten. Also fällt er keine Entscheidung, sondern ordnet weitere Analysen, Untersuchungen und Beweisführungen an. Richtiger wäre die Einstellung: »Ich muss mich um eine gute Entscheidung bemühen.«

Der zweite Grund ist die innere Angst, sich unbeliebt zu machen. »Ich will, dass alle mir zustimmen.« Das ist die innere Maxime des Anerkennungssüchtigen. Wenn er Angst vor Mächtigen hat, wird er keine Entscheidung ohne Genehmigung durch eigene Vorgesetzte treffen. Wenn er Angst vor Liebesentzug durch die Mitarbeiter hat, wird er sich und den anderen die Zeit mit endlosen Teamtreffen stehlen und darauf hoffen, dass man jedes Problem so lange bereden kann, bis alle einer Meinung sind. Das soll dann die Entscheidung sein, die er treffen wird. Die bessere Einstellung wäre: »Ich muss mich darum bemühen, andere von meiner Entscheidung zu überzeugen.«

5. Handeln Für die Bereitschaft zum Handeln gilt Ähnliches wie für die Bereitschaft zur Entscheidung. Hinzu kommt, dass die Mitarbeiter auch beobachten, ob Sie zu den Menschen gehören, die vor dem zupackenden Handeln erst noch endlos planen oder unwichtige Miniaufgaben erledigen. Manche Führungskraft verbringt Stunden des Tages mit dem Lesen von Rundschreiben, Aktennotizen, Arbeitsanweisungen, Protokollen etc. Dieser lähmende Lesezwang ist immer ein Zeichen von Handlungsunfähigkeit.

In vielen Unternehmen werden die Führungskräfte mit Papier »zugemüllt«. Manche versacken in dem, was sie angeblich alles lesen müssen. Andere schaufeln sich frei und bleiben handlungsfähig.

Man beobachtet auch, was Sie eigentlich im Laufe des Tages tun. Folgende Handlungsschwächen werden sehr negativ gesehen:

- ständiges Herumwandern und die Zeit mit Mitarbeitern verplaudern, weil das angeblich die menschliche Wärme im Team steigert,
- ständiges Herumsitzen in Geschäftsessen, Meetings und Konferenzen,
- Zeit mit Kleinkram vertrödeln wie persönliches Zusammenstellen von Mailingadressen, Sauberkeitskontrollen in den Büros etc.,
- sich autistisch ins eigene Büro zurückziehen und mit Management-Tools am PC spielen, Pläne schmieden, Statistiken entwickeln, Reisekostenabrechnungen prüfen oder die Rechtschreibung in den Schriftstücken der Sekretärin kontrollieren etc.

Mangelndes Handeln ist der eine Grund, der zur Aberkennung der »Leader«-Qualifikation führt. Blinder Aktionismus, Hektik und Schnellschüsse ist der andere. Man sieht es sehr genau, ob Sie zielgerecht, nutzenorientiert und mit angemessenem Zeiteinsatz Ihre Aufgaben erledigen.

6. **Auftreten** Bei Tieren ist es sehr einfach, das »Alpha-Tier« zu erkennen. Es ist oft größer und kräftiger als die anderen. Häufig ist es auch noch in Jugendbanden der Fall, dass der Stärkste das Sagen hat. Das gilt nicht mehr so eindeutig in den Unternehmen. Trotzdem reagieren wir Menschen noch sehr instinktiv. Wenn Sie körperlich groß sind, ist es für Sie viel leichter, sich als Führungskraft durchzusetzen, als für kleinere Kollegen. Sie müssen auch durch die Art Ihres Auftretens, durch Ihre körperliche Präsenz Ihren Führungsanspruch zeigen. Menschen nehmen durch das, was sie sehen wahr, ob Sie kraftvoll und selbstbewusst wirken oder eher schüchtern, zurückhaltend oder gar unsicher. Nicht von ungefähr sagen wir auch heute noch: »Zu dem kann ich (nicht) *auf*schauen.«

Bill Clinton hat »Siegergesten« einstudiert. Auch in unserem Land erkennen Manager zunehmend, dass es ihnen leichter fällt, sich vor anderen in ihrer Rolle zu behaupten, wenn sie es bewusst gelernt haben, wie ein »Alpha-Tier« aufzutreten.

Vor allem wenn Sie nicht sehr groß sind, eine leise Stimme haben, vom Typ her wenig temperamentvoll und/oder eine Frau sind, kann es sein, dass man Sie als zu unscheinbar wahrnimmt oder sogar übersieht. Für eine Expertenlaufbahn kann es in Ordnung sein, wenn man vergeistigt, bescheiden und unscheinbar auftritt. Für eine Führungslaufbahn ist das fast unmöglich!

Der Sozialwissenschaftler Renato Tagiuri von der Harvard Business School hat sich über Jahre mit der Frage befasst, was eigentlich eine Führungskraft ausmacht, die von zum Teil fachlich wesentlich höher qualifizierten Mitarbeitern in ihrer Rolle akzeptiert wird. Dabei ist er zu dem Ergebnis gekommen, dass es für die Mitarbeiter wesentlich um das täglich zu beobachtende Verhalten geht und weniger um theoretische Vorstellungen, was einen »Leader« ausmacht. Nach Professor Tagiuri sind es folgende Merkmale des täglichen Verhaltens:

1. Die erfolgreiche Führungskraft erkennt, was (nicht wie!) zu tun ist.
2. Sie lässt sich von den Mitarbeitern fachlich beraten, wie bei der Aufgabenbewältigung oder bei Projekten vorzugehen ist.

3. Sie vereinbart klare Qualitäts- und Bewertungsmaßstäbe für die Ergebnisse.
4. Sie ordnet Aufgaben und Verantwortungen eindeutig den Personen zu.
5. Sie versorgt die Mitarbeiter mit den notwendigen Ressourcen und hält ihnen den Rücken für ihre Arbeit frei.
6. Sie beurteilt die erreichten Ergebnisse und belohnt Leistungen.
7. Erfolgreiche Mitarbeiter erhalten sofort Rückmeldungen.
8. Sie vermeidet persönliche Freundschaften mit Mitarbeitern.
9. Sie kann eigene Fehler und Irrtümer zugeben und verzichtet auf Lügen und Beschönigungen.
10. Sie delegiert niemals Entscheidungen, die sie selbst zu fällen und zu verantworten hat.

Laut Forschungsergebnissen kann eine Führungskraft bereits scheitern, wenn sie nur einen Aspekt dieser 10-Punkte-Liste vernachlässigt.

2. Charisma als »Leader«-Competency?

Was Charisma eigentlich genau ist, kann man schwer sagen. Man spürt es jedoch sofort, wenn eine Person »es« hat. Charismatische Menschen ziehen Blicke auf sich, auch wenn sie nichts Aufsehenerregendes tun oder sagen.

Wenn Sie noch einmal an Ihre Schulzeit zurückdenken, werden Sie feststellen, dass Sie manche Ihrer Klassenkameraden und Ihrer Lehrer längst vergessen haben. Das waren die »blassen« Personen. Andere blieben Ihnen im Gedächtnis. Vielleicht werden Sie sich an den einen oder anderen noch im Alter erinnern. Mit hoher Wahrscheinlichkeit waren das Personen mit Charisma.

Charismatische Menschen fallen demnach nicht nur im Moment auf, sie hinterlassen oft auch einen bleibenden Eindruck. Ein weiteres typisches Merkmal für charismatische Menschen ist, dass sie einen hohen Einfluss auf andere ausüben. Sie können das Verhalten, die

Gefühle und die Werthaltungen anderer beeinflussen. Charismatische Menschen faszinieren. Sie haben eine Ausstrahlung von Tatkraft, Dynamik, Optimismus, Begeisterung, Wissen, Mut... Ob sie auch selber innerlich so fühlen, ist eine ganz andere Sache. Aber sie vermitteln nach außen diesen Eindruck.

Sektenprediger, Parteigründer oder auch Diktatoren verfügen manchmal über so viel Charisma, dass sie in ihren Reden den plattesten Unsinn von sich geben können, sie finden trotzdem jubelnde Anhänger, die sich und ihr Geld für das Anliegen ihres »Gurus« oder »Führers« opfern. Charisma kann demnach auch für persönliche Machtgelüste, Eitelkeiten und Gier missbraucht werden. Dann wird Charisma zur dämonischen oder diabolischen Ausstrahlung, zum Blendwerk, zur Verführung derer, die sich nach Selbstaufgabe sehnen.

Dass charismatische Menschen leichter auf sich aufmerksam machen können als die blassen und unscheinbaren, ist klar. Sie können auch leichter als diese Anhänger um sich scharen und beeinflussen.

Immer wieder hört man den Ruf, dass man charismatische Führungskräfte braucht. Vor allem, wenn bisher eher als »Beamtenapparate« geführte Unternehmen wie die Post, die Bahn oder die AOK sich dem Wettbewerb der »freien Marktwirtschaft« stellen müssen, erwartet man, dass charismatische Führungskräfte die Mitarbeiter aus ihrer gewohnten Lethargie zu kunden- und wettbewerbsorientierten Begeisterung führen. Von charismatischen Führungskräften erhofft man sich, dass sie

- Visionen und positive Zukunftserwartungen vermitteln;
- die Mitarbeiter begeistern, inspirieren und dadurch zu mehr Engagement anregen;
- die Werte und inneren Haltungen der Mitarbeiter im Sinne der Unternehmensziele beeinflussen;
- begeisterte Mitarbeiter dauerhaft an sich binden;
- fortschrittliche und radikale Änderungen und Entwicklungen durchsetzen;
- auch bei Krisen und in Umbruchsituationen für Optimismus und Erfolgswillen sorgen.

Tatsächlich ist es so, dass in Krisen- und Umbruchsituationen die charismatischen Führungskräfte gebraucht werden, um der Hoffnungslosigkeit und Demotivation der Mitarbeiter entgegenzuwirken. Charismatiker geben Hoffnung, ermutigen und begeistern.

Auf der anderen Seite geht Charisma fast immer auch mit einer Entmündigung der Geführten einher. Dass diese sich manchmal gerne entmündigen lassen, sehen wir an Sektenführern. An Sekten können wir auch das Phänomen erkennen, dass sich sogar sehr gut ausgebildete und intelligente Menschen in emotionale Abhängigkeit begeben, die ein Außenstehender nicht immer nachvollziehen kann.

Charismatische Führer sprechen bei ihrer »Gefolgschaft« nicht den Verstand an. Sie zielen auf die Gefühle. Sie wollen ihre Anhänger durch Begeisterung anfeuern und nicht durch sachliche Überzeugungslogik. So kann es passieren, dass ein handfester Geschäftsführer mit glänzenden Augen einer indisch gekleideten »Managementtrainerin« nicht nur sein Vermögen überlässt, sondern sich auch auf sonderbarste Riten bei Kerzenlicht und Räucherstäbchen einlässt. Das muss nicht verwerflich sein, kann jedoch in glatter Verführung und Benebelung des Verstandes enden.

Manche Unternehmensgründer verfügen über starke charismatische Ausstrahlung. Das ist Teil ihres Erfolgsgeheimnisses. Sie binden eine Schar von begeisterten Mitarbeitern an sich, die auch in der Anfangsphase des Unternehmens, wenn noch lange kein wirtschaftlicher Erfolg in Sicht ist, voll für die Sache da sind. Die Mitarbeiter machen Überstunden, verzichten auf angemessene Gehälter und stellen begeistert ihr Privatleben und ihre eigenen Ziele in den Hintergrund.

Die Probleme zeigen sich oft erst Jahre später. Der charismatische Firmengründer wird alt, kann jedoch neben sich keinen ebenso charismatischen Nachfolger dulden. Es ist typisch für Charismatiker, dass sie nur treue Anhänger und Jasager um sich scharen. Sie verlangen von ihren Anhängern die völlige Unterwerfung und verachten sie gleichzeitig dafür. Auf Kritik reagieren sie empfindlich bis aggressiv. Kein Wunder, dass die kritisch Distanzierten und diejenigen, die selbst mit Charisma gesegnet sind, sich vom Firmengründer zurückziehen, wenn sie langsam anfangen, an ihrer Karriere zu arbeiten. So steht der alte Gründer oft noch bis ins hohe Alter an der Spitze des Unternehmens und kann nicht abgeben, weil er um sich herum nur lahme »Nieten«, »Buchhaltertypen« und »Weichlinge« sieht. Die eigenen Söhne oder Töchter haben sich entweder längst eine eigene Karriere woanders aufgebaut oder sind selbst so blass, pedantisch und farblos wie die Manager, die der alte Vater um sich versammelt hat.

Das vielgepriesene Charisma hat demnach sehr wohl seine Schattenseiten. Andererseits ist es für Ihre persönliche Karriere auch nicht gut, wenn Sie gar kein Charisma haben. Leider ist diese Ausstrahlung angeboren. Man hat es oder hat es nicht. Die Seminare zur Entwicklung von charismatischer Ausstrahlung sind zwar gut gebucht, verändern jedoch wenig. Noch nie ist jemand als Blasser in ein solches Seminar hinein- und als charismatischer Strahler wieder hinausgegangen.

Was Sie sehr wohl für sich tun können, ist die bewusste Arbeit an Ihrer persönlichen Ausstrahlung. Selbst wenn man nicht mit Charisma ausgestattet ist, muss man nicht blass und unscheinbar bleiben. Arbeiten Sie an folgenden Dingen:

- Entwickeln Sie selbst eine positive und zukunftsorientierte innere Haltung. Die Techniken des »positiven Denkens« können Ihnen dabei helfen. (Vorsicht, dass Sie dabei nicht selbst einem »Guru« auf den Leim gehen!)
- Achten Sie auf Ihre Rhetorik. Üben Sie sich in der Kunst der »Chefsprache«.
- Achten Sie auf das, was andere Menschen äußerlich an Ihnen wahrnehmen. Schmücken Sie sich mit den »Häuptlingsfedern« Ihres Berufsstandes oder Ihres Unternehmens.
- Fördern Sie Ihre Tatkraft und Dynamik. Gewöhnen Sie sich Aufschieberitis, Detailbesessenheit und Neigungen zu schwerblütigem Grübeln ab.
- Stellen Sie sich selbst als »Sieger« dar, der auch in Zukunft vom eigenen Erfolg ausgeht.
- Pflegen Sie gute Beziehungen, machen Sie jedoch immer auch klar,

dass Sie über »Biss« verfügen. Merksatz: »Lächeln heißt auch: Zähne zeigen.«
- Erkämpfen Sie sich wie ein »Platzhirsch« Ihren eigenen Kompetenzbereich als »Revier«.

3. Chefsprache – das Sagen haben

Wir kennen aus dem täglichen Sprachgebrauch die Redewendung, dass jemand »das Sagen« hat. Das bedeutet, dass die betreffende Person anderen Anweisungen oder auch Befehle geben kann. Auf die Personen, die »das Sagen« haben, müssen die anderen »hören«, sie müssen ihnen »gehorchen«. Von Menschen, die sich durchsetzen können, sagt man, dass sie sich »Gehör verschaffen«. Von einem, der sich nicht durchsetzen kann, sondern unterordnen muss, sagt man: »Der hat hier nichts zu sagen.« Wenn wir eine Person in ihren Anforderungen anmaßend finden, dann wehren wir zum Beispiel mit folgendem Hinweis ab: »Sie haben mir gar nichts zu sagen!«

Die Schauspielerin Adele Sandrock hat immer wieder resolute Damen und Hausherrinnen gespielt. In einer ihrer unvergesslichen Rollen empört sie sich darüber, dass es jemand wagt, laut zu werden. Sie sagt: »In diesem Hause schreie nur ich!« In dem Film soll es natürlich ein »Gag« sein. In der täglichen Arbeitspraxis wissen wir, dass das Recht auf Lautstärke auch ein Statussymbol ist. Bei Vorstandsmitgliedern, Geschäftsführern und anderen Vorgesetzten kann man es durchaus erleben, dass sie hemmungslos ihre Untergebenen mit der Stimme niedermachen oder lauthals ihren Frust über misslungene Geschäftsabschlüsse loswerden. Das mag schlechter Stil sein, kann ihnen jedoch keiner verwehren. Bewusst oder unbewusst nehmen sie sich das Recht, ihre Macht auch über Lautstärke zu demonstrieren.

»Das Sagen haben« bedeutet nicht immer nur Lautstärke. Im Gegenteil, manche Führungskraft spricht sogar absichtlich so leise, dass die anderen sich sehr anstrengen müssen, sie überhaupt zu verstehen. Verstehen müssen sie die Führungskraft, sonst könnten sie ja nicht »gehorchen«.

Wenn Sie noch recht weit unten auf der Karriereleiter stehen, dürfen Sie auf keinen Fall so laut werden, dass Sie damit Ihren Vorgesetzten übertönen. Er könnte sich sonst in seinem Status angegriffen fühlen und Sie »mundtot« machen. Sie dürfen jedoch auch nicht zu leise sprechen. Eine leise Stimme ist erst dann ein Statussymbol, wenn andere gezwungen sind, darauf zu hören. Solange Ihnen noch niemand »gehorchen« muss, signalisiert eine leise Stimme, dass Sie sich nicht »Gehör verschaffen« können.

Das Stimmvolumen ist nur ein Aspekt der »Chefsprache«. Auch der Satzbau und die Formulierungen drücken Status und Macht aus. Sie haben es sicherlich schon oft erlebt, dass Sie an dem Wortschwall eines Menschen dessen Unsicherheit erkannt haben. Vor allem beim Lügen, Verheimlichen und Herausreden werden oft viel zu viele Worte gemacht. Man »redet sich um Kopf und Kragen«. Selbstsicherheit oder ein reines Gewissen drücken sich in knapperen Sätzen aus. Langwieriges Herumreden und abschweifende Ausführungen kennt man auch von Menschen, die zwar sachlich und fachlich viel wissen, jedoch keinen Sinn für Prioritäten haben. Endlos kommen sie vom »Hölzchen aufs Stöckchen«, aber nicht zum Kern der Sache. Die Fähigkeit, auch komplexe Sachverhalte kurz und klar zu formulieren, zeichnet solche Menschen aus, die den Überblick behalten und die Prioritäten erkennen.

Die Chefsprache zeichnet sich demnach auch durch Kürze und Prägnanz aus. Experten oder Sachbearbeiter ergehen sich stattdessen im Detail und haben immer noch den Eindruck, dieses oder jenes müsse unbedingt hinzugefügt werden, damit die Sache komplett zur Sprache kommt.

Ein weiteres Merkmal ist die Melodie oder auch der Ton, der die »Musik« macht. Die Chefsprache hat einen festen Ton, wechselt in der Lautstärke und in den Betonungen, wird jedoch niemals »melodiös«. Außerdem hört sie sich auch bei Bitten oder Vorschlägen immer noch ein wenig nach Befehlston an. Der andere hört zwar, dass es sich um eine Bitte handelt, hält es jedoch auf keinen Fall für ratsam, diese Bitte abzuschlagen. Man hört es der Chefsprache an, dass nur aus Höflichkeit Bitten ausgesprochen werden, dass es sich in Wahrheit jedoch um klare Anweisungen handelt.

»Herr Müller, machen Sie bitte heute noch das Angebot für Winkelmann und Co. fertig.« In der Chefsprache hört man klar die Anweisung heraus. Die Wörter »Sie«, »heute«, »Winkelmann und Co.« oder »fertig« könnten betont sein. Herr Müller weiß dann, dass es nicht gut für ihn wäre, dieser »Bitte« nicht nachzukommen.

Wer nicht in der Chefsprache spricht, würde die gleiche Bitte mit einem leicht fragenden Unterton oder wie einen Appell aussprechen. Die Betonung wäre auf dem »bitte« oder der ganze Satz wäre leicht gedehnt ausgesprochen. Hinzu käme noch ein bittender Blick in Müllers Augen. Herr Müller würde überlegen, ob es ihm heute noch in die Planung passt, das Angebot zu machen. Wenn er es tut, hat er dem Bittenden einen Gefallen getan. Wenn nicht, hat der Bittende Pech gehabt.

Qualifizierte Mitarbeiter lassen sich einen Befehlston oder Unhöflichkeiten nicht gefallen. In unserer demokratischen Gesellschaft will man auch vom Vorgesetzten in wertschätzender Weise angesprochen werden. Aber die feinen, kaum hörbaren Unterschiede zwischen den Worten einer Führungskraft, die sich mit ihrer Chefsprache Gehör verschaffen kann, und einer Führungskraft, die an ihre Mitarbeiter appelliert, die werden – oft unbewusst – wahrgenommen. Daraus leiten – ebenfalls meist unbewusst – die Mitarbeiter für sich die Entscheidung ab, ob sie sich von der betreffenden Person »etwas sagen lassen« oder nicht. Trainieren Sie Ihre Chefsprache:

1. Üben Sie sich in der Lautstärke und im Stimmvolumen. Atmen Sie tief ein. Beim Ausatmen summen Sie ein möglichst langes und lautes S. Trainieren Sie auch mit F, M, N, R, A, E, I, O, U.

2. Üben Sie sich in höflichen Anweisungen. Formulieren Sie Bitten an andere und wechseln Sie jeweils von Wort zu Wort die Betonung.

3. Üben Sie sich in Prägnanz. Lesen Sie einen Zeitungsartikel und fassen Sie dann in einem Satz die Kernaussage zusammen. Dieser Satz hat maximal einen Nebensatz oder maximal zehn Wörter.

Achten Sie in Konferenzen und Meetings der Führungsriege auf Folgendes:

- Setzen Sie sich so, dass Sie im Blickfeld von Ranghöheren sind.
- Mischen Sie sich in die Diskussionen ein und lassen Sie es nicht zu, dass man während Ihrer Wortbeiträge tuschelt. Sprechen Sie die betreffenden Kollegen notfalls an.
- Beginnen Sie Ihre Wortbeiträge niemals mit Formulierungen wie: »Ich hätte da noch eine Frage.« »Ich möchte dazu noch etwas sagen.« »Wenn ich mal etwas anmerken dürfte...« »Tut mir leid, aber...« »Entschuldigen Sie, dass ich...«
- Keiner Ihrer Wortbeiträge sollte länger als drei bis maximal fünf Sätze sein. Monologe klingen nach Sachbearbeitermentalität und konfusem Denken.

4. Die modernen Häuptlingsfedern und unsere uralten Instinkte

Vor allem, wenn Sie selbst ein sehr rational denkender Mensch sind, kann es Ihnen schwer fallen, sich in die folgenden Ausführungen hineinzudenken. Im Interesse Ihres Führungserfolgs sollten Sie es trotzdem versuchen. Machen Sie sich bewusst, dass die meisten Menschen sehr viel mehr über Instinkte und Gefühle gesteuert sind als über reine Logik und Vernunft. Dazu gehört auch, ob andere Sie rein gefühlsmäßig als Führungspersönlichkeit wahrnehmen oder nicht. Ihr Name an einer bestimmten Stelle im Organigramm reicht dafür nicht aus.

Wir Menschen werden von entwicklungsgeschichtlich uralten Instinkten immer noch stark beeinflusst. Einer dieser Instinkte führt dazu, dass wir das Bedürfnis haben, zu der Person »aufzuschauen«, der wir »untergeordnet« sind. Alles Reden von der kooperativen und partnerschaftlichen Führung, von der Gleichwertigkeit der Expertenlaufbahn etc. kann letztlich nicht verhehlen, dass eine Führungsperson den Menschen »übergeordnet« ist, die von ihr zu führen sind.

Schauen Sie sich die Tierwelt an. Dort ist in sozialen Gefügen von

Rudeln oder Herden eine klare Rangordnung zu erkennen. Das Leittier ist das Tier, welches sich durch Rangkämpfe gegenüber anderen durchsetzen konnte. Diesem Leittier folgt die Herde, diesem Leittier ordnet das Rudel sich unter. Da das »Alpha-Tier« sich seine Position erkämpfen muss, ist es in der Regel deutlich stärker und größer als die anderen. In vielen Tiergesellschaften reicht die körperliche Überlegenheit nicht aus, den Status als »Alpha-Tier« zu sichern. Zum Beispiel bei vielen Affenarten sucht sich der Rudelführer gerne einen erhöhten Platz, von dem aus er mehr überblicken kann als die anderen, an dem die anderen ihn auch immer sehen können, wenn sie »aufschauen«. Das kann im Baum ein höherer Ast oder im Gelände ein höherer Felsen sein. Schauen Sie sich im Zoo ruhig einmal den Affenfelsen an.

Übertragen Sie das Bestreben nach der »höheren Position« auf uns Menschen. In traditionellen Kirchen steigt der Pfarrer zum Predigen auf die Kanzel. Das hat sicher nichts damit zu tun, dass man ihn dort besser sehen kann. Gesehen hat ihn die Gemeinde auch schon vorher am Altar. Er könnte sich – wie es in manchen Kirchen inzwischen auch üblich ist – einfach nur der Gemeinde zuwenden und vom Altar aus predigen. Fürsten haben immer gerne auf einem Thron gesessen. Der stand nicht nur erhöht, er hatte oft auch noch eine gewaltige Rückenlehne, die den Fürsten größer und prächtiger aussehen ließ als ein einfacher Stuhl. In Banken und anderen Unternehmen wird die Chefetage gerne in möglichst hohe Stockwerke gelegt. Das liegt sicherlich nicht nur daran, dass die »hohen Herren« so gerne die Aussicht genießen. Man schaue sich auch die Chefsessel an. Die unterscheiden sich in fast allen Unternehmen deutlich von den Bürostühlen für den Rest der Belegschaft.

In den meisten Menschen wurzelt bis auf den heutigen Tag ganz tief der Instinkt, dass man zu einer Führungsperson »aufschauen« möchte. Wenn zwei unterschiedlich große Männer auf einen unbekannten Dritten treffen, der weder an Kleidung noch an anderen Statushinweisen erkennen kann, wer von den beiden der »wichtigere« Mann ist, dann wird er vermutlich den größeren für »ranghöher« halten und auf Anhieb diesen zuerst ansprechen und im weiteren Verlauf des Gespräches zu diesem den häufigsten Augenkontakt suchen. In der täglichen

Arbeitspraxis können wir oft beobachten, dass kleinere Chefs nicht gerne deutlich größere Mitarbeiter um sich haben. Sie meiden es auch instinktiv, sich zu dicht neben große Männer zu stellen.

Dass sich bei uns Menschen außerdem festgesetzt hat, dass eigentlich nur ein Mann das »Alpha-Tier« sein kann, macht es weiblichen Führungskräften nicht leichter!

Nicht nur die körperliche Größe oder die erhöhte Position macht den Ranghöchsten in einer sozialen Ordnung sichtbar, auch andere Merkmale können den Status verdeutlichen. Bei den Gorillas ist es zum Beispiel das Silberfell auf dem Rücken, welches allen anderen Mitgliedern der Horde sagt, wer der »Chef« ist.

Auch wir Menschen brauchen oder wollen solche sichtbaren Zeichen von Macht und Überlegenheit. In Indianerstämmen trägt der Häuptling seine Häuptlingsfedern. Diese unterscheiden sich an Pracht und Größe von denen der einfachen Krieger. Könige und Kaiser trugen zu wichtigen Anlässen nicht nur Kronen, die sie größer machten, sondern auch prächtige Gewänder. Als Zeichen der Macht kam häufig noch das Zepter, ein Bischofsstab oder ein anderes sichtbares Symbol hinzu.

Interessant ist auch die Tatsache, dass Personen in überlegenen Positionen auch mehr Rechte zugestanden werden als den einfachen Menschen aus dem Gefolge. Im Löwenrudel darf sich das Alpha-Tier zuerst an der Beute sättigen. In der menschlichen Gesellschaft waren Fürsten nicht den gleichen moralischen oder religiösen Zwängen unterworfen wie das einfache Volk. Bis auf den heutigen Tag werden katholische Fürstenehen selbst dann noch auf Wunsch vom Papst annulliert, wenn aus dieser Ehe Kinder hervorgegangen sind. Das gibt es für einfache Katholiken nicht. Bis auf den heutigen Tag können Ranghohe ihre Ferienhäuser in Naturschutzgebiete bauen. Das dürfen Normalbürger nicht.

Wir einfachen Bürger finden es zwar oft empörend, was »die da oben« tun, würden uns jedoch noch viel mehr aufregen, wenn sich jemand aus den eigenen Reihen diese Dinge erlauben würde. Instinktiv nehmen wir es hin, dass die »Höheren« immer ein wenig mehr dürfen als wir selbst. Das gilt auch in den noch so modern geführten Unternehmen bis auf den heutigen Tag. Je höher man auf der Karriereleiter steigt, desto größer der Anspruch auf einen günstig gelegenen Parkplatz oder auf frei gestaltete Arbeitszeiten.

In sehr traditionell geführten Unternehmen ist es mit den sichtbaren Signalen des persönlichen Status noch einfach. Dazu gehören Dinge wie: Größe des Büros, Anzahl der Besucherstühle, Anrecht auf eine Besucherecke mit Sitzgarnitur, Firmenwagen, Anrecht auf einen Chauffeur, Zutrittsrecht zum Offizierskasino, eigene Sekretärin ...

In moderner geführten Unternehmen werden die Signale von Macht und Status in »gehobenen« Positionen zum Teil subtiler, aber dennoch unmissverständlich eingesetzt: Einladungen zu exklusiven Meetings, persönliche Nähe zum Vorstand, Aufnahme in exklusive Verteilerlisten ... In moderner geführten Unternehmen sorgen die »Ranghohen« oft auch selbst und durchaus auf eigene Kosten für die Demonstration ihrer »Überlegenheit«. Sie tragen zum Beispiel ganz besonders teure Kleidung oder sogar besonders lässige, die sich die einfachen Sachbearbeiter niemals erlauben dürften. Sie kaufen zum Beispiel teure Bilder oder Skulpturen bis hin zu antiken Standuhren, die sie in ihren Büros zur Schau stellen.

Wenn Sie rein rational an diese Dinge herangehen, wird Ihnen manches vielleicht als purer Unsinn erscheinen. Vielleicht beharren Sie sogar bewusst darauf, sich nicht mit solchen »Albernheiten« abzugeben. Kann sein, dass Sie aus Sicht der reinen »Vernunft« Recht haben, wenn Sie Statussymbole ablehnen. Für Ihre Karriere und für Ihren Führungserfolg ist diese Haltung vermutlich schädlich. Die meisten Menschen reagieren nun einmal instinktiv auf solche Symbole, wenn sie jemanden in der Führungsrolle anerkennen.

Sie sollten sich um eine angemessene Statusdarstellung nicht erst bemühen, wenn Sie die gewünschte Position erreicht haben. Sie müssen sich unbedingt schon vorher als die Person darstellen, die für eine Führungsposition geeignet ist. Zeigen Sie sich mit den »Häuptlingsfedern«, die in Ihrer Branche und in Ihrem Unternehmen üblich sind. Unterscheiden Sie dabei geschickt zwischen den Statussymbolen, die Sie bereits vor Ihrem Aufstieg zeigen müssen, damit sich die Entscheider Sie in der Position vorstellen können, und den Statussymbolen, die Ihnen erst zustehen, wenn Sie die Position haben.

Sie brauchen visuell erkennbare »Häuptlingsfedern« wie zum Beispiel einen Firmenwagen, ein größeres Büro als andere oder den Schreibtisch mit Fensterblick. Sie brauchen einen größeren Spielraum mit Ihren Rechten. Das kann die Befreiung von der Stechuhr sein oder das Recht, an bestimmten Konferenzen teilzunehmen. Sie sollten sich auch immer wieder darum bemühen, eine »herausragende« Position einzunehmen. Halten Sie Vorträge, moderieren Sie Workshops. Das gibt Ihnen die Chance zu stehen, während die anderen sitzen.

Vor allem wenn Sie eine Frau sind, müssen Sie sich notfalls überwinden und beim Kampf um die »Häuptlingsfedern« mitmachen. Es ist zu vermuten, dass es sich bei diesen uralten Instinkten eher um Machtspielchen der Männer als der Frauen handelt. Man kann sich darüber empören und fordern, dass in der heutigen Zeit andere Werte den beruflichen Aufstieg ebnen sollten als »unwichtige« Dinge wie körperliche Größe, Statussymbole und erweiterte Rechte. Das ändert jedoch nichts an den tatsächlich noch immer existierenden Gefühlen und Instinkten.

Wenn Sie es strikt ablehnen, sich am Kampf um die modernen »Häuptlingsfedern« zu beteiligen, dann mögen Sie für sich selbst die Befriedigung ableiten, dass Sie von »höheren Werten« oder von der reinen Verstandeslogik gesteuert sind. Erfolgreich macht es Sie nicht. Ihre eigenen Vorgesetzten werden Sie vermutlich nicht befördern, weil sie sich Sie nicht als Führungspersönlichkeit vorstellen können und weil sie – zu Recht – erkennen, dass Sie die Grundlagen der Führungspsychologie nicht verstanden haben. Mitarbeiter würden Sie in Ihrer Führungsrolle ablehnen, weil sie nicht zu Ihnen »aufschauen« können und weil Sie nicht aussehen wie ein »Häuptling«. Fragen Sie sich selbst:

- Woran erkennt man an Ihrem Büro, dass Sie eine »Leader-Persönlichkeit« sind?
- Woran erkennt man es in Ihrer äußeren Erscheinung?
- Welche Rechte stehen Ihnen dank Ihrer Position zu?
- Welches Verhalten zeigen Sie, um Ihren gehobenen Status darzustellen?
- Wie stellen in Ihrem Unternehmen die Personen, die »über« Ihnen stehen, ihren Status dar?

5. »Winnerface« und Siegergesten

Sie kennen den Spruch: »Kleider machen Leute.« Ähnlich ist auch der folgende Spruch zu verstehen: »Wichtig wird, wer wichtig wirkt.« Es verbirgt sich jeweils die Botschaft dahinter, dass die äußere Erscheinung eines Menschen große Auswirkungen darauf hat, wie die betreffende Person bei anderen angesehen ist. Und das wiederum wirkt sich darauf aus, was die betreffende Person erreichen kann.

Die Amerikaner gehen uns auch in dieser Hinsicht voran. Während wir in unserem Kulturkreis immer noch sehr die »inneren Werte« predigen, haben die Amerikaner begriffen, dass die äußere Erscheinung für den Erfolg oft viel wichtiger sein kann. Bill Clinton hat für seine beiden Wahlkämpfe ganz bewusst Siegergesten geprobt und ein »Winnerface« einstudiert. Und es hat geklappt! Er hat sich bereits vor der Wahl als strahlender Sieger präsentiert. Er hat niemals Unsicherheit oder Zweifel gezeigt. Was immer er innerlich auch denken oder fühlen mochte, nach außen hat er bereits lange vor seinem Wahlsieg den Sieger markiert.

Man kann sich darüber empören oder nicht, Tatsache ist, dass auch Sie mehr Chancen auf Aufstieg und Beförderung haben, wenn es Ihnen gelingt, bereits vor dem Erfolg wie ein Erfolgreicher aufzutreten. Sie sollen sich mit den »Häuptlingsfedern« Ihrer Branche oder Ihres Unternehmens schmücken. Doch das allein reicht nicht. Sie müssen unbedingt auch mit Ihrer eigenen persönlichen Ausstrahlung, mit Ihrer Gestik und Ihrer Mimik als Sieger auftreten.

Siegergesten sind ruhig und damit souverän. Hektik sieht nach Stress und Panik aus. Siegergesten sind ausholend. Wer die Arme an den Körper klemmt, macht sich »dünne« und sieht eher schüchtern und verklemmt als siegreich und selbstbewusst aus. Siegergesten finden im oberen Körperbereich statt. Achten Sie darauf, dass Ihre Hände sich bei der Gestikulation immer oberhalb der Ellenbogen befinden. Gestikulationen unterhalb der Gürtellinie sehen schnell verlegen oder ängstlich aus.

Ihr Gesicht muss souveränen Optimismus ausstrahlen. Selbstbewusst, freundlich und gerade schauen Sie anderen in die Augen. Sie ducken sich nicht, wenn Sie mit Ranghöheren sprechen und lassen auch kein »nettes«, sondern ein »siegreiches« Lächeln sehen.

Wenn Sie sehen wollen, wie ein Sieger sich mit Mimik und Gestik darstellt, dann schauen Sie sich Sportler an, wenn sie auf dem Treppchen stehen. Schauen Sie sich an, wie Film- oder Nobelpreise entgegengenommen werden. Schauen Sie sich in Ihrem eigenen Kollegenkreis um. Wer sieht wie ein Sieger aus? Wer sieht wie ein Verlierer aus?

Man sagt, dass Schulterklopfen eine nette Geste sei. Vorsicht! Lassen Sie sich von niemandem auf die Schulter klopfen! Schulterklopfen ist eine Unterwerfungsgeste. Der »Klopfer« ist immer ranghöher als der »Bekloppte«. Der Chef kann dem Lehrling auf die Schulter klopfen, umgekehrt geht es nicht. Wenn Sie sich sogar von Gleichrangigen auf die Schulter klopfen lassen, verlieren Sie Ihre Siegerausstrahlung. Noch schlimmer ist es, wenn Sie zulassen, dass man Ihnen den Arm auf die Schulter legt! Das ist ein ganz fieser Trick der Unterwerfung. Der aktive Teil maßt sich die Unterwerfung an, der passive wagt keine Gegenwehr, weil die Geste landläufig als »nett« gedeutet wird. Machen Sie klar, dass niemand »Hand an Sie legen darf«!

Machen Sie Ihre Siegergesten nicht auf Kosten anderer. Lassen Sie keine Verachtung oder Herablassung erkennen. Das ist nicht nur unkollegial, es ist auch dumm. Ein wahrer Sieger muss keine Verlierer produzieren. Wozu sich Feinde machen, wenn man auch siegreich lächeln kann, ohne andere dabei zu demütigen?

6. Jedem Platzhirsch sein Revier

Wenn Sie noch einmal einen Blick in die Tierwelt werfen, können Sie feststellen, dass es für viele Tiere überlebenswichtig ist, sich ein Territorium zu erobern und zu verteidigen. Ob es sich um einen Hund handelt, der seine Duftmarken setzt oder um einen Löwen, der mit Gebrüll die Grenzen für andere festlegt, die Botschaft ist immer gleich: »Dieses Gebiet gehört mir. Hier regiere ich.«

Auch Kinder fangen spätestens in der Pubertät an, innerhalb der

Wohnung ihr Revier abzugrenzen. Dramatische Schilder an der Kinderzimmertür warnen vor allem die Eltern vor Grenzüberschreitungen. Wenn zwei oder mehr Kinder sich ein Zimmer teilen müssen, hören sie irgendwann auf, ihr Spielzeug durcheinanderzuwerfen. Jedes Kind hat irgendwann seine eigene Ecke, die auch energisch verteidigt wird.

Jeder Eheberater weiß, dass Ehen dann am besten halten, wenn jeder Partner bei aller Gemeinsamkeit immer auch einen eigenen Bereich für sich ganz allein hat. Eine Ehe wird mit hoher Wahrscheinlichkeit scheitern, wenn das junge Paar zu den Schwiegereltern zieht und dort Wohnzimmer, Bad und Küche mit denen teilen muss, die sich seit Jahren dort als »Hausherren« fühlen. In der oft lächerlichen Variante kennen wir unsere Neigung zur Revierverteidigung auch von den Nachbarschaftskriegen am Gartenzaun.

Es wäre ja alles in Ordnung, wenn sich jeder an die eigenen Grenzen halten würde. Die tägliche Lebenserfahrung lehrt uns jedoch, dass man immer wieder aufpassen muss, anderen nicht zu viel zu erlauben. Gleichzeitig kann man auch bei sich selbst immer wieder einmal Begehrlichkeiten auf fremdes »Revier« feststellen. Warum soll man nicht mal eben den Wagen auf Nachbars Auffahrt abstellen? Man wird doch mal ein paar Dinge auf dem Schreibtisch des Kollegen ablegen dürfen! Anstellerei, wenn andere sich gegen unsere Grenzüberschreitungen zur Wehr setzen. Frechheit, wenn jemand es wagt, sich in unserem Revier breit zu machen.

Das Streben nach Revier und Machtbereichen ist in uns angelegt. Es deckt sich in der Arbeitswelt auch mit der Realität der Hierarchien. Wer aufsteigt, bekommt ein besseres oder größeres Revier. Das kann eine Gruppe sein, eine Abteilung, eine Geschäftsstelle, eine Region oder auch ein Fachgebiet. Da liegt auch oft das Problem derer, die auf einer »Stabstelle« sitzen. Sie mögen so hoch angesiedelt sein, dass sie direkt an den Vorstand berichten, ohne eigenen Machtbereich sind sie im Zweifel doch wieder die Verlierer im Kampf um Ressourcen oder anderes. Ähnlich arm sind oft die Projektleiter dran. Sie bekommen ein Projektteam leider nur temporär zugeordnet, ihr Kompetenzbereich ist nur auf die Dauer des Projektes angelegt. Kein Wunder, dass sie sich in vielen Unternehmen immer wieder als unterlegene Partei aufreiben im Gerangel um Ressourcen und Personal.

Wenn Sie aufsteigen wollen, müssen Sie sich um ein eigenes »Revier« kümmern. Manche Aufsteiger verwechseln »Revier« mit »Wissensgebiet«. Dann sitzen sie auf ihrem Wissen wie die Piraten auf der Schatzkiste, lassen sich von niemandem in die Karten schauen und betreiben »Information hiding«, bis kein Kollege sie mehr leiden kann. Das sind die Leute, die schon als Kinder in der Schule nicht abschreiben ließen. Die Einstellung ist falsch. Betreiben Sie immer eine offene Informationspolitik. Geben Sie Informationen freigiebig weiter. Das macht Sie sympathisch. Man nimmt Sie als teamorientiert und kollegial wahr und lässt auch Sie an Informationen anderer teilhaben.

Was Sie brauchen, ist ein Revier als eigener Kompetenzbereich. Es muss etwas sein, wo nur Sie die letzte Entscheidung treffen, wo nur Sie letztlich das Sagen haben. In den jungen, aufstrebenden und rasch wachsenden Unternehmen der neuen Medien können Sie eine Marktlücke entdecken und sich dort einen eigenen Bereich aufbauen. In traditionellen Unternehmen ist oft der dornige Weg der Projektleitung der erste Schritt zum eigenen Machtbereich.

Bauen Sie nicht heimlich an Ihrem Revier. Irgendeiner merkt es doch und kommt Ihnen womöglich zuvor. Gehen Sie lieber offensiv an die Sache heran und verkünden Sie, was Sie aufzubauen gedenken. Durch das Verkünden haben Sie Ihre »Duftmarke« gesetzt. Jeder würde es sofort als unfair erkennen, wenn danach ein anderer sich der Sache annehmen würde.

Vor allem wenn Sie eine Frau sind, müssen Sie vielleicht innere Widerstände gegen das Erobern und Verteidigen eines Revieres überwinden. Es scheint so zu sein, dass dieser Instinkt bei Männern stärker ausgeprägt ist als bei Frauen. Wenn Sie sich nun vorgenommen haben, in der von Männern dominierten Berufswelt einen gehobenen Posten zu erreichen, dann müssen Sie sich notgedrungen an die dort üblichen Spielregeln halten. Sie müssen auch besonders wachsam sein, wenn Sie schließlich Erfolg haben.

Beispiel: In einem (ehemals) sehr erfolgreichen Softwareunternehmen erkannte vor vielen Jahren eine Frau den Bedarf der Kunden nach Schulungen. Weder ihre Kollegen noch der Unternehmensgründer nahmen das Thema ernst. Man warb schließlich mit dem Slogan, dass die eigenen Softwareprodukte so einfach zu handhaben seien, dass von der Sekretärin bis zum Vorstand jeder sie auf Anhieb bedienen könne. Dennoch wurden Schulungen gebucht. Weil niemand sonst dazu Lust hatte, machte sich besagte Frau daran, Schulungsunterlagen zu entwickeln und als Trainerin durch die Kundenunternehmen zu tingeln. Es dauerte nur etwa drei Jahre, bis sie mehr als zehn Mitarbeiter leitete. Schnell war klar, dass man mit Schulungen sehr leicht sehr viel Geld verdienen konnte. Und schon erkannten die Männer rundherum, dass der Job einer Schulungsleiterin für eine Frau wohl doch zu anspruchsvoll sei.

Ähnliches kann man in vielen Unternehmen beobachten. Irgendwo fängt eine Frau mit einer zunächst unterschätzten Idee an, ist erfolgreich und erkennt zu spät, dass begehrliche Kollegen den Einmarsch in ihr Revier planen. Vorsicht! Das passiert auch Männern. Das kann wirklich jedem passieren. Nur sind Männer oft wachsamer und erkennen die Gefahr fremder Eroberungsgelüste schneller. Männer werden oft erst dann entmachtet, wenn sie zu alt oder zu selbstsicher werden. Dann kann ein Jungdynamiker ihnen gefährlich werden, oder sie werden Opfer einer Reorganisationswelle, wenn man »frischen Wind« und »neue Köpfe« will.

Sie müssen Ihr Revier erobern. Sie müssen aber auch ein einmal erobertes Revier immer wieder verteidigen. Merke: »Wer sich auf seinen Lorbeeren ausruht, trägt sie an der falschen Stelle.«

Sachbearbeiter, Experten und Forscher erkennt man daran, dass sie sich Wissensgebiete erobern und eifersüchtig hüten. Das kann in deren Positionen auch sehr wichtig sein. Man denke nur an den Forschungswettlauf um ein Medikament gegen Aids. Führungskräfte und Manager erkennt man daran, dass sie sich Machtbereiche aufbauen und eifersüchtig darüber wachen, dass niemand ihnen hineinregiert. Sie müssen zum Beispiel oft auch Versuche eigener Vorgesetzter abwehren, die am liebsten an ihnen vorbei auf die Mitarbeiter zugreifen möchten. In dem Fall kann es für Sie nur heißen: Wehret den Anfängen! Ihr Chef mag vielleicht gerne einmal an Ihnen vorbei agieren. Er mag sich ärgern, wenn Sie sich dagegen wehren. Er wird Sie auf jeden Fall nicht mehr für voll nehmen, wenn Sie sich das bieten lassen. Dass Sie damit auch bei Ihren Mitarbeitern verspielt haben, ist klar. Die werden sich in Zukunft lieber gleich an Ihren Chef wenden.

7. Karriere mit Biss

Von beruflichen Aufsteigern, von Führungskräften und Managern wird »Biss« erwartet. Der Markt ist zu hart, als dass man als »Weichling« neben den Konkurrenten bestehen kann. Für den beruflichen Aufstieg reicht eine korrekte »Sachbearbeitermentalität« nicht aus. Man erwartet Qualifikationen wie Dynamik, Durchsetzungsfähigkeit, Konfliktbereitschaft, Wettbewerbsorientierung, Belastbarkeit und Tatkraft. Man erwartet von Ihnen, dass Sie aktiv auch an unangenehme Dinge herangehen, dass Sie zupackend sind und hart verhandeln können. Sie sollen Ihre Rolle in der »neuen Streitkultur« übernehmen und dabei auch kontroverse Diskussionen führen können. Jasagerei, Mitläufertum, Unterordnung und Anpassung sind Karrierefallen.

Man spricht von dem notwendigen »Biss«, den Sie haben müssen, von »positiver Aggressivität« oder »kämpferischem Engagement«.

Leider wird in unserem Sprachgebrauch der Begriff »Aggression« fast nur in zerstörerischem Sinne benutzt. Deshalb scheuen auch viele davor zurück. Dass wir Menschen alle durchaus in uns aggressive Züge tragen, können wir schon beobachten, wenn sich kleine Kinder im Sandkasten um das Schäufelchen prügeln. Eltern und Erzieher greifen natürlich ein. »Vertragt euch!« »Seid lieb!« Das sind die Ermahnungen, die den Kindern sagen, dass Aggression »böse« ist. Gleichwohl werden lustvoll gemeine Computerspiele genossen, grausame Filmszenen betrachtet und kriegerisches Spielzeug eingesetzt.

Wir lehnen Aggressivität als »böse« ab und können dennoch nicht davon lassen. In den Unternehmen weiß man natürlich, dass es nicht gut ist, wenn sich die Mitarbeiter ihren Aggressionen hingeben. Sie sollen ihre Kraft für die Unternehmensziele einsetzen und nicht für Streitereien untereinander. Sie sollen die Kunden ans Unternehmen binden und nicht durch feindseliges Auftreten verjagen. Außerdem sollen die Mitarbeiter den Führungskräften nicht das Leben durch Rebellion und aggressive Widerstände schwer machen.

Zwecks Zähmung der Aggressivität werden den Mitarbeitern Ideale von Teamgeist, Kundenorientierung, Kommunikationsbereitschaft, Rücksicht, Kollegialität, Konsens, Kooperation etc. gepredigt. Wenn man in manchen Unternehmen die Leitbilder liest, könnte man dort den wahren Himmel der Harmonie vermuten.

Dass es so nicht stimmt, weiß man aus der täglichen Arbeitspraxis. Die Lieben und die Netten bekommen für ihren Verzicht auf Aggressivität oder für ihre Unfähigkeit in der Hinsicht nicht die schönsten Büros, die größten Firmenwagen und die glattesten Karrieren zur Belohnung. Die tägliche Praxis zeigt, dass diejenigen nach oben kommen, die in der Lage sind, sich gegen Karrierekonkurrenten durchzusetzen. Das kann durch offene Machtkämpfe, durch hinterhältige Intrigen oder durch fairen Wettbewerb geschehen, mit liebevoller Rücksichtnahme passiert jedenfalls im Hinblick auf die Karriere nicht sehr viel.

Sie brauchen demnach Biss. Sie brauchen ihn, um erst einmal auf einen der begehrten und raren Posten zu kommen, und Sie brauchen ihn auch weiterhin, wenn Sie nicht innerhalb der Führungsriege von den Kollegen »untergebuttert« werden wollen. Das heißt jedoch nicht, dass Sie »bissig« und feindselig auftreten sollen. Auch innerhalb der Führungsriege ist Ihre Teamfähigkeit gefragt. Sie besteht in der Kunst, feinfühlig unterscheiden zu können, wann und wie Sie Ihre positive Aggressivität zeigen müssen.

Die Psychologen unterscheiden zwischen verschiedenen Formen und seelischen Ursachen für Aggressionen. Prüfen Sie bitte, ob Sie mit der »richtigen« Aggression ausgestattet sind.

1. Spontane Aggression Die spontane Aggression ist immer ein Ausdruck akuter Gefühle wie Wut, Enttäuschung oder Stress. Es handelt sich dabei um eine blitzschnelle, emotionale Entladung. Die betroffene Person weiß im Moment nicht mehr, was sie tut oder sagt. Die Selbstkontrolle setzt aus. Man spricht vom »cholerischen Anfall« oder von »Jähzorn«. Das ist eine sehr menschliche Reaktion, sie ist trotzdem peinlich und für die Karriere schädlich. Außenstehende sind entsetzt und verachten die betreffende Person, die sich nicht im Griff hat und ganz offensichtlich nicht belastbar ist. In einem solchen emotionalen Anfall rutschen einem Worte heraus, für die man sich später die Zunge abbeißen könnte.

Vor allem sehr temperamentvolle Menschen neigen zu dieser Art der Aggression. Es passiert meist dann, wenn zuvor schon mehrfach ein hohes Maß an Selbstbeherrschung notwendig war. Innerlich spannen sich die Nerven immer mehr an, bis »der Faden reißt«.

Wenn Sie zu solchen emotionalen Ausfällen neigen, müssen Sie unbedingt etwas für Ihre innere Stabilität unternehmen. Es reicht nicht, dass Sie sich vornehmen, die Ruhe zu bewahren. Sie würden trotzdem bei zunehmender Belastung immer wieder »ausrasten«.

Machen Sie regelmäßig Entspannungsübungen. Holen Sie sich dafür professionellen Rat. Menschen, die zu Jähzorn oder cholerischen Anfällen neigen, mögen in Zeiten geringer Belastung oder geringer Verärgerung den besten Willen zu Frieden und Harmonie haben, wenn der Anfall kommt, ist es aus. Deshalb muss das Stabilitätstraining regelmäßig und unabhängig von akuten Anfällen erfolgen. Sie werden Monate brauchen, bis Sie für sich selbst im Notfall die Anzeichen eines drohenden Aussetzens der Selbstkontrolle erkennen und rechtzeitig gegensteuern können.

2. Frust-Aggression Die Triebfeder dieser Form der Aggression ist Enttäuschung darüber, dass man etwas nicht bekommen oder erreicht hat, was man haben oder sein will. Der Frust kann dazu treiben, sich auf illegalem, feindseligem oder heimtückischem Weg das zu verschaffen, was man will. Das muss nicht sein. Ein seelisch gesunder Mensch lässt sich durch Niederlagen und Enttäuschungen häufig erst recht anspornen, noch mehr als bisher für die eigenen Ziele zu kämpfen. Dann kann man von positiver Aggressivität sprechen. Die »Frust-Aggression« hingegen geht mit einem Gefühl der Feindseligkeit, des Hasses einher. Die betroffene Person schiebt innerlich die »Schuld« am eigenen Versagen anderen zu und will diese »bestrafen«. Dabei wird die eigene Aggressivität nicht positiv für Ziele eingesetzt, sondern negativ gegen andere. Mit zunehmendem Alter kann Verbitterung hinzukommen. Die betroffene Person erkennt, dass sie vermutlich nie eine Chance haben wird, das zu werden oder zu bekommen, was sie will. Dann kann sich Frust-Aggression in zynischer Verbitterung äußern, in nachlässigem bis zerstörerischem Umgang mit Firmeneigentum, Sabotage und Terror gegen Kollegen, die sich nicht wehren können. Frustrierte Mitarbeiter demotivieren ihre Kollegen, arbeiten gegen ihre Vorgesetzten, lassen ihren Ärger an den Kunden aus oder geben diesen »Tipps« über angebliche Missstände im Unternehmen als Warnung, hier lieber nicht mehr zu kaufen.

Wenn Sie von Frust-Aggressivität beseelt sind, werden die Menschen Ihrer Umgebung das schneller spüren als Sie selbst. Verbiesterung lässt sich kaum verbergen. Sie sind von dem Problem betroffen, wenn Sie über einen längeren Zeitraum die Erkenntnis pflegen, dass Sie zwar klüger, fleißiger und loyaler sind als die anderen, leider jedoch stets von den Vorgesetzten ungerecht behandelt werden. Wenn Sie schon öfter erbost festgestellt haben, dass die »Blender« und »Aufschneider«, die »Kriecher« und »Ellenbogenmenschen« beruflich bevorzugt werden, dann sind Sie vermutlich von Frust-Aggressivität beseelt. Sie selbst werden ohne psychologische Hilfe nicht mehr davon lassen können. Sie müssen jedoch über die Hürde springen, nicht mehr davon auszugehen, dass sich gefälligst die anderen Ihnen gegenüber gerechter oder fairer zu verhalten haben, sondern dass Sie selbst sich ändern müssen. Das sieht ein Frust-Aggressiver leider fast nie ein. Er sieht sich selbst als die »gute« Person, der andere Unrecht tun. Die anderen sollen sich ändern. Das tun sie nicht, also bleibt der Frust.

Als Führungskraft werden Sie sich jedoch wohl kaum selbst mit Frust-Aggression das Leben und die berufliche Karriere verdorben haben. Wenn Sie noch am Anfang Ihrer Karriere stehen, werden Sie – hoffentlich – zu jung für Verbitterung sein. Wenn Sie bereits länger in einer Führungsposition sind, wird der tatsächliche berufliche Erfolg Sie für den üblichen Tagesfrust entschädigt haben.

Sie müssen sich dennoch mit Frust-Aggression befassen. Es besteht für jede Führungskraft immer die Gefahr, dass sich im Kreise der Mitarbeiter eine betroffene Person befindet. Um diese Person herum kreisen Probleme. Hier setzen Demotivation, Mobbing, Qualitätsmängel und Kundenverärgerung ein. Sie müssen als Führungskraft rechtzeitig erkennen, dass Sie nicht ausreichend Psychologe sind, die seelischen Kränkungen eines Frust-Aggressiven und Verbitterten zu heilen. Ihre Motivationsversuche sind fast immer sinnlos. Meistens ist das Problem schon recht alt. Es kann bei der betroffenen Person schon während der Kindheit eingesetzt haben. Es gibt die Menschen, die immer feststellen, dass sie ungerecht behandelt werden, die immer ihren Frust an anderen oder an Dingen auslassen müssen. Eine offene Aussprache mit der betroffenen Person ist sinnlos, weil der Frust tief in den Gefühlen der Person sitzt. Mit Ihren Argumenten können Sie immer nur den rationalen Verstand erreichen. Selbst ein rhetorisch perfekt durchargumentierter »Beweis«, dass der Frust doch gar nicht berechtigt ist, wird nichts daran ändern, dass die Person weiterhin gefrustet ist und diesen Frust an Menschen und Dingen auslässt.

Machen Sie sich bitte bewusst, dass im menschlichen Gehirn unterschiedliche Bereiche für Gefühle und Verstand zuständig sind. Man kann einem Menschen seinen Frust ebenso wenig ausreden wie z.B. seine Flugangst. Auch mit spezieller Förderung der betroffenen Person werden Sie nichts erreichen. Zwei Gründe sprechen gegen solche Versuche der Heilung:

1. Eine seit Jahren verbitterte Person hat ihr Weltbild so aufgebaut, dass in ihren Augen andere ungerecht und schlecht sind. Sie wird nach Ihrer Förderung nicht etwa das eigene Weltbild ändern, sie wird vielmehr Ihr Verhalten umdeuten. Sie wird in der Förderung, die sie durch Sie erfährt, einen besonders perfiden Trick sehen oder dahinter böse Absichten vermuten. Wenn Sie die Person loben,

wird sie sich verhöhnt fühlen. Wenn Sie sie befördern, wird sie sich mit zusätzlicher Arbeit bepackt fühlen.
2. Die Kollegen werden verärgert. Sie sehen ja, welche Probleme um die Frust-Person kreisen. Sie erleben es als ungerecht, wenn deren Verhalten auch noch belohnt wird. Am Ende ist nicht nur die bisherige Frust-Person gefrustet, sondern das ganze Team.

Sie haben in der Regel keine andere Wahl, als die betroffene Person mit ihrer Frust-Aggression im Team sozial zu isolieren, wenn Sie sie wegen Kündigungsschutz nicht entfernen können. Sie darf weder die Kundenbeziehungen stören noch das Betriebsklima vergiften. Es hört sich grausam an, einen Menschen mit seelischen Problemen zu »isolieren«. Aber Sie müssen notgedrungen erkennen, dass Sie als Führungskraft Ihre Mitarbeiter zum Erfolg zu führen haben. Sie können keine »Beschäftigungstherapie« für seelisch Gestörte mit negativer Aggressivität durchführen. Das sind Sie auch Ihren anderen Mitarbeitern schuldig. Jeder Ihrer Mitarbeiter hat Anspruch darauf, dass Sie als Führungskraft das Team von negativer Aggressivität frei halten!

3. Aggression aus Rache Diese Form der Aggression geht manchmal mit der Frust-Aggression einher. Sie kommt jedoch auch sehr oft bei Personen mit einem ausgeprägten »Ehrgefühl« vor. Man kennt diese Aggression deshalb auch bei sehr erfolgreichen Managern und Führungskräften. Die betroffene Person hat zum Beispiel in einer Verhandlung eine Niederlage hinnehmen müssen oder ist im Wettstreit um bestimmte Kompetenzen unterlegen. Nun zeigt sich der »schlechte Verlierer«. Die Person kann nicht ruhen, bis sie es dem Gegner »heimgezahlt« hat. Sie muss zwanghaft ihre »Ehre« dadurch wiederherstellen, dass sie ihrerseits dem Gegner eine Niederlage verpasst. Ob Sie zu rachsüchtiger Aggression neigen, können Sie am besten an drei Merkmalen feststellen:

1. Können Sie zum Beispiel beim Kartenspielen souverän verlieren? Die Fähigkeit, ein guter Verlierer zu sein, zeigt sich nämlich nie nur in einem Bereich.

2. Denken Sie viel über Ihr Ansehen bei anderen nach? Legen Sie großen Wert auf Ihren »guten Ruf«?
3. Müssen Sie bei Streitigkeiten immer das letzte Wort haben? Neigen Sie zu Rechthaberei?

Es ist nicht notwendig, dass Sie beim Kartenspielen gerne verlieren, dass Sie bei Streitgesprächen schnell nachgeben, dass Ihnen Ihr Ruf gleichgültig ist. Zu wenig an rachsüchtiger Aggression ist auch schädlich und kann Ihre Karriere ruinieren, bevor sie überhaupt begonnen hat. Sie dürfen im Interesse Ihrer beruflichen Aufstiegswünsche auf keinen Fall als »Softie« gelten. Es ist nur gut, wenn Ihre Karrierekonkurrenten oder sonstigen Widersacher wissen, dass Sie sich auch mal rächen können. Aber Sie sollen sich nicht in sinnlosen Rachefeldzügen verzetteln, wenn Sie Ihre Tatkraft und Ihren Kampfgeist für Ziele besser einsetzen könnten.

4. Strategische Aggression Mit der strategischen Aggression ist die positive Aggression gemeint. Sie kämpft nicht *gegen*, sondern *für*. Die betreffende Person hat Ziele vor Augen und kämpft dafür, diese zu erreichen. Sie »haut« nicht aus emotionalen Erregungen heraus »drauf«, sondern setzt ihren Kampfgeist so ein, dass sie damit ihren Zielen näher kommt.

Zur positiven Aggression im beruflichen Umfeld für Sie gehört auch, dass Sie sich Macht- und Kompetenzbereiche »erobern«. Sie müssen Ihre Position immer wieder »verteidigen«. Sie müssen Dinge »in Angriff« nehmen und immer wieder durch »Manöverkritik« eigene Schwächen aufdecken. Die Sprache kommt tatsächlich aus der Kriegsführung. Das ist auch mit ein Grund, warum Feinsinnige, Sanfte und Ästheten oft davor zurückschrecken, denn sie verwechseln oft strategische oder positive Agression mit destruktiver Aggressivität im Sinne von Angriffslust. Deshalb lehnen sie Aggression in jeder Form ab, hoffen naiv darauf, dass man ihnen gegenüber »Gerechtigkeit« zeigt und laufen schließlich Gefahr, ihr berufliches Scheitern durch Frust-Aggression zu kompensieren.

8. Spielregeln des Erfolgs

Es gibt ein paar Grundregeln, die so simpel und banal sind, dass man sich kaum traut, sie erwachsenen Menschen überhaupt zu empfehlen. Man sollte meinen, dass jeder, der berufliche Ziele verfolgt, sich von selbst daran hält, ohne auch nur bewusst darüber nachdenken zu müssen. Aber nein, jeder Personal- oder Karriereberater rauft sich immer wieder die Haare, über welche Fehler und Gedankenlosigkeiten die begabtesten Aufstiegswilligen selbst stolpern.

Machen auch Sie sich bewusst, dass es viel weniger als Sie glauben Ihre großartigen Leistungen oder Prädikatsexamina sind, die Ihren Erfolg bestimmen, als die Kleinigkeiten des Verhaltens, mit denen Sie täglich einen positiven oder eher negativen Eindruck von sich vermitteln.

In einem Workshop wurden einmal die Verhaltensmerkmale von beruflichen Erfolgsmenschen und von Versagern zusammengetragen. Die Teilnehmer des Workshops haben das nicht theoretisch gemacht, sondern sich konkrete Auf- und Absteiger vorgenommen und deren Verhalten verglichen. In einem zweiten Workshop wurden dann alte oder auch neue Weisheiten daraufhin betrachtet, ob sie in der Realität standhalten. Dabei kam zum Beispiel heraus, dass uralte Weisheiten wie »Morgenstund hat Gold im Mund« oder »Was du heute kannst besorgen, das verschiebe nicht auf morgen« auch heute noch gelten. Es stimmt, dass Erfolgsmenschen in der Regel selten dazu neigen, erst in der letzten Minute aktiv zu werden und ungeliebte Aufgaben vor sich herzuschieben, um sie dann unter Druck noch schnell zu erledigen. Die meisten Erfolgsmenschen – Ausnahmen gibt es immer – sind überpünktlich am Arbeitsplatz und nutzen die Ruhe der frühen Stunde, um schon einmal einiges vom Tisch zu schaffen, bevor die anderen kommen und bevor das Telefon verrückt spielt. Versager neigen viel eher dazu, spät zu kommen und dann abends bis weit in den eigentlichen Feierabend hinein noch am Schreibtisch zu sitzen. Beide verbringen womöglich gleich viel Zeit am Arbeitsplatz. Oft sind die Versager sogar viel länger im Büro. Aber die Art, wie und wann sie die Dinge anpacken, wie sie sich selbst organisieren, die unterscheidet sich erheblich.

Ein anderes Phänomen ist zum Beispiel auch die Einstellung zu dem üblichen Firmentratsch. Geredet und getratscht wird überall. Das passiert in den Managerbüros nicht weniger als in der Werkstatt oder im Kreise der Sekretärinnen. Aufsteiger und Versager unterscheiden sich jedoch stark in ihrem Umgang mit Tratsch. Aufsteiger hören immer gut zu, sagen jedoch nichts. Sie hören aus den erzählten Geschichten heraus, was die »Buschtrommeln« so alles an inoffiziellen Informationen zu bieten haben. Das nutzen sie für sich und ihre Strategien aus. Die Versager sind sich entweder zu fein für solche Geschichten, hören gar nicht zu und verpassen dabei wichtige Trends in den Machtspielchen, oder sie verbringen endlose Stunden bezahlter Arbeitszeit mit dem Austausch von Tratsch und verschaffen sich damit den Ruf, zu den indiskreten Schwätzern zu gehören.

Bitte lesen Sie die folgenden Tipps durch und entscheiden Sie jeweils für sich, worauf Sie in Zukunft vielleicht doch etwas bewusster achten sollten. Die wichtigsten Spielregeln des Erfolgs sind:

1. Firmentratsch: Ohren auf. Mund zu! Interessieren Sie sich immer auch für inoffizielle Informationen, aber lassen Sie sich dieses Interesse nie anmerken. Man sollte gar nicht wissen, was Sie alles wissen und woher eigentlich. Machen Sie jedoch auch kein offensichtliches Geheimnis aus Ihrem Informationsstand.

Zuhören, kein Kommentar, das ist die Devise. Welche Schlüsse Sie aus dem Gehörten ziehen, ist eine andere Sache. Für Sie sind auch nicht die privaten Tratschgeschichten interessant, sondern alles, was mit sich andeutenden Trends in der Unternehmensentwicklung und mit sich abzeichnenden Änderungen in den offiziellen und inoffiziellen Machtverhältnissen zu tun hat.

Sorgen Sie durch Ihren stets aktuellen Informationsstand dafür, dass Sie sich im Unternehmen niemals an »sinkende Sterne« hängen. Mancher ehemals Mächtige zieht bei seinem Untergang junge Möchtegern-Aufsteiger mit sich, die nicht rechtzeitig erkannt haben, dass sie »aufs falsche Pferd gesetzt haben«.

2. Beschweren Sie sich niemals über Kollegen oder Vorgesetzte. Das kommt bestimmt bei der betreffenden Person an!

Nicht nur diejenigen, über die Sie sich beschweren, könnten sich bemüßigt fühlen, sich an Ihnen zu »rächen«, auch bei denjenigen, die sich Ihre Beschwerde anhören, verlieren Sie an Sympathie und Vertrauen. »Petzer« sind nie beliebt, noch nicht einmal bei den Vorgesetzten, die ganz gerne ihre Mitarbeiter ermutigen, sich gegenseitig zu bespitzeln.

Auf keinen Fall sollten Sie sich bei persönlichen Konflikten mit einem Kollegen an den Vorgesetzten wenden und um »Hilfe« bitten. Damit haben Sie sich sofort als teamunfähig und schwach zu erkennen gegeben. Man geht davon aus, dass ein erfolgsorientierter Mensch mit Aufstiegswillen seine Konflikte mit anderen selbst in den Griff bekommt.

Wenn Sie sich über Ihren eigenen Vorgesetzten bei dessen Chef beschweren, machen Sie nicht nur den Eindruck eines Intriganten und »Stuhlbein-Sägers«, Sie greifen damit auch die Person an, die sich Ihre Beschwerde anhören muss. In der Beschwerde steckt nämlich ganz automatisch der Vorwurf an den nächsthöheren Vorgesetzten, er habe seine ihm unterstellten Führungskräfte nicht im Griff.

Finden Sie sich mit Ihrem Vorgesetzten ab, oder wechseln Sie in einen anderen Bereich. Den Wechsel dürfen Sie natürlich nicht mit Problemen zwischen Ihnen und Ihrem bisherigen Umfeld begründen.

An dieser Stelle sollten Sie sich auch ein paar Gedanken über das Thema »Verbesserungsvorschläge« machen. Auch da kann eine tückische Stolperstelle auf dem Weg nach oben liegen. Einerseits sollen Sie stets im Interesse der Qualitätssteigerung, der Kundenorientierung und der Kostensenkung über Möglichkeiten der Verbesserung nachdenken. Es zeugt von Ihrer Kreativität, wenn Sie Gewohntes in Frage stellen und optimieren. Auf der anderen Seite bedenken Sie bitte auch, dass manche Führungskraft empfindlich darauf reagiert, wenn ihre Mitarbeiter mit solchen Ideen kommen. Sie könnte es als Vorwurf ansehen oder befürchten, dass ihre eigenen Vorgesetzten sich wundern, warum sie nicht selbst darauf gekommen ist. Seien Sie also sehr zurückhaltend mit Verbesserungsvorschlägen, die nicht unmittelbar mit Ihrem ureigenen Arbeitsplatz oder Aufgabengebiet zu tun haben. Ihre eigene Arbeitsweise und Ihren eigenen Vorgehensstil dürfen Sie gerne verbessern. Hüten Sie sich jedoch vor Vorschlägen, die die Arbeitsweisen Ihrer Kollegen oder das Management Ihres Vorgesetzten berühren könnten. Maximal geben Sie den betreffenden Personen selbst unter vier Augen einen Tipp. Bevor Sie jedoch ein Formular für das Vorschlagswesen ausfüllen, fragen Sie sich sehr kritisch: »Wer könnte das als Vorwurf oder Beschwerde auffassen?«

3. Seien Sie bei Differenzen und Streitigkeiten mit anderen hinterher immer der Erste, der wieder einlenkt und das Klima bereinigt. Damit ist nicht gemeint, dass Sie am Ende immer die Person sein sollen, die den eigenen Standpunkt zurücknimmt. Das würden hartgesottene Meinungsgegner als Schwäche auslegen. Es geht vielmehr darum, dass Sie sich bemühen, nach den Unerfreulichkeiten und Verärgerungen wieder zu einer positiven kollegialen Atmosphäre zu kommen. Viele Konflikte ziehen auch nach ihrer Lösung noch lange Zeiten des Schmollens und des Abbruchs der Kommunikation nach sich. Beide Seiten lecken ihre Wunden und gehen immer wieder im Geiste oder sogar in Gesprächen mit Dritten durch, was die Gegenseite alles an bösen Worten und falschen Fakten und fiesen Tricks von sich gegeben hat. Dabei ist meist jede Partei der Meinung, an ihr liege es nicht, dass die Stimmung nun so schlecht sei. Man wolle ja gerne wieder kollegial mit dem Konfliktgegner zusammenarbeiten, aber erst müsse die Gegenseite sich entschuldigen oder eine andere Leistung bringen.

Überwinden Sie Ihren Ärger und gehen Sie als Erster und ohne Vorbedingungen auf den Gegner im bereinigten Konflikt zu. Sie müssen das leidige Thema vielleicht gar nicht ansprechen. Oft reicht ein freundliches Grüßen als Botschaft: »Ich grolle nicht mehr.« Das macht es dem anderen auch wieder möglich, Ihnen gegenüber freundlich zu sein. Und schon kann die Arbeit »normal« weitergehen.

Das Schmollen nach einem Konflikt, das üble Reden über den Gegner und das ständige Wiederaufkochen des Konfliktthemas wirkt kleinkrämerisch. Wenn Sie jedoch beweisen, dass Sie souverän über solchen zwischenmenschlichen Klimastörungen stehen, dann verschaffen Sie sich den Ruf, selbstbewusst, belastbar und teamfähig zu sein.

4. Halten Sie sich an die fünf Grundpfeiler des Aufstiegs:

- *Präsenz:* Präsenz bedeutet, dass Sie da sind, wo sich die Dinge abspielen. Sorgen Sie dafür, dass Sie an wichtigen Meetings teilnehmen. Bringen Sie sich in die Diskussion ein. Manch kluger Kopf steigt nie auf, weil die großen Entscheider noch nie auf ihn aufmerksam geworden sind. Glauben Sie nicht, dass Beförderungen dadurch passieren, dass eine faire Kommission rein sachlich die Leistungen von Nachwuchskräften vergleicht und dann die Person befördert, die am meisten geleistet hat. Wenn eine attraktive Position intern neu zu besetzen ist, dann forschen die Entscheider nicht lange herum. Sie vergleichen mehr oder weniger sachbezogen – viel mehr durch Instinkt gesteuert, als man oft glaubt – die Personen, die sie vor Augen haben, und das sind solche, die zuvor stets dafür gesorgt haben, dass man sie auch kennt. Die »Unsichtbaren« kommen nicht einmal in die nähere Auswahl. Genau das bewirkt die typische Verbitterung hochkarätiger Fachspezialisten, die nach ein paar Jahren feststellen, dass rechts und links von ihnen solche Kollegen längst aufgestiegen sind, die fachlich viel weniger qualifiziert sind als sie selbst. Darin sehen sie eine Ungerechtigkeit. Mag sein, dass es ungerecht ist, aber so ist es nun einmal.

    Verkriechen Sie sich nicht in die Arbeit, seien Sie da präsent, wo »man« gesehen werden muss.

    Vor allem, wenn Sie in einer Geschäftsstelle oder Niederlassung eines Unternehmens arbeiten, das sehr stark durch eine Zentrale gesteuert wird, müssen Sie dafür sorgen, dass Sie nicht draußen »vergessen« werden. Verschaffen Sie sich regelmäßig Termine in der Zentrale und nutzen Sie die Besuche, um dort sichtbar präsent zu bleiben.

- *Diplomatie:* Unter Diplomatie im Sinne des persönlichen Aufstiegs versteht man die Fähigkeit, umsichtig und klug kalkuliert für die eigenen Interessen einzutreten. Sie müssen lernen, Ihre Ziele so zu erreichen, dass Sie dabei nicht andere verletzen oder gegen sich aufbringen. Sie müssen sich so verhalten, dass man nicht über Sie lacht, sich wundert oder den Kopf schüttelt.

Seien Sie nicht rechthaberisch. Setzen Sie nicht in Machtkämpfen Ihren Willen durch. Rutschen Sie nicht auf dem Parkett der Etikette aus. Überlegen Sie immer, wenn Sie etwas tun oder sagen:

– Wie wirkt das auf andere?
– Wer ist davon wie betroffen oder fühlt sich betroffen?
– Wer könnte daraus welche Schlüsse ziehen?
– Wie wird sich das langfristig für mich oder für andere auswirken?

Lassen Sie sich niemals von unklugen Gefühlen mitreißen, lassen Sie sich nicht provozieren, hüten Sie Ihre Zunge und bleiben Sie immer »gesellschaftsfähig«.

Sie sollten sich unbedingt auch durch Etikette-Seminare fit machen. Das sollte jedoch mehr sein als drei Tage Training in Tischmanieren und Begrüßungsritualen. Lernen Sie auch die Kunst der gepflegten Konversation und die Kunst der diplomatischen Verhandlungsführung.

- *Timing:* Timing kann ein Teil der Diplomatie sein, wenn es zum Beispiel um die Entscheidung geht, wem Sie was zu welchem Zeitpunkt sagen oder lieber verschweigen.

Timing bedeutet jedoch auch, dass Sie den richtigen Zeitpunkt erkennen, wann Sie zum Beispiel mit einer guten Idee vorpreschen oder sich in einer kritischen Situation lieber »bedeckt halten« sollten. Es kann bedeuten, dass Sie erkennen, ab wann es sinnlos ist, beim aktuellen Arbeitgeber noch auf eine Karriere zu hoffen und lieber rechtzeitig den Absprung zu schaffen. Es bedeutet, dass Sie günstige Gelegenheiten sofort erkennen und beim Schopf packen. Vor allem, wenn Sie vom Typ her ein sehr analytisch orientierter Mensch sind, besteht die Gefahr, dass Sie plötzlich auftretende Chancen entweder nicht erkennen oder so lange über die richtige

Reaktion darauf nachdenken, dass ein Schnellerer Ihnen die Chance vor der Nase wegschnappt.

Wenn Sie vom Typ her ein spontaner und recht dynamischer Mensch sind, dann besteht die Gefahr, dass Ihnen eventuell die Geduld fehlt, in Ruhe abzuwarten, bis Ihr Karrierekonkurrent oder Konfliktgegner den Fehler macht, der Ihre Chance sein kann, oder bis Ihr Vorgesetzter in der richtigen Stimmung ist, sich von Ihnen das anzuhören, was Sie gerne loswerden möchten.

- *Kontakte:* Pflegen Sie ganz bewusst Kontakte zu wichtigen Kollegen, zu wichtigen Kunden und zu wichtigen Personen Ihrer Branche. Ob man das nun gut und gerecht findet oder nicht: Karrieren werden sehr von Beziehungen geprägt. Man muss die richtigen Leute kennen und von denen auch gekannt werden. Vor allem den zweiten Aspekt darf man nicht vernachlässigen. Mancher verschafft sich Listen mit den Namen wichtiger Personen in diversen Firmen und hält diese Sammlung für bedeutsam. Das ist höchstens für Verkäufer wichtig. Die können mit solchen Listen gezielt ihre Akquise steuern. Für Ihre Karriere kommt es darauf an, dass die richtigen Leute Sie kennen.

- *Verschwiegenheit:* Unter Verschwiegenheit wird nicht verstanden, dass Sie wenig reden. Das würde eher als kontaktscheu oder gehemmt oder sogar als arrogant ausgelegt. Sie gelten dann als verschwiegen, wenn man sich darauf verlassen kann, dass Sie – auch im Stress oder unter Alkohol – immer Ihre Zunge im Zaum halten können. Es muss sicher sein, dass Ihnen niemals ein Geheimnis oder eine geschützte Information herausrutscht. Darüber hinaus muss sicher sein, dass Sie nicht zu erkennen geben, ob und welche Informationen Ihnen bekannt sind.

5. Erledigen Sie Ihre Aufgaben ohne Hast. Was Sie nicht schaffen, lassen Sie lieber bis zum nächsten Tag liegen, als Zeichen von Eile zu zeigen. Sie sollen sich zwar immer bemühen, Ihr Tagewerk zu erledigen, das darf jedoch nie dazu führen, dass man Sie als einen gehetzten Menschen wahrnimmt. Wenn Sie gestresst von Termin zu Termin jagen, sich kaum noch Zeit lassen, anderen zuzuhören, hinter Bergen von Papier auf dem Schreibtisch fast verschwinden, dann gelten Sie vielleicht als fleißig und gewissenhaft, aber auf keinen Fall als Persönlichkeit, die in der Lage ist, sich selbst zu managen.

Sachbearbeiter können hasten und rennen. Führungskräfte müssen dynamisch (niemals phlegmatisch!), aber immer souverän und ruhig auftreten.

Für den Moment mag es unangenehm sein, wenn Arbeit liegen bleibt. Für Ihre Karriere ist es schädlich, wenn Sie hasten wie einer, dem gerade das Selbstmanagement aus den Händen gleitet. Die Zeiten, da ein voller Schreibtisch nach Arbeit und Wichtigkeit aussah, sind auch vorbei! Je höher Sie aufsteigen, desto mehr freie Fläche muss auf Ihrem Schreibtisch zu sehen sein. Auch das sieht nach Ruhe und gutem Selbstmanagement aus.

6. Wenn andere mit Ihnen sprechen, legen Sie jede Arbeit beiseite, hören Sie aktiv zu und lassen Sie den anderen ausreden. Das bedeutet nicht, dass Sie den Geschwätzigen endlos zur Verfügung stehen. Sie müssen in der Lage sein, diplomatisch, aber bestimmt sinnlose Gespräche zu beenden. Das ist vor allem mit plauderlustigen Kunden nicht immer leicht.

Was Sie jedoch unbedingt beherrschen müssen, ist die Kunst des konzentrierten Zuhörens. Wenden Sie sich Ihrem Gesprächspartner zu und lassen Sie ihn ausreden. Auch bei Menschen, die langsam sprechen, umständlich formulieren, ewig nicht auf den Punkt kommen und dann noch Denkpausen machen, sollten Sie nicht durch Zwischenbemerkungen »anzuschieben« versuchen. Lassen Sie auch nicht Ihre Augen nebenher schon wieder über Ihre Papiere wandern. Trommeln Sie nicht mit den Fingerspitzen.

Vor allem, wenn Sie selbst vom Temperament her recht dynamisch sind, sind Langsamsprecher für Sie eine Qual. Beißen Sie nicht in die Tischplatte und lassen Sie sich auch nicht anmerken, dass Sie das am liebsten täten! Oft wissen Sie vermutlich schon nach zwei Worten, wie der Satz des anderen zu Ende geführt werden wird, dann dürfen Sie trotzdem nicht zwecks Beschleunigung den Satz selber schnell zu Ende führen.

7. Machen Sie fremde Probleme nicht zu Ihren eigenen. Sie sollen zwar hilfsbereit und loyal gegenüber Kollegen und Vorgesetzten sein, aber beachten Sie unbedingt die Grenze zum diensteifrigen Helfersyndrom. Lassen Sie sich nicht von anderen vor deren Karren spannen. Im Hinblick auf Hilfsbereitschaft im beruflichen Umfeld gelten folgende Grundregeln:

- *Die Hilfe darf niemals entmündigen, dominieren oder zur wachsenden Bequemlichkeit des Nutznießers führen.* Helfen Sie nur, wenn Sie ausdrücklich darum gebeten werden. Machen Sie sich nicht zum aufdringlichen »Retter« anderer. Das ist nämlich oft nur der unbewusste Versuch, Macht über vermeintlich Schwächere auszuüben. Viele Menschen mögen es auch nicht, wenn man ihnen ungebeten zur Hilfe kommt. Sie empfinden das als Einmischung. Machen Sie sich bitte nicht durch solche gut gemeinten Aufdringlichkeiten unbeliebt!
- *Wer helfen will, muss sich auch dafür belohnen lassen.* Wenn Sie einem anderen geholfen haben, dann müssen Sie es akzeptieren, dass der andere sich revanchiert. Wehren Sie den Dank oder die Belohnung nicht ab. Das ist nämlich keine Bescheidenheit, sondern der subtile Versuch, andere in einem Dankbarkeitsverhältnis zu halten. Auch das ist Machtausübung! Helfen Sie, lassen Sie sich belohnen, und dann vergessen Sie das Thema. Der andere darf nicht in die unangenehme Lage geraten, Ihnen etwas schuldig zu sein. Das macht Sie unbeliebt!
- *Hilfe muss immer Hilfe zur Selbsthilfe sein.* Helfen Sie nur solchen Kollegen, die an ihren Problemen selber aktiv arbeiten, und von denen zu erwarten ist, dass sie nach kurzer Zeit ihre Probleme wieder selbst im Griff haben.
- *Man helfe nicht solchen Leute, die anderen auch nicht helfen.* Manche helfen aus Egoismus nicht, lassen jedoch gerne andere für sich arbeiten und Probleme lösen. Andere helfen niemals, weil sie in ihr eigenes Selbstmitleid verstrickt sind. Sie gehen davon aus, dass sie nun einmal keine »Ellenbogentypen« sind und deshalb vom Rest der Welt auf Rücksicht hoffen dürfen. Sie sind ständig gedanklich

mit ihren eigenen Problemen beschäftigt und kommen gar nicht auf die Idee, dass andere auch gelegentlich Hilfe brauchen könnten. Das sind typische »Opfer«, die sich mitunter gerne als »Gemobbte« betrachten. Sie müssen es souverän aushalten, dass solche Leute Sie für rücksichtslos halten, wenn Sie ihnen – zu Recht – Ihre Hilfe verweigern.

Vor allem wenn Sie eine Frau sind, sollten Sie bewusst darauf achten, wem Sie helfen und wer sich aus welchem Grund von Ihnen helfen lassen will. »Opfer« wenden sich natürlich bevorzugt »ganz im Vertrauen« an weibliche Kollegen und versuchen gezielt, nützliche »Pflegeinstinkte« anzusprechen. Aber auch knallharte männliche Karrierekonkurrenten lassen sich gerne von Kolleginnen »helfen«. Dabei sorgen sie ganz geschickt dafür, dass die Frau fast unbemerkt in eine Assistentinnenrolle gerät. Vorsicht!

8. Seien Sie niemals sarkastisch und zynisch. Vor allem, wenn Sie grundsätzlich eher introvertiert und sehr sachbezogen sind, könnte die Gefahr bestehen, dass Sie zwar selten etwas sagen, aber dann in verletzender Art. Zynismus und Sarkasmus ist oft die Rache derer, die verbittert feststellen, dass sie selbst zwar viel klüger und vernünftiger sind als die Kollegen, jedoch nicht mit deren oft »blendendem« und schlagfertigem Auftreten mithalten können. Zynismus und Sarkasmus sind nicht nur verletzend, sondern immer auch ein Zeichen eigener Verbitterung. Lassen Sie sich nie dazu hinreißen!

9. Spielen Sie in Meetings nicht den Clown. Sie dürfen gerne durch humorvolle Bemerkungen die Stimmung heben und festgefahrene Rechthaberdiskussionen auflösen. Achten Sie jedoch darauf, dass man nicht zu oft lachend in Ihre Richtung schaut. Man wird den Respekt vor Ihnen verlieren, wenn man Sie in erster Linie als »Scherzkeks« kennt. Außerdem weiß heute wohl jeder, was psychologisch hinter dem Phänomen des »Klassenclowns« steht. Die seelischen Probleme eines »Konferenzclowns« sind die gleichen: Sehnsucht nach Anerkennung, gepaart mit der Unfähigkeit, sie durch Leistung, Liebenswürdigkeit oder Intelligenz zu bekommen.

10. Bedenken Sie: »Kleider machen Leute.« Seien Sie immer einen Hauch besser angezogen als die Kollegen. Bleiben Sie im Zweifel lieber etwas konventionell bei dunklen Farben. Oft ist es auch gut, wenn Sie sich im Stil ähnlich der/den Person/en kleiden, die über Ihre Karriere entscheiden werden. Das nennt man »spiegeln«.

11. Sprechen Sie niemals abfällig über Ihren ehemaligen Arbeitgeber. Drei Gründe sollten Sie daran hindern, jemals am neuen Arbeitsplatz Ihrem Ärger über ehemalige Chefs, Kollegen oder Arbeitgeber Luft zu machen. Der erste Grund ist natürlich der, dass diese Form der üblen Nachrede als schlechter Stil sofort gegen Sie und Ihr Niveau spricht. Der zweite Grund liegt darin, dass Sie durch negative Berichte bei Ihren Zuhörern den Verdacht wecken, dass Sie ein teamunfähiger oder fachlich erfolgloser Mensch sind und deshalb am bisherigen Arbeitsplatz Außenseiter waren. Der dritte Grund liegt in dem psychologischen Phänomen, dass Zuhörer, denen man Böses über abwesende Dritte erzählt, häufig zwar dem Schandmaul ihre Zustimmung beteuern, innerlich jedoch instinktiv Partei für das Opfer der üblen Nachrede ergreifen, weil sie es als Unrecht empfinden, was da einem Abwesenden, der sich nicht verteidigen kann, geschieht. Besser ist es, wenn Sie eisern dabei bleiben, sich beim bisherigen Arbeitgeber wohl gefühlt zu haben, dass Sie mit Vorgesetzten und Kollegen hervorragend zusammenarbeiten konnten, dass Sie nur gegangen sind, weil Sie die Herausforderungen hier, beim jetzigen Arbeitgeber, gereizt haben. Natürlich sollen Sie auf keinen Fall nostalgische Schwärmereien von früher von sich geben. Man könnte sonst unterstellen, dass Sie den Wechsel bereuen.

12. Bezeichnen Sie niemals das Betriebsklima des aktuellen oder eines früheren Arbeitgebers als schlecht. Sich über das Betriebsklima zu viele Gedanken zu machen wirkt nicht aufstiegsorientiert, sondern bequem, sesshaft und psychisch wenig belastbar. Wer aufsteigen will, muss sich damit abfinden, auch hart gegen Karrierekonkurrenten kämpfen zu müssen. Das ist oft das Problem von Frauen. Sie möchten ja gerne, dass man ihnen die gehobenen Positionen zutraut, aber dabei soll sie immer noch jeder lieb haben. Das geht nicht.

Wenn Sie sich zu oft über das Betriebsklima äußern, liegt der Verdacht nahe, dass Sie nicht ausreichend leistungs-, sondern viel zu sehr beziehungsorientiert sind. Deshalb sollten Sie noch nicht einmal das gute Betriebsklima zu sehr loben! Sagen Sie besser gar nichts zu dem Thema.

Wer sich beklagt, weckt den Verdacht, die guten Beziehungen zu den anderen selbst zerstört zu haben. Das ist sogar oft der Fall. Für das Klima ist jeder verantwortlich.

13. Akzeptieren Sie Ihre Kollegen und Vorgesetzten, wie sie sind. Wir Menschen neigen oft dazu, uns Gedanken zu machen, was die anderen für Fehler haben, wie sie sich klüger oder netter verhalten sollten. Das hat dann oft zur Folge, dass wir, anstatt den Mund zu halten, versuchen, unsere Mitmenschen zu beraten, zu ändern, zu beeinflussen – meist ohne Erfolg.

Auch wenn Sie es noch so gut meinen, lassen Sie das. Andere haben das Recht, sich so dumm und falsch zu verhalten, wie sie wollen. Sie haben auch das Recht, zu scheitern, wie sie wollen.

Es ist in Ordnung, wenn Sie anderen die Grenzen weisen, damit sie Ihre Arbeit nicht stören, Ihre Ergebnisse nicht gefährden und Ihre Nerven nicht mehr als nötig belasten. Es ist jedoch nicht in Ordnung, wenn Sie versuchen, andere umzuerziehen. Sie erreichen dadurch nichts und vergeuden nur sinnlos Ihre Kraft.

Es gibt zwei mögliche Motive, warum man sich die Mühe macht, anderen auf den »rechten Pfad zu helfen« oder sie »zur Vernunft zu bringen«. Der erste Grund liegt in der eigenen Neigung zur Rechthaberei. Man möchte wie ein Studienrat am liebsten mit dem Rotstift pausenlos Fehler anderer Leute markieren. Der zweite mögliche Grund ist ein missionarisches Helfersyndrom. Man möchte sich selber schmeicheln, ein guter Mensch zu sein, weil man anderen hilft, sich zu »bessern«.

In beiden Fällen handelt es sich um Einmischerei und Anmaßung. Kümmern Sie sich um Ihre Karriere und lassen Sie Ihre Kollegen ihren eigenen Weg finden.

14. Behandeln Sie alle mit der gleichen freundlichen und höflichen Aufmerksamkeit.

- Seien Sie Ranghöheren gegenüber nicht unterwürfig. Die Kollegen werden Sie dafür hassen, und die Ranghöheren werden Ihnen dann keine souveräne »Leader«-Qualifikation zutrauen.
- Seien Sie Rangniederen gegenüber niemals herablassend oder gedankenlos. Grüßen Sie die Putzfrau, den Pförtner und die Schreibkraft mit der gleichen Freundlichkeit wie den Vorstand. Gerade die Rangniederen sind oft ewig lange im Unternehmen und haben nicht selten verblüffende Sympathieverbindungen mit den ganz Mächtigen. Außerdem macht sich der freundliche Umgang mit allen anderen auch vor denjenigen gut, die im Falle einer möglichen Beförderung Ihre Fähigkeiten im Umgang mit Menschen in die Entscheidung mit einbeziehen werden.
- Seien Sie niemals zu vertraulich und kumpelhaft mit Gleichrangigen. Kollegiale Zusammenarbeit bei einer gewissen Distanz ist der Karriere förderlicher als kumpelhafte Neigungen zu Duz-Beziehungen und persönlichen Vertraulichkeiten.

15. Machen Sie sich unabhängig von der Zustimmung und der Anerkennung anderer. Treten Sie mutig für Ihre eigene Meinung ein. Verteidigen Sie Ihren Standpunkt auch dann, wenn andere nicht zustimmen. Sie sollen nicht rechthaberisch und verbissen sein, aber hüten Sie sich ganz besonders vor Jasagerei. Als Führungsperson müssen Sie immer in der Lage sein, Entscheidungen zu treffen, die nicht jedem gefallen.

16. Gehen Sie an Beziehungen und an Konflikte vorurteilslos und gegenwartsbezogen heran. Graben Sie nicht alte Geschichten und Anlässe für Groll aus. Auch wenn Sie über andere bereits Nachteiliges gehört haben oder wenn Sie deren Schwächen kennen, lassen Sie das ruhen. Vorbei ist vorbei. Trauen Sie jedem Menschen zu, sich inzwischen »gebessert« zu haben.

Haben Sie auch keine Bedenken, wenn die anderen sich vielleicht aus früheren Begegnungen erinnern könnten oder Ihre negativen Seiten von Dritten erfahren haben. Gehen Sie auch nicht davon aus, dass man grundsätzliche Vorurteile (wegen Ihrer Hautfarbe, Ihres Geschlechtes, Ihrer Herkunft etc.) gegen Sie hat. Geben Sie jedem anderen die Chance, ein vorurteilsloser Mensch zu sein. Bringen Sie dem anderen kein vorbeugendes Misstrauen entgegen.

17. Legen Sie es nicht bewusst darauf an, »Eindruck« zu machen. Das könnte Ihnen als Geltungsbedürfnis, Profilneurose oder getarnter Minderwertigkeitskomplex ausgelegt werden. Wenn Sie selbstbewusst, höflich und freundlich auftreten und gute Ergebnisse bringen, kommen Sie ohne selbstdarstellerische Mätzchen aus.

18. Seien Sie kein Mauerblümchen. Gehen Sie auf andere zu. Knüpfen Sie Kontakte, ziehen Sie andere ins Gespräch. Achten Sie auf Ihre Selbstdarstellung. Für Amerikaner ist es selbstverständlich, dass sich jeder, der beruflich etwas werden will, auch »verkaufen« muss. Bei uns wirkt es immer noch anrüchig, wenn sich jemand selbst zu vermarkten versucht. »Eigenlob stinkt«, heißt es dann. Seien Sie deshalb etwas vorsichtig damit, jedoch auch nicht so vorsichtig, dass Sie sich ganz in Bescheidenheit verkriechen. Bei uns gibt es auch passende Sprüche zum Thema: »Klappern gehört zum Handwerk.« »Nur quietschende Räder werden geölt.« Sorgen Sie dafür, dass man Sie an den richtigen Stellen in der richtigen Weise wahrnimmt.

19. Gönnen Sie anderen Menschen ihre Erfolge. Machen Sie niemals negative Bemerkungen, wenn anderen ein Erfolg gelungen ist. Das sieht nicht nur nach Neid aus, das lässt auch vermuten, dass Sie zu unreif und selbstbezogen sind, um zu erkennen, dass der Erfolg von Kollegen schließlich dem gesamten Unternehmen zugute kommt und deshalb auch Ihnen recht sein muss.

20. Dominieren Sie gleichrangige Kollegen nicht.
- Drängen Sie anderen nicht ungefragt Ihre Hilfe auf. Auch das ist eine Form der Machtausübung und Selbsterhebung über andere.

- Geben Sie anderen nicht ungebetenen Rat. Das wird als oberlehrerhafte Einmischung verstanden und verübelt.
- Kritisieren Sie nicht, wenn man Sie nicht um Feedback gebeten hat. Das könnte sonst den Verdacht wecken, dass Sie eine Neigung zum Kontrollieren und zur Rechthaberei haben.
- Versuchen Sie nicht, das Verhalten und Denken anderer zu beeinflussen. Gestehen Sie den Menschen, die nicht Ihrer Führung anvertraut sind, das Recht zu, sich (in Ihren Augen) völlig falsch zu verhalten und falsch zu denken.

21. Versuchen Sie immer in Gesprächen mit anderen, diese als Personen aufzuwerten. Sprechen Sie andere mit Namen an. Nehmen Sie freundlichen Augenkontakt auf. Stellen Sie offene Fragen und hören Sie dann aufmerksam zu. Versuchen Sie möglichst immer dafür zu sorgen, dass Ihr Redeanteil deutlich geringer ist als der der anderen Person. Das ist die höchste Wertschätzung im Gespräch.

22. Versuchen Sie niemals, andere zu etwas zu überreden, wenn es Ihnen nicht gelungen ist, sie zu überzeugen. Menschen, die nicht überzeugt, sondern nur überredet wurden, kippen später in der Regel doch wieder um. Ganz besonders nehmen sie es übel, wenn man sie dann auch noch moralisch erpresst, sich an ihre Zusagen zu halten. Sich überredet zu fühlen führt bei der betreffenden Person zu Verärgerung. Man hat sich »breitschlagen« oder »beschwatzen« lassen. Verzichten Sie darauf. Die Rache kommt bestimmt.

Wenn es Ihnen nicht gelingt, durch gute Argumente zu überzeugen, sollten Sie auch nicht beharrlich weiter auf die andere Person einreden. Es nutzt Ihnen nichts, wenn man Ihnen nur scheinbar zustimmt, um Sie mit Ihrem Gerede endlich vom Hals zu haben. Im Grunde ist Überredung eine Verletzung der Menschenwürde. Bemühen Sie sich, Ihr Anliegen überzeugend zu vermitteln, aber gestehen Sie immer den anderen das Recht zu, souverän selbst zu entscheiden, ob sie zustimmen oder nicht.

Bezogen auf Ihre Mitarbeiter kann das bedeuten, dass Sie zunächst durch Überzeugungsarbeit um die Zustimmung werben. Wenn das nicht gelingt, dann kann es notwendig werden, dass die Mitarbeiter zwar nicht einverstanden sind, sich jedoch trotzdem an Ihre Entscheidung halten müssen. Das Schmollen müssen Sie dann notgedrungen ertragen.

23. Bauen Sie Ihren Niederlagen keine Denkmäler im Gedächtnis. Versuchen Sie immer, Ihre Niederlagen und Fehlschläge kritisch zu betrachten und daraus zu lernen. Versuchen Sie nicht, die Schuld auf andere oder auf »ungünstige Umstände« zu schieben. Überlegen Sie immer, was Sie persönlich hätten besser oder anders machen können. Denn nur auf Ihr eigenes Verhalten haben Sie letztlich Einfluss. Lernen Sie immer bewusst für die Zukunft, und dann lassen Sie auch in Ihrem Gedächtnis die Sache ruhen. Für Ihre eigene Motivation ist es besser, wenn Sie sich stattdessen regelmäßig mit Ihren Siegen befassen und an Ihre Erfolge erinnern.

24. Bauen Sie den Niederlagen anderer keine Denkmäler. Sprechen Sie auch in Konflikten niemals einen anderen auf dessen Niederlagen an. Verzichten Sie auf Aussagen wie: »Sie haben doch schon damals das Projekt verpatzt.« »Ihnen ist doch noch nie ein großer Kunde treu geblieben.«

25. Triumphieren Sie niemals, wenn Sie in einem Disput oder einem Konflikt gewonnen haben oder wenn Sie sich im Wettbewerb durchsetzen konnten. Die Einstellung »Dem habe ich es aber gegeben!« sollten Sie meiden oder zumindest stillschweigend mit sich selbst ausmachen. Es ist nur menschlich, dass Sie sich freuen, wenn Sie sich durchgesetzt oder Recht bekommen haben. Aber behalten Sie die Freude für sich. Das Triumphieren über einen geschlagenen Gegner ist stillos, verdirbt das Betriebsklima und könnte Sie so überheblich machen, dass Sie beim nächsten Mal an Ihrer Selbstüberschätzung scheitern.

26. Meiden Sie »Risikokontakte«. Unter »Risikokontakten« versteht man die Personen, die Ihrer Karriere schaden könnten. Pflegen Sie möglichst keinen Umgang mit Menschen, die

- im Unternehmen als Versager oder Absteiger gelten;
- vermutlich Dinge am Rande der Legalität tun (z. B. Bestechungsgelder annehmen, interne Informationen weitergeben);
- als Rebellen oder Quertreiber gelten und häufig in Konflikte verwickelt sind;
- von anderen bemitleidet werden;
- bei wichtigen Entscheidern unbeliebt sind.

27. Nehmen Sie Unfreundlichkeiten und schlechtes Benehmen anderer nicht zur Kenntnis. Tun Sie einfach so, als hätten Sie nichts bemerkt. Sie sind nicht für die Erziehung anderer zuständig, also sollten Sie auch kein Verhalten zeigen, das einer Gouvernante angemessen wäre. Verzichten Sie diesbezüglich auch auf persönliche Empfindlichkeiten. Der andere hat Sie nicht gegrüßt oder Sie unhöflich behandelt? Das ist sein schlechter Stil, nicht Ihrer. Denken Sie an den Spruch: »Was stört es die Eiche, wenn sich die Sau dran schabt?« Das gilt natürlich nicht, wenn sich einer Ihrer Mitarbeiter vor Kunden schlecht benimmt. Dann müssen Sie eingreifen, und zwar gleich beim ersten Mal. Das gilt auch nicht, wenn ein Mitarbeiter durch provokatives Verhalten ganz offensichtlich Ihre Autorität zu untergraben versucht.

28. Führen Sie niemals Streitgespräche mit Kunden. »Eine gewonnene Diskussion ist ein verlorener Kunde.« Ganz egal, ob der Kunde sich irrt oder sich falsch verhalten hat, versuchen Sie immer nett zu bleiben und emotionale Ausbrüche zu ignorieren. Wenn der Kunde sachlich etwas falsch sieht, dann seien Sie höchst vorsichtig in Ihrer Richtigstellung. Sie müssen nicht zustimmen, Sie dürfen sich jedoch auf keinen Fall wie ein Schulmeister anhören. Kunden lieben es nun einmal nicht, wenn man ihnen ihre Dummheiten und Irrtümer nachweist.

Verzichten Sie auf Formulierungen wie: »Das stimmt nicht.« »Das sehen Sie falsch.« »Jetzt lassen Sie sich das mal erklären.« Sagen Sie lieber: »Meiner Meinung nach...« »Ich sehe das so...« »Aus meiner Sicht...«

Das gilt auch bei Diskussionen mit Ihren Vorgesetzten! Die lieben es auch nicht, von Ihnen in Streitgespräche und Wortgefechte verwickelt zu werden.

29. Sprechen Sie grundsätzlich aufwertend über
- sich selbst,
- Ihre Arbeit,
- Ihre Kollegen,
- Ihre Abteilung, Ihre Mitarbeiter und über Ihren Arbeitgeber,
- Ihre Kunden.

30. Zeigen Sie anderen Ihr unaufdringliches Interesse für deren Belange. Sie sollen die anderen weder aushorchen noch ermuntern, sich endlos mit Ihnen ins Plaudern zu versenken. Fragen Sie jedoch, wie der Urlaub war, ob das letzte Gespräch mit dem Kunden gut gelaufen ist, ob sich der neue Wagen gut fährt ...

Vermitteln Sie den anderen, dass Sie sich für sie interessieren. Das lässt Sie sympathisch wirken. Die meisten Menschen lieben es nämlich, wenn man sie fragt und ihnen dann aufmerksam zuhört. Geben Sie anderen auch immer wieder die Chance, ein wenig vor Ihnen anzugeben. Bewundern Sie das neue Auto, loben Sie die kluge Entscheidung für das Baugrundstück und sagen Sie, dass Sie auf den herrlichen Urlaub ein wenig neidisch sind.

31. Wehren Sie neue Ideen und Vorschläge anderer niemals mit Killerphrasen ab. Dazu gehören Sätze wie:
- »Das geht nicht.«
- »So haben wir das noch nie gemacht.«
- »Wenn hier jetzt jeder ...«
- »In der Praxis ist das alles ganz anders.«
- »So einfach, wie Sie das hier darstellen, ist es nicht.«
- »Davon haben Sie doch keine Ahnung.«
- »Das passt nicht zu uns.«
- »Wenn Sie meine Erfahrung hätten, dann ...«
- »Das haben wir schon einmal probiert. Da ging es auch nicht.«

Fragen Sie bei jeder neuen Idee und bei jedem Vorschlag zuerst:
- »Wie soll das genau gehen?«
- »Was spricht dafür?«
- »Wie kamen Sie auf die Idee?«

Fragen Sie erst danach:
- »Gibt es dabei auch Risiken?«
- »Was schlagen Sie vor, um Risiken zu vermeiden?«

32. Bauen Sie sich gezielt eine »Hausmacht« auf. Sammeln Sie Verbündete um sich, knüpfen Sie Kontakte, pflegen Sie Beziehungen. Unter einer »Hausmacht« versteht man die Macht, die jemand durch inoffizielle Kanäle ausüben kann. Offiziell ist im Organigramm beschrieben, wer welche Machtposition innehat. Inoffiziell kann ein »guter Draht« zu den Mächtigen sehr helfen, wenn es um die Durchsetzung eigener Ziele geht.

33. Nehmen Sie Kritik immer positiv auf.
- Hören Sie sich an, was man an Ihnen oder Ihrer Arbeit zu kritisieren hat.
- Fragen Sie nach Details und konkreten Beispielen.
- Bedanken Sie sich für die Information.
- Sagen Sie, dass Sie sich die Sache durch den Kopf gehen lassen werden.

Sie müssen nicht sofort zugeben, dass die Kritik berechtigt ist. Sie sollten jedoch auf keinen Fall abwehren, sich rechtfertigen oder verteidigen. Zeigen Sie durch Ihre ruhige Reaktion, dass Sie innerlich stabil sind. Es reicht, dass Sie sich die Sache »durch den Kopf gehen« lassen wollen. Ob Sie die Kritik tatsächlich annehmen oder nicht, können Sie nach dem Durchdenken immer noch entscheiden. Das jedoch geht den Kritisierer nichts an.

34. Sehen Sie Ihre Fehlschläge niemals als Niederlagen. Geben Sie sich nicht geschlagen und verschwenden Sie keinen Gedanken daran, was andere von diesem Fehlschlag halten könnten. Das ist in der Regel sowieso egal. Wichtiger ist, ob Sie Stressresistenz beweisen und einen Fehlschlag »wegstecken« können.

Jeder Fehlschlag ist im Grunde nur ein wichtiger Hinweis, dass Sie an irgendeiner Stelle etwas falsch gemacht oder falsch entschieden haben. Korrigieren Sie den Fehler und achten Sie darauf, dass Sie das nächste Mal nicht den gleichen Fehler machen. Lassen Sie sich jedoch nicht entmutigen.

35. Kämpfen Sie nicht gegen Ihren Vorgesetzten oder andere Ranghöhere. Geben Sie Ihrem Vorgesetzten niemals das Gefühl, dass Sie ihn ausstechen oder gar »absägen« wollen. Achten Sie darauf, dass er niemals Ihretwegen sein »Gesicht verliert« oder einen Fehlschlag erleidet. Achten Sie stattdessen darauf, immer Ihrem Vorgesetzten den Rücken zu stärken. Nehmen Sie dabei jedoch keine unterwürfige Dienstbotenhaltung ein!

36. Nutzen Sie die Eitelkeit Ihrer Gegner und Karrierekonkurrenten. Es gibt die alte Regel: »Wen man nicht besiegen kann, den soll man sich zum Freund machen.« Noch besser ist die Regel: »Wen man besiegen will, den soll man sich zum Freund machen.« Es kann nicht Ihr Interesse sein, dass Ihre Gegner und Karrierekonkurrenten Sie durch unnötige Wettstreite, Auseinandersetzungen und Machtkämpfe belasten. Lullen Sie die anderen lieber ein. Sagen Sie Bewunderndes über deren Leistungen. Schmeicheln Sie ihnen. Lassen Sie sie ausführlich prahlen. Damit machen Sie es den anderen schwer, ihrerseits Ihnen gegenüber aggressiv zu sein. Außerdem werden Sie als Konkurrent unterschätzt. Das kann in entscheidender Situation Ihr Vorteil sein.

37. Entwickeln Sie einen Kontrollmechanismus zwischen dem, was Sie denken, und dem, was Sie aussprechen. Für jeden von uns gibt es immer wieder Diskrepanzen zwischen dem, was wir am liebsten sagen oder für uns behalten möchten, und dem, was wir klugerweise sagen oder lieber verschweigen müssen. Manches würden Sie gerne anderen sagen, aber das könnte auf Widerstand stoßen, Sie in schlechtes Licht setzen oder unnötig Konflikte provozieren. Manches möchten Sie ” nicht sagen, aber Sie müssen es sich notgedrungen über die Lippen schieben. Das können Schmeicheleien sein oder auch unangenehme Wahrheiten, die Sie lieber nicht aussprechen möchten.

Sie müssen lernen, zur rechten Zeit den Mund aufzumachen, genauso wie Sie es lernen müssen, zur rechten Zeit den Mund fest geschlossen zu halten. Dieser Kontrollmechanismus muss auch bei Stress noch funktionieren.

38. Bleiben Sie in ständigem Dialog mit Vorgesetzten und mit Mächtigen Ihres Unternehmens. Man nennt dies auch »Gesichtspflege«. Sorgen Sie dafür, dass wichtige Personen Ihre Kompetenz nicht vergessen, Ihr Gesicht und Ihren Namen im Gedächtnis behalten. Gleichzeitig sorgen Sie dafür, dass Sie immer über das informiert sind, was sich in den »gehobenen Kreisen« des Unternehmens abspielt.

39. Demonstrieren Sie Ihre Teamfähigkeit. Das bedeutet nicht nur, dass Sie kollegial mit anderen arbeiten und kommunizieren. Das bedeutet auch, dass Sie immer wieder Ihre positiven Erfahrungen, die Sie mit anderen gemacht haben, herausstellen. Lassen Sie es Ihren Vorgesetzten wissen, wie gut Sie zur Zeit und auch schon in früheren Positionen mit anderen gearbeitet haben. Dadurch vermitteln Sie versteckt, aber deutlich, dass Sie ein guter Teamworker sind. Auf keinen Fall sollten Sie jedoch Zweifel daran lassen, dass Sie die treibende Kraft in der Zusammenarbeit sind oder waren! Machen Sie unmissverständlich klar, dass Sie auch in gleichrangigen Teams immer zu den einflussreichen Persönlichkeiten und nie zu den Mitläufern gehören.

40. Pflegen Sie auch über Ihr Unternehmen hinaus gute Beziehungen zu Experten Ihres Fachs oder Ihrer Branche. Sie brauchen solche Kontakte aus drei guten Gründen. Der erste liegt darin, dass Sie nur durch Kontakte außerhalb Ihres Unternehmens wirklich aktuell über neue Entwicklungen und Trends am Markt informiert bleiben. Der zweite Grund liegt darin, dass es eventuell einmal für berufliche Wechsel wichtig sein kann, auch woanders Ansprechpartner zu haben. Der dritte Grund liegt darin, dass es im eigenen Unternehmen Ihr Ansehen steigen lässt, wenn man erfährt, welche guten Kontakte Sie haben. Ein wenig diskretes »name-dropping« kann nie schaden.

41. Lassen Sie sich niemals zu Temperamentausbrüchen hinreißen. Temperamentausbrüche sind emotionelle Reaktionen auf Stress, Ärger oder andere Belastungen. Sie zeugen von einem Mangel an Selbstbeherrschung. Außenstehende erkennen daran, dass Sie sich nicht mehr von klaren Gedanken, sondern von heftigen Emotionen steuern lassen.

Unter Temperamentausbrüchen in diesem Sinne versteht man nicht nur cholerische Anfälle oder andere Wutreaktionen. Man betrachtet in diesem Zusammenhang auch besonders leidenschaftliches Diskutieren ohne Rücksicht auf diplomatische Überlegungen, verbissene Rechthaberei und blinde Hektik als »Temperamentausbrüche«. Vielleicht gibt es in Ihrem Unternehmen an sehr gehobener Stelle sogar einen berüchtigten Choleriker und Hysteriker. Die Sorte gibt es in vielen Vorständen. Lassen Sie sich nicht täuschen. Sagen Sie sich nicht, dass man scheinbar sehr wohl auch als unbeherrschtes Nervenbündel bis an die Spitze kommen kann. Das ist falsch. Erst wenn man an der Spitze ist, darf man sich cholerische und hysterische Ausfälle leisten. Das ist für viele Machtmenschen unbewusst auch Teil ihrer Statusdarstellung. Die Botschaft lautet: »So wie ich darf hier niemand brüllen und Türen knallen.« Halten Sie deshalb immer die Reihenfolge ein: Erst die Karriere, dann die Gefühlsausbrüche.

42. Zeigen Sie Temperament. Selbstkontrolle und kühle Souveränität statt emotionaler Ausfälle bedeutet nicht, dass Sie sich gefühllos wie ein »kalter Fisch« oder gar phlegmatisch geben. Von Aufsteigern und Siegern erwartet man Dynamik, Begeisterung und auch Feuereifer. Wichtig ist, dass Sie die Grenzen zwischen engagiertem Temperament im Sinne Ihrer Ziele und denen des Unternehmens und blinden Gefühlsausbrüchen als Reaktionen auf überstarke Belastungen beachten. Zeigen Sie sich als Dynamiker und zeigen Sie gleichzeitig, dass Sie sich selbst immer unter Kontrolle haben. Machen Sie sich unbedingt mit den Grundlagen der »Emotionalen Intelligenz« (EQ) vertraut.

43. Arbeiten Sie konsequent nach einem System zum Zeitmanagement. Es reicht nicht, dass Sie sich einen teuren Lederkalender oder ein Notebook zulegen und darin brav Ihre Termine und Aufgaben eintragen. Nehmen Sie sich die Zeit für ein vollständiges Training zum Zeitmanagement. Das beinhaltet immer ein Verhaltenstraining. Sie können es als Seminar beim Hersteller des Systems buchen, dessen Kalender Sie benutzen wollen. Besser als Zwei- oder Drei-Tage-Kurse sind jedoch Fernstudien, in denen Sie über einen Zeitraum von mehreren Monaten Unterlagen zur Bearbeitung zugeschickt bekommen. Dadurch werden Sie konsequent zu perfektem Zeit- und Selbstmanagement geführt.

44. Arbeiten Sie an Ihrer rhetorischen Kompetenz. Sie müssen für Ihren beruflichen Aufstieg unbedingt in der Lage sein, mitreißend und dynamisch zu präsentieren. Wenn Sie wie ein braver Buchhalter nur Fakten vortragen, wird man Sie vielleicht für gewissenhaft und kompetent halten, Ihnen jedoch niemals »Leadership« zutrauen.

So wie Sie als Vortragender Ihre Zuhörer begeistern, so wird man Ihnen auch zutrauen, dass Sie als Führungskraft die Mitarbeiter begeistern oder die Kunden überzeugen können.

Denken Sie bitte an die vorletzten Wahlen in Deutschland. Als ein hölzern wirkender Kanzlerkandidat der Opposition sein Glück versuchte, ist er gescheitert. Als vier Jahre später ein mitreißender Rhetoriker antrat, hat es geklappt. Das sagt zwar nichts über die tatsächliche Kompetenz als Kanzler aus, aber darüber, ob die Wähler ihm diese Kompetenz zutrauen.

In traditionell geführten Unternehmen und in Behörden kann man als lahmer Rhetoriker mit Fleiß und gutem Draht zum Vorstand noch aufsteigen. In modern geführten Unternehmen muss man zu allen anderen Qualifikationen auch die Kunst der Rhetorik beherrschen.

45. Machen Sie sich mit den Techniken der Moderation und der Steuerung von Gruppenprozessen vertraut. Moderation von Workshops und die Steuerung von Gruppenprozessen gehören zum Grundhandwerk einer Führungskraft. Sie müssen wissen, wie man im Team zügig zu Ergebnissen kommt, wie man sich gegenseitig inspiriert, wie man Konflikte bereinigt und Ziele erreicht. Dazu müssen Sie über die technischen Grundlagen im Umgang mit den Medien und das psychologische Wissen um Gruppenprozesse verfügen.

46. Machen Sie sich in Verkaufstechniken fit. Besuchen Sie mindestens einmal ein Verkaufstraining. Dort lernen Sie die Kunst der Überzeugung, der Verhandlung und der blitzschnellen Auffassung von Menschen-»Typen«. Begnügen Sie sich jedoch nicht mit einer Drückerschulung. Das sind eher Dressuren als Trainings. Besuchen Sie ein Seminar für Verkäufer und Kundenberater seriöser Unternehmen. Sie werden staunen, wie viel Sie dort für Ihre Führungsarbeit und für Ihren Umgang mit eigenen Vorgesetzten lernen können!

47. Entwickeln Sie einen klaren und prägnanten Schreibstil. Drücken Sie sich in Ihren Protokollen, Briefen und anderen Schriftstücken klar, flüssig und überzeugend aus. Endlose Ausführungen, ungeschickte

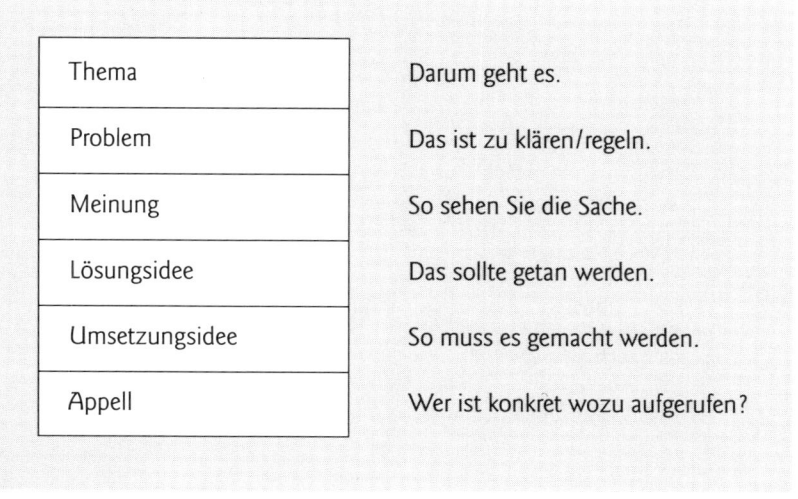

Thema	Darum geht es.
Problem	Das ist zu klären/regeln.
Meinung	So sehen Sie die Sache.
Lösungsidee	Das sollte getan werden.
Umsetzungsidee	So muss es gemacht werden.
Appell	Wer ist konkret wozu aufgerufen?

Abbildung 25: Standardgliederung für Schriftstücke

Formulierungen und unverständliches Sammelsurium von Details lassen vermuten, dass Sie auch so unstrukturiert denken. Wir werden in unserer Gesellschaft nun einmal im Wesentlichen über unsere sprachliche Kompetenz beurteilt. Das gilt für die geschriebene Sprache genauso wie für die gesprochene.

Wenn Sie wissen, dass Sie im schriftlichen Ausdruck Schwächen haben, sollten Sie sich ein Seminar dazu gönnen.

48. Machen Sie sich mit der Kunst der freien Rede vertraut. Damit sind nicht lange Vorträge gemeint, sondern die Beiträge, die Sie in einer Konferenz oder Besprechung von sich geben, wenn Sie Ihre Meinung zu einem Thema zu Gehör bringen wollen. Dabei ist es wichtig, dass Sie immer zügig auf den Punkt kommen. Monologe lassen auf unstrukturiertes Denken schließen. Grundsätzlich können Sie fast alle Wortmeldungen nach einem der beiden folgenden Konzepte gliedern.

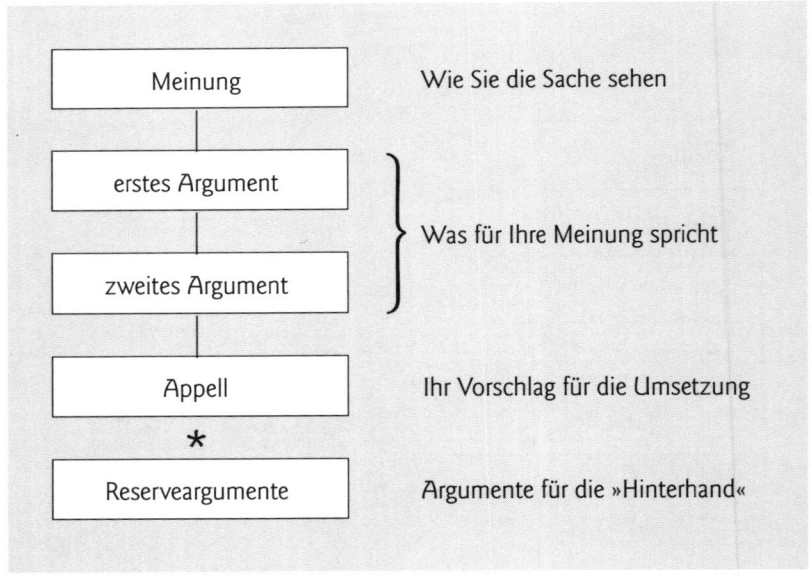

Abbildung 26: Freie Rede mit Argumenten

Das Sagen haben und sich Gehör verschaffen

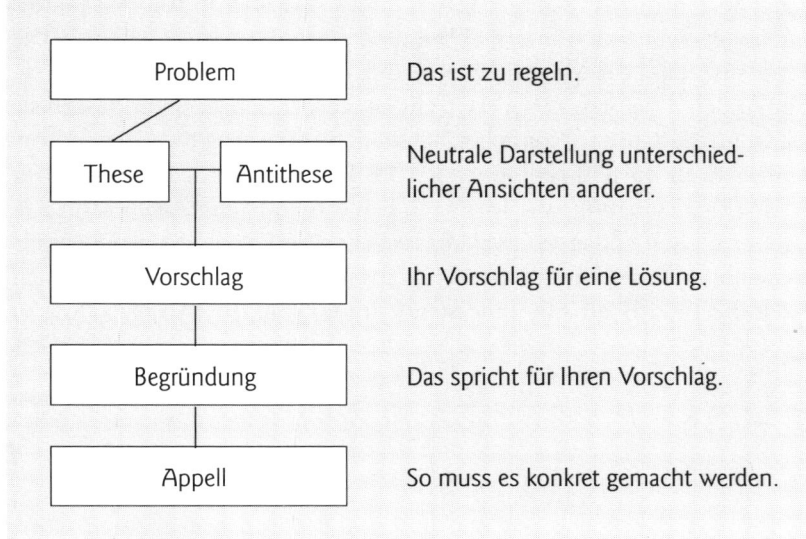

Abbildung 27: Freie Rede mit These und Antithese

49. Machen Sie sich mit den Grundlagen der Psychologie, der Menschenkenntnis vertraut. Das ist die Basis für soziale Intelligenz. Sie müssen die gängigen psychologischen Konzepte zur Motivation, zur Konflikttheorie und zur Typologie kennen. Sie müssen in der Lage sein, andere Menschen richtig einzuschätzen. Sie müssen abschätzen können, wer sich in welcher Situation vermutlich wie verhalten wird.

Nicht nur als Führungskraft müssen Sie diese Dinge im Interesse der Mitarbeiterführung beherrschen, Sie müssen auch im Interesse Ihrer eigenen Karriere in der Lage sein, diejenigen richtig zu »steuern«, die über Ihre Karrierechancen entscheiden.

50. Beherzigen Sie folgenden Merkspruch: »Ein intelligenter Mitarbeiter erkennt die Schwachstellen seines Chefs; ein weiser behält das für sich.« Es wird heute von Führungskräften verlangt, dass sie offen und partnerschaftlich mit ihren Mitarbeitern diskutieren und sich dabei auch von eigenen Irrtümern abbringen lassen. Das ist die Theorie. Die Praxis ist, dass die Menschen eitel und verletzlich sind und es hassen, von anderen bei Irrtümern erwischt zu werden. Noch mehr hassen sie es, wenn man ihre persönlichen Schwachstellen unter die Lupe nimmt. Um sich zu verteidigen und zu rechtfertigen, wird ein kritisierter Mensch ganz instinktiv sofort nach Fehlern und Schwächen beim Kritisierer suchen und etwas möglichst ebenso Verletzendes zurückgeben. Bringen Sie Ihren Vorgesetzten erst gar nicht in die Versuchung, sich nach Ihrer Kritik an ihm seinerseits gründlich mit Ihren Schwächen zu befassen.

Sachwortregister

360-Grad-Beurteilung 145 f.
3-Schichten-Modell 24

Absicherer 75
Absteiger 102, 242
Aggression 219
    Frust-Aggression 221, 223, 225
    Positive Aggression 225
    Rachsüchtige Aggression 224
    Spontane Aggression 221
    Strategische Aggression 225
Aggressivität 109, 111, 125, 220, 225, 245
    Positive Aggressivität 219
Analytisches Denken 162
Anforderungsprofil 25, 131, 134
Angst 96, 98, 101, 103, 125 f., 199
Anpassung 116, 219
Arbeitsethos 61 f.
Arbeitsstil 64, 72
    Arbeitsstil-Modell 86
    Arbeitsstil-Profil 83
Artist 89
Assessment-Center 18, 27, 127 ff., 135, 177
Assistentinnenrolle 235
Aufschneider 116
Aufsteiger 118, 227
Aufstiegschancen 87
Auftreten 201
Aufwärtsbeurteilung 107, 181, 186
Ausstrahlung 50, 114, 203, 205, 214
Auswahlverfahren 18, 27, 130, 135, 142
»Autismus« 96
»Autisten« 106, 113
Autoritäres Führungsverhalten 79
Autorität 34, 197, 242
    Natürliche Autorität 36, 48, 54, 62, 78, 82, 97, 197

Beamtenmentalität 16
Begeisterer 105 f.
Beharrlichkeit 163
Beständigkeit 46, 55, 58, 60
Betriebsklima 102, 104, 186, 224, 236, 241
Beurteilungsgespräch 33
Bewerbungen 87 f.
Beziehungen 111-114, 232, 244, 246
    Beziehungsgeflecht 30
Blender 222
Builders 89
Bunkermentalität 48

Change Management 77, 147, 153, 158
Change-Projekt 23, 104

Charisma 78, 105, 118, 202, 204 f.
Charismatische Führungskräfte 105, 203
Chefsprache 205-208
Choleriker 247
Cliquenwirtschaft 97
Coaching 107
Competency 128, 141 f., 148, 150, 152, 154 ff., 158 ff., 162–169, 171–175, 177, 179, 182, 202
Competency-Modell 130 f., 140 f., 143 f.
Competency-Profil 146, 162, 176

Delegation 32, 76
Detaillist 80, 85, 96
Diplomatie 230
Diplomatische Verhandlungsführung 231
Dominieren 239
Drei-Schichten-Modell 129, 131
Du im Berufsleben 115, 238
Durchsetzungskraft 164
Dynamik 203, 205, 219, 247

Egoismus 125
Einpeitscher 98, 100 f., 105 f.
Einstellungen 89, 198 f.
Eitelkeit 50, 203, 245
EKS-Strategie 58
Ellenbogenmentalität 22
Emotionale Abhängigkeit 204
Engagement 76
    Kämpferisches Engagement 219
Entscheiden 199
Erfinder 75, 96, 84
Erfolgsfallen 73
Experte 79, 85, 96, 162, 175, 197, 207, 218, 246

Experten-Competencies 162
Expertenlaufbahn 178, 198, 201
Extravertiertheit 124

Fähigkeiten 27, 83, 128, 130, 141
Feedback 195, 240
    360-Grad-Feedback 107, 178, 180 ff., 186, 189, 195
    Feedback-Gespräch 184
    Feedback-Profil 183
    Kollegen-Feedback 187
    Mitarbeiter-Feedback 190
Fehlschläge 241, 244
Freie Rede 250
Firmentratsch 227
Fluktuationsrate 185
Forscher 218
Führung 186
    Führungsakzeptanz 197
    Führungsfalle 87
    Führungsfehler 95, 121
    Führungskompetenz 12
    Führungspersönlichkeit 10, 209, 213
    Führungsprofil 11, 24, 27
    Führungsqualitäten 188
    Führungsrolle 147, 197, 212 f.
    Führungsstil 79, 91, 94, 117

Gründer 77, 84, 100, 106

Harmonie 54, 220
Häuptlingsfedern 205, 209, 212, 214
Hausmacht 30, 244
Healers 88
Helfersyndrom 104, 126, 234, 237
Hilfe 234
Historians 89
Hysteriker 247

Sachwortregister

Idealprofil 29, 128, 134, 146, 182
Imagepflege 152
Innere Einstellungen 27, 109, 114, 134
Innovation 147, 153, 155
Inoffizieller Führer 97
Instinkt 209, 213
Intelligenz 198, 235
   Emotionale Intelligenz (EQ) 247
   Soziale Intelligenz 250
Interkulturelle Teams 18
Interview 128, 134, 135, 177
   Strukturiertes Interview 9
Intrigen 220
Intuition 166

Karrierefallen 219
Kenntnisse 27, 128, 131, 141
   Menschenkenntnis 250
   Methodische Kenntnisse 134
Kernaufgaben 17, 131, 141, 147, 150, 152, 154 ff., 156, 158, 160
Kollegialität 79, 220
Kommunikation 166, 172
   Offene Kommunikation 185
Kompetenzen 130, 134
   Markt-Kompetenz 29
   Rhetorische Kompetenz 248
   Soziale Kompetenz 28, 134
Kompetenzbereich 27, 206, 216 f.
Konflikt 97, 99, 102, 104, 125, 194, 219, 229, 238, 241, 245
   Konfliktpotential 94
   Konflikttheorie 250
Konkurrenzdenken 46
Kooperation 125, 147, 150, 167, 189, 220
Kostenmanagement 147, 159
Kostensenkung 228
Kreativer 75, 84

Krisenmanager 116
Kritik 118, 244
Kunden 113, 115, 242
Kundenbetreuung 147, 160
Kundenorientierung 21, 113, 115, 126, 169, 186, 199, 220, 228
   Interne Kundenorientierung 185

Leader 24, 48, 79, 82, 108, 120, 147, 181, 197, 201, 213, 248
   Inoffizielle Leader 62
Leistung 15 f., 18, 91 f., 95, 98, 104 f., 235
Leistungsorientierung 46, 51, 59, 95
Leitbild 199, 117, 220

Macht 34, 100, 111, 206 f., 211 f., 234 f.
   Machtausübung 234, 239
   Machtbereiche 79, 216, 217, 218
   Machtkämpfe 220, 245
   Machtmenschen 47 f., 112, 247
   Machtorientierung 46, 47, 56, 59, 111, 118
   Machtposition 111, 139, 244
Managementlaufbahn 178
Management-Moden 22, 77
Manager 218
Manipulation 35, 105
Marktentwicklungen 76
Markt-Kompetenz 29
Menschenkenntnis 250
Merging 20
Mitarbeiter 29, 162, 202
   Mitarbeiterführung 147, 175
   Mitarbeitergespräch 33
   Mitarbeitermotivation 31
Mobbing 75, 82, 102, 223, 234

Motivation 31, 76, 82, 93, 102, 241, 250
Motivationsgespräche 140
Motivations-Profil 58
Motivationsquadrat 46, 86
Motivationsstruktur 39

Neid 239
Nervenstärke 123

Organisationsformen 20
Outsourcing 19

Patriarch 81, 85, 104
Perfektionismus 75, 199
Personalauswahl 27, 72, 83, 123, 136, 140 f., 176
Personalberater 80, 88, 195
Personalberatung 9, 145
Personalchefs 88 f.
Personalentwicklung 33, 34
Persönlichkeitsmerkmale 24, 27, 128, 130, 141
Persönlichkeitsstruktur 108
Pionier 77, 84, 100, 106
Positives Umfeld 95
Probezeit 110, 177
Profilneurose 239
Profit Center 15, 50
Projektleiter 106, 216
Provisionen 140
Psychotests 9, 18, 27, 80, 83, 97, 127, 135, 177

Quertreiber 242

Rache 224
Rangordnung 210
Rebellen 242

Rechthaberei 115, 194, 225, 237, 240, 247
Referenzen 27, 177
Respekt 108
Rhetorik 205, 248
   Rhetorische Kompetenz 248
Risikobereitschaft 109, 111, 125
Rollenspiel 134
Rückdelegation 63
Rückschläge 111

Sacharbeit 61, 62, 80
Sachbearbeiter 207, 218
Sachbearbeitermentalität 115, 209, 219
Schauspieler 109
Schreibstil 249
Schwächen 83
Seelischen Befindlichkeiten 102
Selbstbeherrschung 247
Selbstdarstellung 46, 50, 57, 59, 239
Selbsterkenntnis 89
Selbstmanagement 174, 233, 248
Selbstsicherheit 207
Selbstüberforderung 72
Selbstüberschätzung 241
Sensibilität 123
Sensibilitäten 89, 172
Sieger 205, 214, 247
   Siegerausstrahlung 215
   Siegergesten 79, 201, 214
Spezialistenlaufbahn 58
Spiegeln 236
Spielregeln des Erfolgs 226 f.
Stärken 83, 89
Status 15, 207, 212, 213
   Statussymbol 15, 79, 206, 212
Stratege 76, 84, 106
Strategien 126, 153, 156
Streitgespräch 242 f.

Sachwortregister

Teachers 88
Teamfähigkeit 82, 220, 246
Teamgeist 22, 79, 220
Teamorientierung 48, 115, 125, 189
Temperament 94, 109, 111, 121 ff., 134, 233, 247
Typologien 83, 86–89, 110, 250

Unternehmensentwicklung 199
Unternehmensstrategie 57, 147, 153, 185

Verantwortungsbewußtsein 174
Verbesserungsvorschläge 228
Verbitterung 235
Verbündete 244
Verhalten 108, 117, 196, 201, 240
    Einstudiertes Erfolgsverhalten 110
    Entscheidungsverhalten 164
    Verhaltensmerkmale 128, 142, 145, 226
    Verhaltenstraining 248
    Verhaltensweisen 130 f.
Verhandlung 249
Verkauf 160
    Verkaufstechniken 249

Versager 102, 242, 226 f.
Verschwiegenheit 232
Verwalter 75, 84, 105, 126,
Vierkomponenten-Modell 134
Visionär 76, 83 f., 106
Visionaries 89
Vorurteile 139

Warriors 89
Wettbewerb 220, 241
    Wettbewerbsorientierung 46, 56, 58, 219
Winner Face 214
Wissen 27, 109, 197, 203
    Branchenwissen 197

Zeitmanagement 174, 248
Ziele 16, 130, 141, 146, 176 f., 185, 226, 231
    Langfristige Ziele 49, 112
    Positionsziele 17
Zielorientierung 86
Zielvereinbarungen 33, 99, 140, 156
Zielvereinbarungssystem 199
Zusammenarbeit 187

Campus Wirtschaftspraxis

Henry Walter, Claudia Cornelsen
Handbuch Führung
Der Werkzeugkasten für Vorgesetzte
2. Auflage, 1999. 591 Seiten, gb.
ISBN 3-593-36057-8

Das Handbuch Führung liefert konkrete und pragmatische Antworten auf die wichtigsten Fragen von Führungskräften. Was man bisher nur aus der Medizin kannte, ist erstmals auch für die Wirtschaftspraxis verfügbar: ein Buch, das dem Vorgesetzten dabei hilft, in jeder Situation das richtige Führungsinstrument anzuwenden – ein Buch, das deshalb in keinem Bücherregal einer Führungskraft fehlen sollte.
Der Autor und Kommunikationspsychologe Henry Walter zeigt verschiedene Variationen von »typischem Mitarbeiterverhalten« auf. Er geht auf die möglichen Ursachen ein und stellt den Führungskräften die angemessenen Reaktionen darauf vor. Anschaulich erklärt er die wichtigsten Führungsinstrumente vom »Anerkennungsgespräch« bis zur »Zielvereinbarung«. Der Leser erhält einen Überblick über die gängigsten Management-Theorien und findet in knapp fünfzig Checklisten detaillierte Handlungsanweisungen für die Praxis. Zahlreiche Querverweise verdeutlichen den Zusammenhang zwischen verwandten Themenkomplexen und erleichtern dem Leser das Benutzen dieses Handbuches.

Campus Verlag · Frankfurt/New York